フランツ・ファノン

地に呪われたる者

鈴木道彦
浦野衣子
共 訳

みすず書房

LES DAMNÉS DE LA TERRE

by

Franz Fanon

凡例

一、本書は Frantz Fanon 著《Les Damnés de la Terre》(Maspero, 1961) の全訳である。
一、原書に記載された注は、(原注一)、(原注二) ……をもって示し、訳注は (1)、(2) ……によって示した。それらの注は著作の終わりに統一した。しかし短い訳注は、割注とした。
一、訳文中の〔 〕は、すべて割注ないしは訳者の補った言葉である。
一、原文のイタリックは引用や書名を除き傍点によって、また大文字のことばは〈 〉によって示した。

目次

序

最近まで、地上に住む二〇億の人びとは、五億の人間と十五億の原住民から成っていた。前者は〈言霊〉《ヴェルブ》を自由に駆使し、後者はそれを借りていた。そして両者の間には、身売りした小君主や封建領主、でっち上げられたブルジョワジーがいて、仲介者の役割を果たしていた。植民地では真実は常に赤裸々な姿を現わしていた。だが《本国》はこの真実を覆いかくしておきたがった。原住民は《本国》を愛せよと教えられた。あたかも母親を愛するように。ヨーロッパのエリートたちは、原住民のエリートを作りあげようと企んだ。若者が選抜され、その額にはやきごてで西欧文化の諸原理が印づけられ、口には音の出る轡《くつわ》が、つまりべとべとと歯にねばりつく大げさな言葉が押しこまれた。若者たちは本国における短期間の滞在の後、ロボットになって送り返された。生きた欺瞞そのものである彼らは、もはや同胞に語るべき何ごとも持っておらず、ただこだまのように反響するだけであった。パリから、ロンドンから、アムステルダムから、われわれヨーロッパ人が「パルテノン！　フラテルニテ（友愛）[1]！」などという言葉を投げかけると、アフリカやアジアのどこかで、唇が自ずと開いて叫ぶのであった、「……テノン！　……ニテ！」と。それはまさに黄金時代であった。

黄金時代は終わりを告げた。唇は勝手に開きはじめた。黄色人種や黒人の声は、依然としてわれわれのヒューマニズムについて語っていたが、それはほかならぬわれわれの非人間性《イニュマニテ》を告発するためであった。われわれは不快を覚えることもなく、慇懃に表現されたその苦悩の声に耳をかしていた。最初のうち、それはわれわれの間に誇らしい驚嘆を惹き起こした。「何だって？　やつらが一人でしゃべっている？　だが見たまえ、おれたちのおかげでやつらがどんなに成長したことか！」われわれのことを自分の理想に忠実でないといって彼らが非難している以上、彼らがその理想を受け入れていることは疑いもなかった。そこでたちまちヨーロッパは自己の使命を信じこんだ。ヨーロッパはアジアを西欧化し、この新しいギリシャ・ラテン的ニグロという種族を創り出したではないか。おまけに――とわれわれは声をひそめてつけ加えた――やつらはなかなか重宝だよ。まあ当分はやつらをわめかせておこうじゃないか。わめけば気が楽になるさ。吠える犬は噛みつかないものだよ。

ところが別の世代が現われて問題を変えてしまった。この世代の作家や詩人たちは、途轍もない忍耐強さで、ヨーロッパ人の信奉する諸価値が彼らの生活の真実にあわないこと、これらの諸価値を放棄することはできないが、自分たちのものにすることもできないことを、われわれに説得しようと試みた。ざっとこんな意味のことを言ったのだ、「君たちは僕らを怪物に仕立て上げた。君たちのヒューマニズムによれば僕らも普遍的な人間だそうだが、君たちの人種差別のおかげで僕らは特殊化されているではないか。」われわれはしごくのんびりこの声を聞いていた。植民地の行政官はヘーゲルを読むために給料(2)をもらっているわけではない、それに彼らはヘーゲルなどほとんど読むはずもない。だが不幸な意識が彼らの矛盾とからまっていることを知るためには、わざわざこの哲学者のものを読む必要もないのである。いずれにしても効果はゼロだ。いっそ、やつらの不幸を長引かせよう、この不幸から大したものが出てくるわけでもあるまい。またエキスパートはわれわれに次のように語った。

やつらの呻きのなかにおぼろげな要求があるとしても、それはせいぜい完全統合(3)の要求ぐらいだろう。むろん完全統合を認めるなんて問題じゃない。そんなことをすれば、知ってのとおり、極端な搾取にあぐらをかいている体制そのものが崩壊してしまうだろう。むしろ彼らの目の前に〔統合という〕この人参をぶらさげておけばいいんだ。そうすれば彼らは馬みたいにギャロップで走り出すだろう。暴動の危惧については、われわれは落ちつきはらったものだった。いったい自覚した原住民といっても、どこのどいつが、ただ同じようにヨーロッパ人になりたいという目的だけでヨーロッパの立派な若者たちを虐殺しにゆくというのか？　要するにわれわれは憂鬱症患者たちを激励していたのだ。そして一度くらいは黒人(4)にゴンクール賞をやるのも悪くはあるまいと考えていた。だがこんなことはすべて一九三九年以前の話である。

一九六一年の今日はどうか？　聞きたまえ、「不毛なくり言やヘドの出るような猿真似に空しく時を費やすまい。ヨーロッパのあらゆる街角で、世界のいたるところで、人間に出会うたびごとにヨーロッパは人間を殺戮しながら、しかも人間について語ることをやめようとしない。このヨーロッパに訣別しよう。数世紀来、いわゆる《精神の冒険《アヴァンチュール》》の名において、ヨーロッパは人類の大半を窒息させてきたのだ。」このような声はかつてなかったものだ。誰が大胆にもこんな声で語るのか？　一人のアフリカ人、〈第三世界〉の人間、かつての植民地原住民である。彼はさらにつけ加える。「ヨーロッパは、気違いじみた滅茶滅茶なスピードを獲得した結果……今や奈落に向かって進んでいる。遠ざかるほうが賢明だ。」言いかえればヨーロッパはだめになったということだ。これはなかなか口に出せないひとつの真実である。だが——同じヨーロッパ大陸の親愛なる諸君よ——われわれ誰しもが秘かにこの真実を認めているのではあるまいか？

ここでひとつおことわりしておかねばなるまい。たとえばあるフランス人が他のフランス人に対して「われわれはだめになった！」と言うとき——私の知るところでは、一九三〇年以来ほとんど毎日誰かがこの言葉を口にしているのだが——、それは怒りと愛に燃えた情熱の言葉である。語り手は他のすべての同国人と同じく危ない船に乗り合わせているのだ。それに、たいてい彼はこう言いそえる、「ただ唯一の救いは……」と。何を言おうとしているかは分かっている。もはやどんな過ちも犯してはならない。もし私の勧告に文字どおり従わないならば、そのときに、ただそのときにのみ、国は崩壊するだろう、というのだ。要するにこれは忠告を伴った脅迫であるが、これらの言葉が同じフランス人同士のあいだからとび出すものであるだけに、大して耳ざわりとはならないのである。これに反して、これから私が紹介するアルジェリアのフランツ・ファノンが、ヨーロッパは自ら墓穴を掘っていると言うとき、彼は警告の叫びを発しているのではない。診断を下しているだけなのだ。この医者はヨーロッパに救いのない宣告を下しているのではない——これまでそのような宣告のたびごとに、ヨーロッパが奇蹟的に蘇生するのを人は見てきた——。また治療の方法を教えようとしているのでもない。彼はただヨーロッパが瀕死の状態にあることを確認するだけだ。ヨーロッパの外側から、自分で収集しえた徴候に基づいてこのことを確認しているのだ。手当てなどは顧みようともしない。頭は別のことでいっぱいである。ヨーロッパがくたばろうと、生きながらえようと、かまうことはない。だからこそ彼の書物はスキャンダルをまき起こすのだ。そしてもし君たちが、さもおどけて困ったように、「ひでえパンチをくわせやがる！」と呟くならば、君たちはこのスキャンダルの真の性格に気づいていないことになる。なぜならファノンは、君たちにいささかも「パンチをくわせ」ようとしてはいないからだ。彼の書物——他の人びとにとっては燃えるように熱いこの書物——も、君たちに対しては冷えきっている。著者はしばしば君たちについて語っているが、けっして君たちに語りかけようとはしていないのだ。黒人のゴンクール賞や黄色人のノーベル賞はもうおしまいである。原住民から受賞者が出る時代は二度と帰ってこないだろう。《フランス語圏の》一人の元原住民が、フランス語を新たな必要に従わせ、これを用いてただ植民地原住民にのみ呼びかけているのだ、「あらゆる後進国の原住民よ、団結せよ！」と。なんとわれわれの権威は失墜してしまったことであろう。父親の世代にとっては、われわれが唯一の話し相手であった。息子たちはもはやわれわれを語るに足るとさえ見なしていない。われわれは話題を提供するだけだ。[5] もちろんファノンは話のついでに、われわれの悪名高い犯罪に、セティフ、ハノイ、マダガスカルに言及している。だが、彼はこれをわざわざ弾劾しようとも思わない。これを利用するだけだ。ファノンが植民地主義の策略を解き明かし、植民者《コロン》（colons）と《本国人》とを結びつけたり対立させたりするさまざまな関係の複雑なからくりを分解してみせたとしても、それは彼の同胞のためなのである。この男の目的は、われわれの裏をかく方法を彼らに教えることにある。

　ひと口に言えば、この声によって〈第三世界〉は自己を発見し、自己に語っている。周知のとおり、この世界は等質な世界ではない。いまだに隷従民族もあれば、うわべだけの独立を得た民族もある。主権をかち取るために闘いつつある民族もあれば、やっと完全な自由を獲得しながら、帝国主義の侵略の脅威にたえずさらされている民族もある。この相違は、植民地の歴史、すなわち抑圧の歴史から生み出されたものだ。〈本国〉は、ここではいくたりかの封建領主に金を握らすだけで満足し、あそこでは分割統治を行ないながら原住民のブルジョワ階級をでっちあげた。また他の場所では一石二鳥をやってのけた。すなわち搾取のためであると同時に、移民のための植民地でもあるものを作りあげたのだ。こうしてヨーロッパは多くの分裂と対立を生み出し、階級を、そして時には人種主義をこしらえ、あらゆる手段をもちいて原住民の社会の上下分割を促し、それを拡大しようと努めてきたのである。ファノンは何ひとつ隠そうとしない。旧植民地はわれわれと闘うために自分自身と闘わねばならぬ、と彼は言う。いやむしろ、この二つの闘いは切っても切り離せないものだ。闘いの砲火のなかで、原住民の内部を分裂させるいっさいの障壁は瓦解しなければならない。死の商人をかねた政治家や植民地貿易の仲買人から成る無能なブルジョワジーも、植民地では常に特権的な地位にある都市のプロレタリアートも、スラム街に住むルンペン・プロレタリアートも、すべての者が農民大衆の陣営に勢ぞろいせねばならない。農民大衆だけが、民族的かつ革命的な軍隊の真の貯蔵庫なのである。植民地主義によって故意に発展を阻まれた国にあっては、立ち上がった農民階級がいち早くラディカルな階級として登場する。彼らはむき出しの抑圧を知っており、都会の労働者よりもはるかにこれに苦しんでいる。農民が餓死するのを防ぐには、社会の構造全体を粉砕する以外に方法はない。農民階級が勝利を占めるなら、〈民族革命〉は社会主義的になるであろう。もしその衝動《エラン》が抑えられ、原住民のブルジョワジーが権力を握るなら、新国家は形式上の主権にもかかわらず、帝国主義者の手中にとどまることになる。カタンガの例は[6]、この事実をかなり明白に示している。このように、〈第三世界〉の統一はまだ果たされていない。それは進行中の事業であり、独立しているといないとにかかわらず、あらゆる国で、農民階級の指揮下におかれたすべての原住民の団結によって果たされる。ファノンがアフリカ、アジア、ラテン・アメリカの兄弟たちに説いているのは、以上のことだ。われわれは、同時に、地上いたるところで革命的社会主義を実現しよう。さもなければ、次々に以前の圧制者に打ち破られてしまうだろう、と彼は言っているのだ。ファノンは何ごとも隠さない。弱点も、内部の反目も、瞞着も。運動は、ここではスタートでつまずいた。あそこでは目覚ましい成功をおさめながらも足ぶみ状態だ。またこちらでは停止してしまった。もし運動を立て直そうとすれば、農民はブルジョワジーを海に抛りこんでしまわねばならぬ。指導者に対する個人崇拝、西欧文化、さらには遠い過去の遺物となったアフリカ文化の復帰、こうした疎外の危険を最も強くはらんだものに対し、読者はきびしい警告をうける。真の文化とは〈革命〉にほかならない。すなわち、文化は〔革命の情熱の〕熱いうちに鍛えられると、ファノンは声を高くして語っている。われわれヨーロッパ人も彼の声を聞くことができる。その証拠に、諸君はこの本を手にしておられるではないか。だがいったい彼は、自分の率直さが植民地の権力機関に利用されはしまいかと恐れることはないのだろうか？

否、彼は何ものも恐れていない。われわれヨーロッパ人のやり方は時代おくれだ。時として解放をおくらせることはありうるが、これを阻止することはできないだろう。方法を改めることはできる、などと想像することはやめにしよう。新植民地主義という〈本国人〉の怠惰な夢は空気のように空しい。《第三勢力》(7)は存在しない。存在したにしても、それはあらかじめ植民地主義によって権力の座につけられたインチキ・ブルジョワジーのことだ。次々とわれわれの欺瞞をあばいてきたこの目覚めた世界に対して、われわれのマキャヴェリズムはほとんど何の支配力も持っていない。コロンの手段はただひとつ、力だ——ただしコロンに力がまだ残っている場合の話である——。原住民の選択はただひとつ、隷属か独立かだ。君たちがファノンの書物を読もうが読むまいが、それが彼になんのかかわりがあろう？　ファノンはわれわれが代わりの策を持ちあわせていないことを知りぬいたうえで、われわれの古くさい狡智を摘発してゆくが、それを彼の同胞たちに向かって訴えるのである。彼が次のように語るのも、彼らに対してなのだ。ヨーロッパはわれわれの大陸に足を踏み入れた。その足を引っこませるまで切りつけねばならぬ。時はわれわれに幸いしている。ビゼルトで、エリザベートヴィル[8]で、アルジェリアの奥地でことがおこれば、たちまち全世界に知れわたるだろう。東西両ブロックはそれぞれ異なる方針をとり、互いに牽制し合っている。この麻痺状態を利用しよう。〈歴史〉のなかに入りこもう。〈歴史〉になだれこみ、〈歴史〉をこれまでにない普遍的なものにせねばならぬ。戦おう。他に武器がないならば、辛抱強く匕首をふるって戦っても十分間に合うだろう。

　ヨーロッパの人びとよ、この本を開きたまえ。そのなかに入ってゆきたまえ。暗闇を数歩あゆめば、見知らぬ人びとが火を囲んで集うさまが見えるだろう。近づいて耳を傾けたまえ。彼らは、君たちの商社を、商社を護る傭兵を、どう処分すべきかと議論している。たぶん彼らは君たちの姿を眼に止めよう。だが声を低めもせずに、彼ら同士の話をつづけるだろう。この無関心さが心に突きささる。彼らの父親たちは、影の人間であり、君たちの被造物であり、死せる魂だった。君たちは光を分け与えてやった。彼らは君たちに向かってしか語らなかった。そして君たちは、こんな幽霊どもに答えもしなかった。だが息子たちは君らの存在にも気がつかない。ひとつの火が彼らを照らし出し、彼らの身体を温めている。が、それは君たちの火ではない。君たちは遠くのほうから、自分が人目を忍ぶ夜の人間で、凍えた身体をしていることを感ずるだろう。銘々の順番がある。別の曙光が今や現われんとするこの暗闇では、幽霊とは君たちのことだ。

　君たちは言うかもしれない、「そんならこの本は窓からおっぽり出しちまおう。何だってこんなものを読む必要があるんだ？　おれたちのために書かれた本じゃないのに。」二つの理由があるのだ。その第一は、ファノンが自分の同胞に君らのことを説明し、ヨーロッパ人の疎外のメカニスムを彼らのために分解してみせているからだ。この機会を利用したまえ。自分の姿を、その客体としての真実のなかで、君たち自身の前にあばき出すために。われわれの犠牲者は、その傷と鉄鎖を通じてわれわれを識る。だから彼らの証言には反駁の余地もない。われわれが彼らをどんな風にしたか、それを示されただけで、われわれが自分自身に対して行なったことを知るには十分だ。これは有用なことか？　然り。なぜならヨーロッパは今や瀕死の状態にあるからだ。君たちはなおも言われるだろう、「だが、おれたちは〈本国〉にいるんだ。行き過ぎを非難してるんだ。」そのとおりだ。君たちはコロンではない。だが似たり寄ったりだ。彼らは君たちの先駆者《パイオニア》なのだ。君たちはコロンを海外に送り出し、コロンは君たちを金持にした。もっとも君たちは彼らにあらかじめ警告していた、「あんまり血を流すと、お前らを糾弾せざるをえぬ破目におちいるぞ。」これと同様に、国家は——どんな国家であれ——外国に煽動者・挑発者・スパイどもをかかえており、その連中がつかまると彼らを否認してしまう。かくも自由主義的で人間的な君たち、文化への愛を気取り《プレシオジテ》にまで押し進めている君たちは、ご自分が植民地を持っており、そこでは君たちの名で虐殺の行なわれていることを忘れたふりをしている。ところがファノンはその同志たちに——なかんずく少々西欧化されすぎている連中に——《本国人》と植民地にいるその手先の連帯をあばいて見せる。勇気を出してファノンの著書を読みたまえ。なぜならこの本は君たちを恥じ入らせるだろうし、恥はマルクスが言ったように革命的な感情だからだ。見られるとおり私も主観的な幻想を棄てきれない。私もまたこう言っているわけだ、「いっさいはだめになった。ただ唯一の救いは……。」ヨーロッパ人である私が敵の著書を盗み出し、それでヨーロッパを癒やそうというのだ。さあこれを利用したまえ。

＊
＊＊

第二の理由に移ろう。それは、ソレル(9)のファシスト的饒舌を除けば、君たちには、ファノンこそエンゲルス以来初めて、何が歴史の産婆役をつとめるのかを明らかにした人間であることがお分かりになるだろうということだ。だが、ファノンがあまりに血の気が多すぎるために、あるいは幼年時代に経験した不幸な出来事のために、暴力に対する何やら特殊な嗜好を与えられたなどと考えてはならない。彼は状況を解釈しているのであり、それ以外のものではない。しかしながら、自由主義の偽善によって君たちの眼には隠されている弁証法、ファノンを生み出すとともに、われわれヨーロッパ人をも生みだしたこの弁証法を一段一段と組み立ててゆくには、それで十分なのである。

前世紀のブルジョワジーは、労働者を露骨な欲望のために錯乱した嫉妬深い人間と見なしたが、ちゃんと気を配ってこの怖るべき凶暴なやつらをも人類の一員に含めていた。人間でなく、かつ自由でないならば、どうして労働力を自由に売ることができようか？　フランスやイギリスでは、ヒューマニズムは普遍的であると主張していたのだ。

だが強制労働が行なわれるとともに、事態は正反対になる。契約はいっさいない。そのうえ、おどしつけねばならない。そこで圧制が姿を現わす。われわれの兵士たちは海外植民地で、本国の普遍主義を拒絶し、限られた者のみに人類の名を与える。何ぴとといえども、罪を犯すことなく同類の皮を剝ぎ、奴隷にし、あるいはこれを殺すことはできないから、彼らは、植民地原住民は人間の同類にあらずという原則を打ちたてる。わが核部隊はこの抽象的な信念を現実のものとする使命を与えられている。併合地域の住民を家畜のように取り扱う権利を正当化するために、彼らを高等な猿の水準にまで引きさげよという命令が下される。植民地の暴力は、単にこれら奴隷と化した人間を威圧するという目的を与えられているばかりか、すすんで彼らを非人間化しようと努めるのである。情け容赦もなく彼らの伝統を清算し、彼らの言語にかえてヨーロッパの言語を押しつけ、われわれの文化を与えもせずに彼らの文化を破壊してしまう。彼らをへとへとになるまでこき使う。食物を奪われ病にとりつかれた植民地原住民がそれでもなお反抗するならば、恐怖が仕事（*job*）の仕上げをするだろう。農民に銃が向けられる。やがて本国の市民がやって来て、農民たちの土地に腰を据え、鞭をふるって農民を強制し、自分らのために土地を耕作させる。反抗すれば兵士が発砲する。死者が出る。もし屈服するならそれは堕落である。もはや人間ではなくなるのだ。恥辱と恐怖とが次第に農民の性格をかさかさにし、人格を崩壊させてゆく。エキスパートの手でことはじゃんじゃん運ばれる。《心理作戦科》ができたのは何も昨日や今日のことではない。洗脳にしてもそうだ。しかしながら、こうした大いなる努力にもかかわらず、どこでも目的は達せられない。ニグロの手を切り落とす風習のあったコンゴでも、つい最近まで不平分子の唇に穴をあけ、そこに南京錠を通していたアンゴラでも、ことは同様である。私は人間を動物に変えることが不可能であると主張しているのではない。ただ、うんと弱らせてしまわなければ成功しないだろうと言っているのだ。ぶんなぐるだけではけっして十分でない。栄養失調でひょろひょろにして事を進めなければならない。だから奴隷は厄介だ。人間を家畜化しようとすれば、生産も必然的に減少するからだ。おまけに、どんなに僅かなものしか与えないにしても、家畜化された人間は結局その働きよりも高くつく。こういうわけで、コロンは人間を動物に仕立てあげるという試みを途中で中止せざるをえない。その結果、人間でも動物でもない原住民というものができあがる。原住民は、ぶたれ、栄養不良におちいり、病気で怯えている——だがそれもある程度までだ。黄色人種だろうと、黒人ないし白人だろうと、原住民は常に同一の特徴を有している。食うや食わずで、ただ暴力しか知らず、怠け者の腹黒い盗っ人、これがそうだ。

哀れなコロンよ。以上に述べたことがコロンのむき出しにされた矛盾である。まるで悪魔のように、コロンは略奪の対象である当の原住民を殺してしまわねばなるまい。ところがそれは不可能だ。やはり搾取をつづける必要があるではないか。コロンは殺人を集団虐殺にまですすめることもかなわず、奴隷を本物の家畜のようにしてしまうこともできず、自分でも何をしているのか訳が分からなくなる。かくて運動の方向は逆転する。仮借なき論理に導かれて、それは非植民地化へと向かうことになるであろう。

だが、すぐそうなるわけではない。初めはヨーロッパ人が君臨している。勝負はすでに彼の負けだが、彼はまだそのことに気づいていない。さらにまた、原住民とは実はにせの原住民にほかならないのだが、そのこともまだヨーロッパ人は知らない。ヨーロッパ人の言うところを聞けばこうである。原住民に痛い思いをさせるのは、彼らの内部にある悪を滅ぼし、それを追い払うためである。三世代もたてば、彼らの邪悪な本能も二度と蘇ることはないだろう。ではいったいいかなる本能を指して言っているのか？　奴隷たちをかり立てて主人を虐殺させる本能のことであろうか？　実は自分の残虐さが自分に跳ね返ってくるのだということを、どうしてヨーロッパ人は認めようとしないのか？　圧迫された農民たちの残忍さのうちに、どうしてコロンとしての自己の残忍さを見ようとはしないのか？　農民はこのコロンの残忍性を毛穴という毛穴から吸収して、いまだに回復していないのである。理由は単純だ。この傲慢不遜なヨーロッパ人は、自分の偉大な権力と、この権力を失いはしまいかという恐れに逆上して、自分が以前に人間であったこともうろ覚えになっているのである。彼は自分を一本の鞭、一丁の鉄砲と見なしている。《劣等人種》を家畜のように手なずけるには、彼らの反射的な反応を型にはめてしまわねばならないと信じきっているのである。彼は、人間の記憶力、消し去ることのできない記憶の存在を不問に付する。そのうえ何よりも、彼がおそらくこれまで一度も理解できなかった次のことがある。それは、われわれが他人によって或るものに作り上げられたとき、それを自己の内部で徹底的に否定することによってのみ、われわれはわれわれ自身になる、ということだ。三世代、と私は言った。第二の世代以後になると、息子たちはやっと目のあいた赤ん坊のころから、父親が鞭うたれている光景を見せつけられてきた。精神科医の言葉を借りるなら、彼らはまさに《精神的外傷》を与えられたのである。一生つづく外傷だ。ところで、休む間もなく繰り返されたこの攻撃は、原住民を屈服させるどころか、耐えがたい矛盾、ヨーロッパ人が早晩その代償を支払うことになる矛盾のなかへ投げこんだ。こうなっては、いまさら彼らを訓練しようと、恥辱や苦悩や飢餓を教えこもうと、その試みはまったく空しい。彼らの肉体の内部に惹き起こすことができるのは、加えられた圧迫の力に匹敵する爆発的な激昂だけであろう。彼らは暴力しか知らないと君たちは言った。当たり前だ。初めはコロンの暴力のみしか、やがて次には自分の暴力のみしか彼らには分からない。それは同じ暴力にほかならず、ちょうどわれわれの姿が鏡の奥から跳ね返ってくるように、われわれの暴力が自分自身の上に奔流となって返ってくるのである。これをとり違えてはいけない。この気違いじみた怨み、この激怒、この憎悪、われわれヨーロッパ人の絶滅を願うこの不断の欲望、たえず緊張していて、弛緩を恐れている力強い筋肉、これらによって原住民は人間となるのだ。彼らに重労働を課そうとするコロンのおかげで、しかしそのコロンに反抗して、彼らは人間となるのだ。憎悪はまだ盲目的で抽象的だが、その憎悪こそ彼らの唯一の宝である。〈主人〉は彼らを動物にしようとするがゆえにこの憎悪を誘発し、自分の利害によって企てを中途で停止するがゆえに憎悪を打ち砕くのに失敗する。こうしてにせの原住民は再び人間となる。圧制者の力と無力さとが、彼らの心のなかで家畜の条件の断乎たる拒否に形を変えるのだ。残りの点についてはもうお分かりのはずだ。彼らが怠け者だって？　そうだとも。それはサボタージュなのだ。腹黒い盗っ人だって？　そのとおり。彼らのけちな盗みは、まだ組織されていない抵抗の端緒を示しているのだ。だがそれだけではない。素手のまま小銃に飛びかかっていって、自己の存在を主張する者もある。これは彼らの英雄である。他の者はヨーロッパ人を暗殺することにより人間となる。われわれは彼らをたたき殺す。彼らは悪党にして殉教者だ。彼らの責苦は恐怖におののく大衆をふるい立たせるのである。

大衆は、まさに恐怖におののいている。この新たな段階では、植民地的圧迫は原住民のうちに〈恐怖〉という形をとって内面化する。この言葉で私が言いたいのは、単に、われわれの用いる無尽蔵の抑圧手段を前にして彼らが感ずる恐れのみではない。彼ら自身の激昂がその内心に惹き起こす恐れのことでもある。彼らは自分らの上に向けられたわれわれの武器と、身のおののくようなあの衝動、心の奥底から湧き昇る、だが自分でも必ずしもよくは分からぬあの殺害の欲望の間で、身動きがとれなくなっている。それは初めから彼らの暴力だったのではない、われわれヨーロッパ人の暴力が、増大し、彼らの心を引き裂きながらわれわれのほうへ向きを変えたのである。そしてこれら被抑圧者の最初の行動は、彼らの道徳とわれわれの道徳とがともに非難してやまぬあの怒り、にもかかわらず彼らの人間性の最後の砦そのものでもあるあの口にできない怒りを、心中深く埋蔵することなのである。ファノンを読みたまえ。植民地原住民が無力な時代にも、彼らは集団として殺人に対する狂熱を無意識に持ちつづけていることが分かるだろう。

自制されたこの狂暴な怒りは、爆発しないままに空しく円を描き、やがては被抑圧者自身を食い荒らす。そこから逃れようとして、彼らはついに彼ら同士で殺し合うまでになる。真の敵に堂々と闘いを挑むことができぬために、部族同士が闘いを交える――しかも君たちヨーロッパ人は植民地政策を当てにして、彼らの対立関係を維持することもできるのだ。同胞が、互いに刀を振りかざして立ち向かうとき、彼らは今度という今度こそ、自分たちに共通の忌むべき堕落のイメージを破壊するのだと思いこんでいる。しかしこれら贖罪の犠牲者も、彼らの血の渇きを癒やしはしない。われわれの共犯者とならぬ限り、彼らはやはりいずれ機関銃に向かって前進することになるだろう。彼らはこのような非人間化を拒絶しようとしていたが、今度はすすんでその進行を早めさえするだろう。面白がっているコロンの眼の前で、彼らは超自然の障壁を築いて自分自身の残忍さにひきずられまいと備えを固めるだろう。あるときは昔の怖ろしい神話を甦らせ、またあるときは些細なことまで細かく規定された儀式でわれとわが身を束縛する。こうして取り憑かれた人間は、たえず自ら熱狂に身を任せて、心の底から発する要求を逃れようとする。彼らは踊り狂う。それが彼らを夢中にさせるからである。また苦しく緊張した筋肉をほぐすからでもある。そのうえ、踊りはしばしば彼ら自身も気がつかぬうちに、言葉に出すことのできない〈否《ノン》〉を、決行することのできない殺害を、秘かに演じているからでもある。地方によっては、彼らは最後の手段にたよる。ポセシオン〔憑依〕である。かつては単純な形の宗教的行為であり、信徒と聖なるものとを結ぶ一種のコミュニケーションであったものを、彼らは絶望と屈辱とをのりこえる武器とする。ツァール[10]や、ロア[11]や、〈聖域〉の〈聖者〉たちが彼らにのりうつり、彼らの暴力を支配して、失神状態でこれを濫費し使い果たす。同時にこれらの高貴な存在は、彼らを保護してもいるのである。すなわち、原住民は宗教的錯乱《アリエナシオン》を促進させることにより植民地的疎外《アリエナシオン》に抵抗する。そこから生ずる唯一の結果は、彼らが二つの疎外‐錯乱《アリエナシオン》を合わせ持ち、その一方は他方によっていっそう烈しくなる、ということだ。ある種の精神病においては、くる日も

くる日も他人に罵倒されていると思いこんでうんざりした幻覚者が、とつぜんある朝、天使の声が自分をほめたたえているのに気づくことがある。それでも冷笑は相変わらず後を断たないが、それ以後は称讃の声と交互にやってくることになる。これはひとつの自己防御であり、同時に彼らの冒険《アヴァンチュール》の終末でもある。人格は解体し、患者は発狂への道をたどることになるのだ。原住民のなかから厳選された不幸な者たちのためには、私が先にふれたもうひとつのポセシオン〔憑依〕、すなわち西欧文化のことを付け加えたほうがよいだろう。君たちは言うにちがいない。私が彼らだったなら、アクロポリスよりも自分のツァールのほうがはるかに好ましいだろう、と。よろしい。お分かりになったようだ。だが完全にではない。君たちは、彼らの身にはなれないからである。理解はまだ十分でない。もし完全に理解したなら、彼らは選ぶことができないのだということもお分かりになるだろう。彼らは二つのものをかねているのだ。二つの世界は二つのポセシオン〔憑依〕を作り出す。一晩踊り狂ったあげく、明け方になると彼らはミサに列するために教会へ急ぐのである。日一日と分裂は増大する。こうして、われらヨーロッパの敵はその同胞を裏切り、われわれの共犯となる。彼の同胞もまた同じことをする。原住民であるとは、コロンによって原住民のうちに導入され維持された神経症が、原住民自身の同意を得ている状態だ。

人間の条件を要求すると同時にこれを否認する。したがってこの矛盾は爆発的である。事実、矛盾は爆発する。そのことについては、君たちは私と同様によくご存じだ。こうして、われわれは突如として燃えあがる暴力の時代に生きているのである。出生率の上昇が食糧不足を助長するにせよ、新しくやってきた者が死ぬことよりもむしろ生きることを恐れねばならぬにせよ、暴力の怒濤はおかまいなしにいっさいの障壁を運び去る。アルジェリアでアンゴラで、ヨーロッパ人はたちまち殺害される。

ブーメランの時代、暴力の第三の時期が来たのだ。暴力はわれわれの上に跳ね返り、われわれを襲う。ところがわれわれは依然としてそれが自分自身の暴力にすぎぬことを理解しないのだ。《自由主義者》たちは呆然としている。たしかにわれわれが原住民に対してあまり紳士的でなかったこと、できる限り彼らに或る種の権利を与えるほうが正しくもあれば賢明でもあったことを、自由主義者は認めている。われわれ人間どもの作っているこのひどく閉鎖的なクラブに、原住民も一括して紹介者もなしに入会させればいちばんよろしい、そう彼らは考えていたのだ。ところが今、野蛮人の狂気のような怒りの爆発は、悪質なコロンと同じく自由主義者をも容赦しないのである。本国の〈左翼〉は困惑している。左翼は原住民のおかれた真の運命、原住民を対象とする仮借ない抑圧を知っている。あらゆる手段でわれわれが原住民の反乱を誘発したのだと承知しているので、左翼はこの反乱を責めようとはしない。だがそれにしても（と彼らは考える）、限界があるはずだ、あのゲリラは騎士道的な態度を示すように心がけるべきだろう、それこそ彼らが人間であることを証明する最善の方法ではないか。時としては、彼らに向かってくどくど言うこともある、「君たちのやり方はひどすぎる。われわれはもう支持できなくなるだろう。」原住民にとってそんなことは糞くらえだ。左翼の支持だって？　そんなものを左翼はけつの下にしいてしまってもよいのに。戦争が始まるや否や、植民地原住民は紛れもない次の真実に気がついた。ヨーロッパ人である限りみんな同じことだ、みんなおれたちを利用してきたのだ、おれたちは何も証明するものを持っていない、だから誰にも特別待遇をしないだろう、というおれたちの唯一の義務、唯一の目標、それはあらゆる手段をあげて植民地主義を追い払うことだ、という真実である。ヨーロッパ人の最も分別のある者は、最悪の場合にはこれをうけ入れるだけの覚悟があるだろう。しかし彼らもこの力と力の対決を考えると、半人間が人間として認められようとして、いささか非人間的な手段に頼ったと思わずにはいられないのである。大急ぎで彼らに人間の資格を与えよう。そして、おだやかにそれに値するよう努力してもらおう。これが自由主義者の言い分である。つまり、わが美しき魂の持ち主たちは人種差別主義者なのである。

ファノンを読めば、彼らはきっと得るものがあるはずだ。ファノンがみごとに証明しているとおり、この抑制できない暴力は訳も分からぬ熱情の狂奔ではないし、野蛮の本能の復活でもなく、怨みの結果でさえもない。それは自らを再び人間として作りあげつつある者の姿なのである。われわれはかつて次のような真理を学んだように思うのだが、今ではすっかり忘れてしまっている。すなわち暴力の痕跡は、どんな甘言を弄してもこれを消し去ることはない。暴力だけが暴力の痕跡を消滅させうる、という真理である(12)。植民地原住民はコロンを武力で追い払うことにより、自らの手で植民地特有の神経症を癒やすのだ。怒りが爆発するときに、彼は自分の失われていた意識の透明《トランスパランス》をとり戻す。自己を作るその程度に従って自分を知ってゆくのである。われわれは植民地原住民の戦争を遠くから眺めて、野蛮が勝ち誇っていると考える。だが戦争それ自体が少しずつ戦士の解放を果たしているのだ。戦争は戦士の内に外に、植民地の暗黒状態をしだいに清算してゆく。いったん始まった戦争は情け容赦もしない。いつまでも恐怖におびえるか、あるいは恐怖を与えるものとなるか、二つに一つだ。でっち上げられた分裂の生命に身を委ねるか、生まれながらの統一された生命をかち取るかだ。農民が銃に手をふれるとき、古い神話は色あせ、禁令も一つひとつ打ち破られる。戦士の武器とはほかでもない、彼の人間性そのものである。反乱の初期においては相手を殺さねばならないが、一人のヨーロッパ人をほうむることは一石二鳥であり、圧迫者と被圧迫者とを同時に抹殺することであるからだ。こうして一人の人間が死に、自由な一人の人間が生まれることになる。そして生き残ったこの人間は自分の足下に初めて民族の大地を感ずる。この瞬間、民族は彼から離れたところにあるわけではない。どこに行き、どこにいようと、彼はその場に民族を見出す。民族は彼の自由と一体をなしているのである。しかし驚愕がすぎると、植民地の軍隊が反撃に転ずる。原住民は団結するか、惨殺されるかだ。部族間の反目は緩和され、消滅の方向に向かう。まず第一にそれが〈革命〉を危険にさらすからであり、そのうえ何よりも、暴力をにせの敵のほうにそらすだけの役しか持っていないからだ。反目が——コンゴにおけるように——依然として残るのは、それが植民地主義の手先によって維持されているからだ。民族は進撃を開始する。一人一人の原住民にとって、民族は同胞が闘っているあらゆる場所に存在する。彼らの同胞愛は、彼らが君たちヨーロッパ人にいだいている憎しみと表裏一体である。彼らの誰もが敵を殺した、毎分毎秒、敵を殺す可能性を持っている、というそのことによって、彼らは兄弟なのだ。ファノンは彼の読者に《自然発生》の限界と、《組織化》の必要ならびに危険を指摘している。だが、測り知れぬほどの努力を必要としようとも、ことが進展するにしたがって革命意識は深まってゆく。最後に残ったコンプレックスも吹き飛ばされる。ALN〔アルジェリア解放軍〕の兵士のうちに少しでも《依存コンプレックス》がひそんでいるというなら、それを指摘してみたまえ。目隠しをとりのぞかれた農民は、自己の貧しさを意識する。この貧しさゆえに彼はこれまで死ぬ思いをしてきたが、あえてそれを無視しようと努めてきたのであった。今や彼は、貧しさを限りない要求として把握する。そして五年間、いやアルジェリア人がしてきたように八年間も持ちこたえうるようなあの民衆の暴力のうちには、軍事的・社会的・政治的に必要なものが区別できぬほどにからみあっている。戦争は——たとえ指揮と種々の責任のみを問題にしても——新しい社会の構造を創り出すのだ。[13]その構造こそ平和の基本的な諸制度となるものであろう。見るも悲惨な現在の状況は、やがて新しい伝統を作り出すだろう。その伝統のなかにまでどっかと根をおろした人間が今や誕生する。日々戦場では新しい法が生まれ、その法によって正当化された人間が誕生する。最後のコロンが殺されるか、船に積みこまれるか、あるいは原住民に同化するか、いずれにせよこの最後のコロンとともに少数種族は姿を消し、社会主義的な同胞愛にその席を譲る。だがまだそれだけでは十分でない。この戦士は先を急いでいる。彼が生命を賭けるのは、ご賢察のとおり、年老いた《本国》の人間と同じ水準に戻るためではない。彼のしぶとさを見たまえ。たしかにこの男も、時には新たなディエン＝ビエン＝フーを夢見るかもしれない。がしかし、心底からそれを当てにしていると考えてはなるまい。彼は貧困のどん底で、強力に武装した金持を相手に戦う乞食の戦士なのだ。決定的な勝利を期待しながら、また多くの場合は何一つ期待もせずに、うんざりするほどに敵に攻撃をかける。もとより手ひどい損失を蒙るのは覚悟のうえだ。植民地の軍隊は凶暴になる。区画割り哨戒、掃討、強制収容、報復攻撃。女も子供も殺される。だが戦士はそれも承知だ。この新しい人間は、自分の人間としての一生を終わりから始めようとしている。彼は自分を潜在的な死者と見なしている。いずれは殺されるだろう。といってもこれは、彼が単に死の危険を受け入れていることを意味するだけではない。必ず殺されると信じている、ということなのだ。この潜在的な死者は妻と息子たちを失った。彼はあまりにも多くの苦悶を目にしてきたので、生き残るよりはむしろ敵を粉砕することのほうを望んでいる。勝利の恩恵に浴するのは、他の者たちであって彼ではない。この男はあまりにも疲れすぎている。だが、この疲れきった心が信じがたいほどの勇気を生む。われわれが人間性を見出すのは、死と絶望の手前だ。この男は拷問と死の向こう側に人間性を見出す。われわれはただ風を蒔いただけであった。それを嵐に変えたのは彼である。(14) 暴力の息子であるこの男は、一瞬ごとに暴力のなかから彼の人間性を汲みとってくる。われわれは彼を犠牲にして人間となった。彼はわれわれの犠牲において人間となる。新たな人間、われわれより上等の人間である。

＊＊＊

ファノンはここで筆をおいている。彼は辿るべき道を示した。戦士たちのスポークスマンとして、ファノンはいっさいの反目、いっさいの部族主義に反対し、アフリカ大陸の団結と統一とを主張した。彼の目的は達せられた。もし植民地解放という歴史的事実を完全に描き出そうとすれば、ファノンはわれわれのことも語る必要があったろう。だがむろん彼の意図はそこにはなかったのだ。しかしわれわれがこの本を読み終えたときにも、著者の意に反してこれはわれわれの内部につづいているのである。われわれは革命下にある民族の力をひしひしと感じており、しかもそれに力で対抗しているからだ。つまり暴力の新たな時期《モメント》が始まったのであり、今度はわれわれ自身が迷いからさめなければならない。にせの原住民が暴力をとおして自己を変えてゆくに従い、暴力はわれわれをもまた変えているからだ。各人が思い思いに反省しなければならない。ただ次のことは考えておく必要がある。衝撃を受けて茫然自失している今日のヨーロッパでは、フランス、ベルギー、イギリスでは、少しでも気をそらせるとたちまち植民地主義の罪深い共犯になってしまう、ということだ。この書物は序文などいささかも必要としていない。われわれに語りかけてさえいないのだから。それでも私がこの序文を書いたのは、弁証法を窮極にまで押しすすめるためである。それは、われわれヨーロッパの人間もまた非植民地化されつつある、ということであり、言いかえれば、彼らが血まみれの手術でわれわれ各人のうちに宿るコロンをえぐりとろうとしている、ということだ。もしわれわれにその勇気があるならば、自分の姿を眺めてみようではないか。そしてわれわれがどうなるかを考えようではないか。

まず思いもかけぬ見世物《ショー》を直視せねばならない。それはヒューマニズムのストリップという代物だ。今やヒューマニズムは素っ裸だ。おまけにちっとも美しくない。それは欺瞞のイデオロギー、まことにみごとな強奪の正当化にほかならなかった。ヒューマニズムがふりまく愛情と気取り《プレシオジテ》とが、われわれの侵略を保証していたのだ。非暴力主義者たち(15)は、つやつやした顔色をしている。犠牲者でもなければ死刑執行人でもないというのだ。とんでもない。かりに犠牲者ではないとしよう。その場合、君たちが人民投票で支持した政府、君たちの年若い兄弟が兵役に服している軍隊、それらがためらいもせず、また悔いもせずに《集団虐殺《ジェノサイド》》を企てた以上、君たちは疑いもなく死刑執行人なのだ。またもし逆に犠牲者となることを選び、あえて一日か二日の禁錮をくらう危険を冒したにしても、それはただ窮地をうまくきり抜けようとしているだけなのだ。そうは問屋がおろさない。きりぬけられはしないのである。要するに次のことを理解してくれたまえ――もし暴力が今夜初めて開始されたもので、かつて地上には搾取も圧制も存在しなかったというのならば、あるいは非暴力の看板をかかげて紛争を鎮めることができるかもしれない。ところがもし体制全体が、そして君たちの非暴力思想までが、一千年にわたる圧制によって規定されているならば、受け身の態度は君らを圧迫者の側につけるだけなのである。

君たちは、ヨーロッパ人が搾取者であることをよく知っている。君たちはまた、われわれが《新大陸》(16)の黄金や金属資源を、それから次に石油を強奪し、年老いた本国に持ち帰ってきたことをよく知っている。成果はなかなかどうして大したものだった。宮殿や大寺院や工業都市などがそれである。そのうえ、恐慌におびやかされたときにも、植民地の市場があったために恐慌の勢いを弱め、それを他所へそらすことができた。富をたらふく詰めこまれたヨーロッパは、ヨーロッパの全住民に対して人間となる権利を認めた。ところがヨーロッパの人間であるということは、われわれすべてが植民地の搾取から利益を得てきた以上、植民地主義との共犯を意味する。ぶくぶく肥って顔色の悪いこのヨーロッパ大陸は、ファノンが適切にも《ナルシスム》と名づけているもののなかに、ついにはまりこんでゆく。ジャン・コクトーは、「四六時中自分自身について語る町」パリに神経を苛立たせていたものだ。そしてヨーロッパは、このほかに何をしているというのか？　また超ヨーロッパ的なあの怪物、北アメリカは？　何という饒舌だろう——自由、平等、友愛、愛情、名誉、祖国、その他なにやかやだ。だがそれも、われわれが同時に、黒んぼめ、ユダヤ人め、アルジェリアのねずみめ、と人種差別的な言辞を弄するのを妨げはしなかった。リベラルで親切な良識ある人びと——要するに新植民地主義者——は、こうした矛盾にショックを受けたと公言していた。だがこんな言葉は、錯誤でなければ自己欺瞞である。われわれヨーロッパ人にとって、人種差別的ヒューマニズム以上に筋道の通った話はない。なぜならヨーロッパ人は、奴隷と怪物を拵えあげることによってしか、自分を人間にすることができなかったからだ。原住民が存在する限り、この偽善は仮面をかぶっていた。われわれは人類という名で抽象的な普遍性を主張したのだが、この主張は現実的な人種差別を覆いかくすのに役立っていた。つまり海の向こうには半人間の種族がいて、われわれのおかげで、多分千年もたてば人間になるだろう、というのである。ひと口に言えば、人類とエリートとを混同していたのだ。今日、原住民は自己の真実をあらわにする。とたちまち、あれほど閉鎖的だったわれわれヨーロッパ人の人間クラブが、その弱点をさらけ出す。このクラブは何と少数派にほかならなかったのだ。それだけではない。他の者が、われわれに反抗して人間になってゆくのだから、われわれは人類の敵ということになる。エリートはその本性を現わす。つまりギャングだったのだ。われわれの貴重な諸価値はその翼を失う。よくよくこれを眺めてみれば血にまみれていない価値などひとつもないことが分かるだろう。もし何か例が必要なら、「フランスは何と寛大であることか」という大げさな言葉を思い出してみたまえ。われわれが寛大だって？ それならセティフ[18]は？ 百万人以上のアルジェリア人の命を奪ったあの八年間の凶悪な戦争は？ それに電流拷問機もある。だがよく理解したまえ。われわれは何かの使命を裏切ったといって非難されているのではないのだ。そもそも使命など何ひとつ持ちあわせていなかったのだから。問題になっているのは寛大《ジェネロジテ》そのものなのである。この歌うような美しい言葉は、たったひとつの意味しか持っていない。つまり押しつけ憲法[19]だ。われわれと向かいあっている新しい、解放を成しとげた人間は、誰ひとり他人に何かを与えるという力や特権を持ちあわせていない。むしろ各人が、あらゆる権利をあらゆる人に対して持っているのである。われわれ人類というものが、いつか自己を実現したとすれば、そのときには、人類は地球上の住民の総和としてではなく、彼らの相互作用の無限の統一として定義されるだろう。私はここでペンをおこう。あとの仕事は君たちが難なく仕上げてくれるだろう。それにはわれわれの貴族的美徳を、たった一度だけ直視すれば十分である。その美徳はくたばりつつある。それを生みだした半人間の貴族階級がいなくなってしまえば、どうして生き残ることができようか？ 数年前、あるブルジョワの――そして植民地主義的な――解説者は、西欧を擁護しようとして、やっと次の文句を見出した、「われわれは天使ではない。だが少なくとも、良心の呵責は感じている。」まったく何という告白であろう！ 以前、われわれの大陸は、これとは別の目印を持っていた。古代の神殿パルテノン、中世の大伽藍シャルトル、近世の〈人権宣言〉、そして昨日のナチのハーケンクロイツ等々。それらの値打ちも今では周知のとおりだ。

あまつさえ、われわれヨーロッパ人の罪というひどくキリスト教的な感情に頼らなくては、もはやわれわれを難破から救うことができないというのである。ごらんのとおり、何もかもおしまいだ。ヨーロッパは四方八方水びたしだ。いったい何が起こったのか？　簡単明瞭だ。以前、われわれは〈歴史〉の主体であったが、今はその客体になったのである。力関係は逆転した。非植民地化は進行している。われわれの傭兵が試みうることといえば、ただ非植民地化の完成を遅らせることだけだ。

それでも、よぼよぼの《本国》は、そこにすべてを賭けねばならない。前もって敗北と分かっている戦争に、全兵力を投入せねばならない。ビュジョー流[20]のいかがわしい栄光を作りあげた例の古くさい植民地の凶暴さが、この冒険《アヴァンチュール》の終わりに再び現われるが、それは以前の一〇倍も激しくなっているにもかかわらず、まだ不十分である。徴集兵がアルジェリアに送りこまれる。彼らは、七年間、何の成果もなしに留まっているだけだ。暴力は方角を変えてしまった。かつて勝利者として暴力を行使していたときは、それがわれわれを変質させるなどとは思えなかった。暴力はわれわれヨーロッパ人以外の者を解体させたが、われわれは、人間は、われわれのヒューマニズムは、無疵のままであった。互いの利益で一致団結した本国人は、自分たちの犯罪によって構成される共同体を、同胞愛とか愛情とかという名で呼んでいた。今日、その同じ暴力はいたるところで遮られ、われわれの兵士たちによって逆に本国人の上に跳ね返り、内面化され、そしてわれわれに取り憑くのである。退化現象が始まる。植民地原住民は自らを人間に作りあげてゆくが、われわれは、極右も自由主義者も、コロンも《本国人》も、みな解体してゆく。すでに激怒と恐怖とがむき出しにされた。それはアルジェの《ねずみ狩り》[21]に露骨に示されている。現在、残忍な者はいったいだれか？　野蛮はどこにあるのか？　いっさいがそろっている。タムタムの音さえも欠けてはいない。ヨーロッパ人が回教徒を焼き殺している最中に、自動車の警笛が《フランスのアルジェリア》の声にあわせて鳴らされるのである。[22]ファノンが指摘していることだが、少し前まで精神科医たちは学会で、原住民の犯罪性に頭を悩ませていた。この連中は殺し合いをする、と彼らは言うのだった。これは正常なことではない。アルジェリア人の大脳皮質は発達がおくれているにちがいない。中央アフリカでは他の精神科医が「アフリカ人はほとんど前頭葉を使っていない」ことを明らかにしている。今日これらの学者がヨーロッパで、とくにフランス人について調査を行なったならば面白かろうに、なぜならば、われわれも数年来、前頭葉の機能低下に見舞われているに相違ないからである。〈愛国者〉たちは、同国人さえも少しばかり暗殺している。本人が留守のさいには、門番や彼らの家をぶっとばす。だがこれは手初めにすぎない。内戦は今年の秋か来春と予想されている。[23]にもかかわらず、われわれの前頭葉は完全な状態にあるらしい。いやむしろ原住民を潰滅させることができないので、暴力がこちらに向きを変え、われわれの奥深く蓄積されて出口を求めている、といったところではなかろうか？　アルジェリア人民の団結はフランス人民の分裂をひき起こす。〈元－本国〉のあらゆる土地の上で、部族民は踊りをおどりながら戦闘に備えている。恐怖はアフリカを去ってヨーロッパに腰を据えた。ただ怒り狂って、原住民に打ちのめされた屈辱感をわれわれの血で贖わせようと望んでいる連中がおり、また他の連中が、他のすべての連中がいる。後者も前者と同じくらい罪が深い──ビゼルト紛争の後で、九月のリンチ事件[24]の後で、誰がいったい街頭に出て「もうたくさんだ」と叫んだろう？──。そのくせやけに落ち着いている。これが自由主義者や、ふやけきった〈左翼〉の硬派中の硬派なのだ。この連中もどうやら興奮し始めた。おまけにだいぶ機嫌も悪い。だがなんというこわがりようだ！　彼らは神話により、複雑な儀式により、自ら激昂を覆いかくして見まいとする。最後の決算を、真理が姿を現わす時をおくらせようとして、彼らはわれわれの頭の上に〈大魔術師〉ド・ゴールをのっけたが、この男の務めは何がなんでもわれわれを闇のなかに閉じこめておくことにある。手のほどこしようもない。暴力は一方で公然と宣言され、他方では抑制されて、空しく円を描いている。メッスで暴力が炸裂する。次の日はボルドーだ。(25)ここを通りすぎた、次はあそこだろう――これではまるで銭まわしだ。今度はわれわれが、一歩一歩と原住民になる道を歩んでいる。もっとも完全に原住民になりきるためには、われわれの土地がもとの植民地原住民に占領され、われわれが飢えてくたばることが必要だろう。しかしそういうことは起こるまい。われわれにとり憑いているのは、権威を失墜した植民地主義である。老いぼれてなお堂々たるこの植民地主義は、やがてわれわれの上に馬のりになるであろう。これこそわれわれにとり憑くツァールであり、ロアなのである。(26)そして君たちは、ファノンの最後の章を読めば、以前のコロンのままでいるよりも、たとえ悲惨のどん底に落ちようとも原住民であるほうがまさっていることを納得するだろう。警察の役人が日に一〇時間も拷問にたずさわらねばならないのは好ましからぬことだ。死刑執行人自身のために超過勤務を禁止しないと、このままでゆけば彼の神経がだめになってしまうだろう。厳正な法の適用によって、国民と軍隊の士気を保護しようというときに、(27)軍隊が組織的に国民の士気を沮喪させるのは好ましからぬことだ。共和主義の伝統をもつ国が、数十万人の青年を反乱軍の将校に委ねておくのも同様によろしくない。わが同国人よ、君たちはフランスの名において犯された罪悪のすべてを知っている。君たちが自分で自分を裁かねばならぬことを恐れて、これについて誰にも、君たち自身の魂にさえも、ただのひと言も囁かないとすれば、これは由々しきことだ、まったく由々しきことだ。初め君たちは知らなかったのだろう――私はそう思いたい――。次には半信半疑だった。今ではもう知っている、にもかかわらずやはり口をつぐんでいる。八年間の沈黙――こいつは人間を堕落させる。無益に堕落させる。ところが今日、目のくらむような拷問の太陽は真上から、国全体をくまなく照らし出している。この光に照らされては、笑い声をたててみてもみな調子はずれだ。顔という顔が厚くぬりたくって、怒りと恐怖を覆いかくしており、あらゆる行為は、われわれが嫌悪の気持を抱きながらもやはり共犯であることを示している。今日では、二人のフランス人が出会うだけでもう彼らはどこかに死体を一つ転がしているのだ。しかも私が「死体をひとつ」と言っているうちに……。フランスはかつては国の名であった。用心しよう、一九六一年にはそれが神経症の名前かもしれないのだ。

われわれは回復するだろうか？　もちろんだ。アキレウスの槍(28)のように、暴力は自分が作り出した傷口を癒着させることができる。今日われわれは、身動きもできず、屈辱にうちひしがれ、恐怖の病人になっている。最低だ。幸いにも植民地の貴族たちにとっては、これだけでもまだ十分でない。彼らがアルジェリアにおいて解放阻止の使命を全うするためには、まずわれわれフランス人を植民地化してしまわねばならない。乱闘を前にして、われわれは日々尻ごみをしている。だが安心したまえ、けっして乱闘を避けはしないだろう。殺し屋どもがそれを必要としているからだ。やつらはわれわれに飛びかかり、盲滅法に引金を引くだろう。魔術師と物神の時代は、かくて終わりを告げるだろう。君たちは闘わねばならぬ。さもなければ収容所で朽ち果てるだろう。これは弁証法の最後の契機《モメント》である。君たちはこの戦争を非難してはいるが、アルジェリア人戦士との連帯を表明しようとはしない。よろしい、それなら恐れてはいけない。お好きなようにコロンや傭兵を信頼したまえ。彼らが君たちに最後の決断をさせるだろう。おそらくそのとき君たちは、絶体絶命の窮地に立って、新しい暴力を解き放つだろう。昔からたえずくり返されてきた大きな罪が、今こそ君たちの内にこの新しい暴力を真の歴史《イストワール》、つまり別の話《イストワール》」だ。人びとがよく言うように、「これは別のの人間の歴史が始まるのだ。その時は近づいた。私は確信を持っている。われわれが歴史を作る人びとに合流する時は近づいたのである。

一九六一年九月

ジャン＝ポール・サルトル

1 暴力

民族解放、民族復興《ルネッサンス》、国家《ナシオン》を再び人民の手へ、コモンウェルス等々、いかなる名称が使用され、いかなる新表現が導入されようとも、非植民地化（décolonisation）とは常に暴力的な現象である。だれとだれが会合し、スポーツ・クラブの名称がどう変わり、カクテル・パーティや警察や、国立ないし民間銀行の重役会議の顔ぶれがどうなったか――これらのいかなる水準で検討しようとも、非植民地化とはただ単純に、ある「種」の人間が別の「種」の人間にとって代わられることにすぎぬ。過渡期も経ずに、全的な、完全な、絶対的な交替が行なわれる。なるほどこれ以外にも新たな民族《ナシオン》の出現、新たな国家の設立、その外交関係、その政治的社会的方向の変化を指摘することは可能だろう。だがわれわれは、すべての非植民地化をその出発点において定義づけるところのあの過去の一掃《ターブル・ラーズ》について語ることをこそ選んだのだ。その異常なまでの重要さは、これがそもそもの初めから、植民地原住民（colonisé）の最小限の要求を構成するという点にある。ありていに言えば、成否の証しは、社会の見取図が徹底的に変化したか否かにあるのだ。この変化は、欲せられ、求められ、要請されたものであるがゆえに、並々ならぬ重要性を持っている。この変化の必然は、原住民男女の意識と生活のなかに、あるがままの、荒々しい、強制的な状態で存在している。だがまた起こりうるこの変化は、怖るべき未来という形で、別な「種」の男女たち、すなわち植民者《コロン》(colons) の意識においても生きられているのだ。

世界の秩序 (ordre) を変えようと目論む非植民地化、それは見られるとおり、絶対的無秩序 (dé-sordre) のプログラムである。だが魔術的な操作や、自然な衝撃や、あるいは合意にもとづく協定などの結果ではありえない。非植民地化は周知のごとく、ひとつの歴史過程である。すなわち非植民地化に形と内容を与えるところの歴史化の運動 (mouvement historicisant) を識別するという、厳格にその限りにおいてのみ、これは理解され、己れの理解可能性 (intelligibilité) を見出し、自身にとって透明なものとなる。非植民地化は、生まれつき敵対関係にある二つの力の出会いであって、この両者は、まさに植民地の状況によって分泌され糧を与えられた一種の実体からその独自性をひき出している。彼らの最初の対決は暴力の星の下に展開され、彼らの共同生活――より正確に言えばコロンによる原住民の搾取――は、無数の銃剣と大砲の力で継続されてきたのである。コロンと原住民は旧知の間柄だ。じっさいコロンが、「やつら」を知っているとうそぶくのは正しいのだ。原住民を作り出し、そして今なお作りつづけているのは、コロンである。コロンは、自己の真実を、つまりはその財産を、植民地の体系からひき出しているのだ。

非植民地化は絶対に人目につかずにはすまされない。それが存在にかかわり、存在に根本的な変更を加えるからだ。非本質性〔主体でないことを指す〕にうちひしがれた観客〔原住民〕を、ほとんど崇高なまでに〈歴史〉の重荷にとらえられた特権的な俳優に変貌させるからだ。それは存在に、新たな人間のもたらす固有のリズムを、新たな言語を、新たな人間性を導き入れる。非植民地化とは文字どおり新たな人間の創造だ。しかしこの創造は、いかなる超自然的な力からも、正統性（légitimité）を受けるものでない。植民地化されて「物」となった原住民が、自らを解放する過程そのものにおいて人間となるのであるから。

非植民地化には、したがって、植民地の状況を全面的に否認せんとする要求がある。もし非植民地化の定義を正確に記述しようと望むなら、それは、「後なる者は先になるべし」〔『新約聖書』マタイ伝第二〇章〕というよく知られた一句によって表現されうる。非植民地化とはこの一句の検証である。だから記述ということにかんして言えば、あらゆる非植民地化は〔後なる者にとって〕成功である。

非植民地化を裸形のまま示せば、その毛穴という毛穴を通して、赤く染まった砲弾、血のしたたる短剣の存在が察せられる。というのは、たとえ後なる者が先になるべきであるとしても、それはこの二人の主役の生命を賭けた決定的な対決の結果でしかありえぬからだ。後なる者を列の先頭につけ、組織された社会特有のよく知られた段階を、一定の（ある者は早すぎると言うほどの）速度でよじのぼらせようとする意志、このきっぱりした意志が勝利を収めるためには、天秤にあらゆる手段を投げこまねばならない——むろんその手段のなかには、暴力も含まれる。

どれほど原始的な社会であろうとも、ひとつの社会をこのようなプログラムで解体するためには、そもそもの初めから、つまりこのプログラムが形成されたその瞬間から、前進途上で遭遇するいっさいの障害を打破する決意が必要である。このプログラムを実現し、その推進者たらんと決意する原住民は、常に暴力を覚悟している。禁止事項だらけの狭められたこの世界を否認しうるものが、絶対的暴力のみであることは、生まれおちたときから彼の目に明らかだ。

植民地の世界は分割された世界だ。おそらくはこれを記述するときに、現地人（indigènes）の町と欧州人の町、現地人のための学校と欧州人のための学校があることなど、今さら指摘する必要もないだろう――南ア連邦にアパルトヘイトのあることを指摘する必要もないように――。だがこの分割の内部に入りこもうとするならば、そこに含まれた力ずくの境界のいくつかを明らかにするのも無駄ではあるまい。植民地世界、その仕組み、地理的な配置、これに接近することによってわれわれは、〔植民地世界の〕骨格を決定することができる。その骨格から発して、未来の非植民地化された社会が再組織されるであろう。

植民地化された世界は、二つにたちきられた世界だ。その分割線、国境は、兵営と駐在所によって示される。植民地において、原住民の承認を得られる制度的対話者、コロンと抑圧体制との代弁者は、憲兵ないしは兵隊である。資本主義的な社会においては、教育（宗教教育たると否とを問わず）、父から子へと伝えられる道徳的反応の形成、労働者が五〇年にわたる善良で忠実な奉仕ののちに叙勲を受けるという模範的誠実さ、調和と叡智に対する愛情の鼓舞、こういった既成秩序を尊重する美的形態が、被搾取者の周囲に服従と抑制の雰囲気を作りあげ、それが軍や警察の仕事をこのうえもなく容易にする。資本主義国においては、被搾取者と権力のあいだに無数の道徳の教師たち、助言者たち、「道を迷わせる者たち」が入りこむ。これに反して植民地では、憲兵と兵隊が常にすぐ目の前に姿を見せ、しばしば直接的に介入して、原住民との接触を維持し、銃床とナパームを用いて、動いてはならぬと命ずるのである。見られるとおり権力の仲介者は、純粋暴力の言葉を用いる。仲介者は圧制を軽減することもなく、支配を覆いかくしもしない。彼はそれらをさらけ出し、秩序維持者として恥じるところもなしにそれを示してみせる。仲介者は原住民の家のなかに、脳髄に、暴力を持ちこむのである。

原住民の住まう地帯は、コロンの居住地帯を補うものではない。この二つの地帯は相対立する。が、それは一段高い統一を作るための対立ではない。純粋にアリストテレス的な論理学に支配された両地帯は、相互排除の原則に従っている。和解はありえず、一方の項は余計なのだ。コロンの町は堅牢な材質の、すべて石と鉄でできた町である。それは煌々と明りに照らされた、舗装された町であって、その住民はごみ箱に残飯があふれていることなど知ろうともせず、かつてそれに目を止めたこともなければそれを夢見たこともない。コロンの足は絶対に人目にふれることはない――おそらく海岸では別だろう、だがそこでは絶対にコロンに近づいて足を眺めることなどできはしないのだ。彼らの足は丈夫な靴で保護されている――しかも道路は清潔で、すべすべしていて、穴もなければ石ころもないというのに。コロンの町は飽食した怠惰な町だ。その腹は、たえずうまいものでいっぱいだ。コロンの町、それは白人の町、外人の町だ。

一方、植民地支配を受ける者の町、と言って悪ければ現地人の町、ニグロの村、アラブ街、インディアンの地域、それは悪評高い場所であり、悪評高い人びとにあふれた場所だ。人はどこであろうと、どんな風にであろうと構わずに生まれる。どこであろうと何が原因であろうと構わずに、人は死んでゆく。それは隙間のない世界であり、人びとは重なりあい、小屋も重なりあっている。原住民の町は飢えたる町だ。パンに飢え、肉に飢え、履物に、石炭に、光に飢えた町だ。原住民の町は、うずくまった町、ひざまずいた町、寝そべった町だ。それはニグロの町、ビコ〔アラブ人の卑称〕の町だ。原住民がコロンの町に投げかける眼差しは、淫蕩の眼差し、羨望の眼差しだ。所有の夢だ。ありとあらゆる所有の仕方を人は夢見る――コロンの食卓につくこと、コロンのベッドで、できればコロンの女房と寝ること。原住民は羨望家だ。コロンもそれを知っている。原住民の眼差しを何気なく盗み見て、コロンは苦い気持で、しかも常に身構えながらこう確認する、「やつらはおれたちの地位を奪おうとしている」と。そのとおりだ。原住民のだれ一人として、少なくも一日に一度は、コロンの地位にどっかり腰をすえることを夢見ぬ者などありはしない。

　この分割された世界、二つにたちきられた世界には、異なった種の者が住みついている。植民地的状況の独自性は、経済的現実、不平等、生活の甚だしい相違などが、けっして人間的現実を覆いかくすに至らないという点にある。植民地的状況をその直接性において目にするならば、この世界を分割するものが、まず何よりもある種類、ある人種に属しているか否かという事実であるのは明白だ。植民地において、経済的下部構造はまた上部構造でもある。原因は結果である。つまり白人であるがゆえに富み、富んでいるがゆえに白人なのだ。だからして、植民地問題に向かうたびごとに、マルクス主義的分析は常にいくぶんか拡張されねばならない。マルクスが精密に検討した資本主義以前の社会の概念(1)に至るまでが、ここでは再考される必要があるだろう。農奴は騎士と異なった種類に属するが、この身分の相違を正当化するためには神権に頼ることが必要だ。ところが植民地においては、別のところからやって来た外国人が、大砲と機械の助けをかりて割りこんで来てしまったのだ。たとえ原住民を飼いならすことに成功しようとも、土地や人を私有化したといっても、コロンはやはり異邦人でありつづける。「支配階級」をまず特徴づけるのは、工場でも所有地でも銀行預金でもない。支配種族とは、何よりもまず他所からきた種族、土着民（autochtones）と似ても似つかぬ種族、「他者」である。

暴力は、植民地の世界の調整をつかさどり、現地人の社会形態を次から次へと飽くことなく破壊し、経済の座標を、衣服の着方や外観を、徹底的にぶちこわしてしまう。だがしかし、原住民大衆が歴史の顕在化たらんと決意してオフ・リミットの町々になだれこんでくるときになると、暴力は原住民に要求され、受け入れられるものとなるだろう。植民地世界を爆破することは、このときから、非常に明瞭で理解しやすい行動のイメージ、植民地の民衆を構成する個々人に奪還可能なイメージとなる。植民地世界を解体させるとは、境界線を廃止したのちに二つの地帯をつなぐ通り道を設けるという意味ではない。植民地世界を破壊するとは、文字どおりひとつの地帯を廃棄すること、それを地底ふかく埋葬し、あるいはこの土地から追放することにほかならない。

原住民による植民地世界の否認とは、さまざまな観点を理性的に対決させることではない。それは普遍的なものにかんするお説教ではなくて、絶対的なものと見なされたひとつの独自性を遮二無二主張することだ。植民地世界はマニ教的善悪二元論の世界である。(2)コロンが物理的に、すなわちその警察と憲兵の助けで、原住民の空間を制限するだけでは十分でない。あたかも植民地搾取の全体主義的性格を明らかにするためででもあるかのように、コロンは原住民を一種の悪の精髄に仕立てあげる。(原注一)原住民社会は、単に価値なき社会として描かれるだけではない。価値が原住民世界を棄て去ったと言い、あるいはいまだかつてそこに価値があったことはないと言ってさえも、コロンには十分でない。

現地人は倫理を通さぬ存在、価値の不在、さらには価値の否定であると宣告される。あえて言おう、現地人とは価値の宿敵だ。その意味で、絶対的な悪なのだ。それに近づくいっさいのものを破壊し腐蝕する分子、美や道徳に関係のあるいっさいのものを変形し歪曲する不吉な力の所有者、盲目的な暴力の無意識的かつ回収不能な道具だ。メイエル氏[3]は、フランス議会で、アルジェリアの民衆をフランスに浸透させて共和国に春を売らしてはならぬと、大真面目で述べたてる始末だった。じっさい植民地の民衆に接触させると、たちまちにして価値あるものもとり返しのつかぬほど毒に染まり堕落してしまう。原住民の風習、その伝統、その神話、なかんずく彼らの神話こそが、この貧困、この体質的な堕落のしるしなのだ。だからこそ、病気の媒体である寄生虫を絶滅させるＤＤＴと、異端、本能、悪などを卵のうちにやっつけるキリスト教とを、同一平面におくことが必要となる。黄熱病の後退と福音伝道の発展とは、同じバランスシートの一部をなす。だが実を言えば、布教団《ミッション》の勝ち誇ったコミュニケは、植民地の民衆のうちに導入された疎外の要因の重大さを教えているのだ。ここで私が問題にしているのはキリスト教のことだが、だれもそのことに驚愕する権利は持ちあわせていない。植民地の教会とは〈白人〉の教会だ、異邦人の教会だ。それは原住民を神の道に招くのではなくて、〈白人〉の道に、主人の道に、圧制者の道に招き寄せるのだ。そして人も知るごとく、この一件においては招かれる者は数多く、選ばれる者はごくわずかにすぎないのである。

ときとしてこのマニ教的善悪二元論は、その論理の果てにまで至り、原住民を非人間化してしまう。文字どおり動物にしてしまうのだ。じっさい原住民について語るコロンの言葉は、動物学の言語である。彼らは黄色人種の爬行について、現地人の町から発散するものについて、遊牧について、悪臭について、繁殖について、群生について、はげしく動きまわるその生態について、暗示する。コロンは、巧みに描写し正確な言葉を見つけようとするとき、たえず中世の動物説話を参照する。欧州人は、なかなか「イメージ豊かな」言葉にぶつからない。しかし原住民はコロンの計画を察知し、自分が非難の的になっていることを理解して、たちどころに相手の考えが分かってしまう。このギャロップで走る人びと、ヒステリックな連中、人間性がいっさい逃れ去った表情、もはや何ひとつ似るものとてないほどにぶくぶくと肥った身体、頭も尻尾もない群、だれのものとも思えぬ子供たち、太陽にさらされた怠惰、植物的なリズム、こういった表情がみなコロンの用語をなしている。ド・ゴール将軍は「黄色の群衆」を語り、モーリヤック氏は黒と褐色と黄色の連中を語る。やがてそれらがわっと押し寄せてくるというのだ。原住民は、そんなことはいっさい承知だ。そして相手に動物だと言われるたびごとに呵々大笑する。自分が動物でないことを知っているからだ。そしてまさに自己の人間性を見出すそのときに、その人間性に勝利を得させるべく武器をみがきはじめるのである。

　原住民がコロンの錨索を重く圧迫し、コロンに不安を与えはじめると、善良なる魂が派遣され、「文化会議」といったものの席上で、西欧的価値の特殊性と豊かさを開陳する。だが西欧的価値が話題に上るたびに、原住民には一種の硬化が、筋肉の強縮症《テタニー》が起こるのだ。非植民地化の時期には、原住民の理性に向かって呼びかけがなされる。確実な価値が提起される。非植民地化といっても後退を意味するものであってはならない、もはや試験ずみの、堅牢な、定評ある価値に拠り所を求めるべきだ、といったことがやたらと説明される。ところが西欧文化にかんする卓説をきく段になると、原住民はその蛮刀をとり出さないまでも、それを手の届くところにおいておくのである。白い価値の優位性は暴力によって確認され、白い価値が原住民の生活の仕方やものの考え方と対決して勝利を収めるさいには、そこに攻撃的なものが浸透していたが、この暴力や攻撃性は当然ながらはね返って、原住民は目の前にこの価値が喚起されるとなると、これを冷笑するという結果になる。植民地的状況においては、原住民が白人の価値の優位をはっきりした大きな声で認めるまで、コロンは飽くことなく原住民を酷評しつづける。ところが解放の時期になると原住民大衆はその同じ価値を嘲笑し、罵倒し、それを口から吐き出してしまうのである。

この現象は通常覆いかくされている。それというのも、植民地時代において、[4]原住民知識人のいく人かは植民地主義国のブルジョワジーと対話を築きあげてきたからである。この時期には、土着民衆は曖昧なマスと見なされている。植民地主義者のブルジョワがあちこちで知りえたいく人かの人びとだけでは、この直接的な知覚に影響を与えてさまざまなニュアンスを生じさせるには不十分なのだ。これに対して解放の時期になると、植民地主義ブルジョワジーは熱心に「エリート」との接触を求める。価値にかんするお決まりの対話は、このエリートたちとの間に試みられるのである。植民地主義ブルジョワジーは、植民地諸国に対する支配を維持することが不可能であると認めると、文化や価値や技術等々の領域における後衛戦を行なおうと決意するのだ。ところで絶対に見失ってならないのは、植民地の民衆の大多数がこれらの問題におよそ無関心であるということだ。原住民にとっての最も具体的であるがゆえに最も本質的な価値とは、まず大地である。パンを保証し、そして言うまでもなく尊厳を保証する大地である。だがこの尊厳は、いわゆる「人間」(personne humaine) の尊厳などとは何の関係もない。この理想的人間像 (personne humaine idéale) のことなど、原住民はただの一度も耳にしたことがないのである。彼が自分の土地の上で見たものは、他人が勝手に自分を逮捕し、打擲し、飢餓におとしいれて、罰せられもしないという事実だ。しかもいまだかつていかなる倫理学教授も、いまだかつてただ一人の司祭も、彼にかわってこの打撃を受けたことはなく、彼とパンを分けあったこともない。原住民にとってモラリストであるとは、非常に具体的に、コロンの尊大さを沈黙させることであり、コロンのふりまく暴力をうち破ることであり、ひと言で言うならきれいさっぱりコロンを視界から追放することである。すべての人間の平等を願うあのご立派な原理は、植民地においては、原住民が自分はコロンと対等だと主張するそのときから明らかにされるであろう。さらに一歩すすめば、彼はコロン以上となるために闘おうとするだろう。じっさい彼はコロンにとって代わり、コロンの地位を奪おうと、すでに決意を固めているのだ。見られるごとく、物質的道徳的な一世界全体が崩壊に瀕するのである。それまで抽象的普遍性の面で植民地主義に従ってきた知識人も、今やコロンと原住民が新たな世界で平和に暮らしうるようになるために闘うこととなる。だが彼が見ていないもの——それというのも植民地主義がまさしくいっさいの思考態度を伴って彼のうちに浸透してしまったからだが——、それは植民地的状況が消滅するや否や、もはやコロンはそこにとどまり共存することに関心を持たないという事実である。アルジェリア政府とフランス政府の交渉が何ら行なわれないうちに、「リベラル」と呼ばれる欧州人少数派が早くもその立場を表明したのは偶然でない。彼らはほかならぬ二重の市民権を要求したのである。つまり自らは抽象的な局面にひきこもって、コロンをして未知なるもののなかに非常に具体的な飛躍を行なわせようと望んだのである。だがあえて言おう、コロンはいかなる大言壮語も現実にとって代わりえぬことを知悉しているのだ。(5)

かくて原住民は、自分の生命、呼吸、心臓の鼓動が、コロンのそれに等しいことを発見する。コロンの皮膚に現地人の皮膚以上の価値があるわけでないことを発見する。それはすなわちこの発見が、世界に本質的な衝撃をもたらすということだ。原住民の革命的な新しい確信のいっさいがここに由来する。じじつ、もし私の生命がコロンの生命と同じ重みを持つならば、もはやコロンの視線にちぢみあがることも金縛りになることもなく、コロンの声をきいて化石したように身動きできなくなることもない。コロンの前に出ても、もはや混乱することもない。じっさいコロンなど糞くらえだ。ただ単にコロンが目の前にいても平気だというだけではない。それればかりか、すでに私は強力な奇襲攻撃を準備しており、やがてコロンは逃走する以外に出口を持たぬことになるだろう。

われわれはすでに述べた、植民地的状況を特徴づけるのは、この世界が二分されているという事実(dichotomie) だ、と。非植民地化はこの世界を統一する。徹底した決意でこの世界の異質性をとり去ることによって、また民族という基盤、ときには人種という基盤に立ってこれを統合することによって。周知のごとくセネガルの愛国者たちは、セネガル大統領サンゴール(6)の駆け引きを語って、あの残忍な言葉を吐いた、「われわれは指導者層のアフリカ化〔アフリカ人が欧州系指導者にとって代わること〕を求めたのに、サンゴールは欧州人をアフリカ化した〔欧州人をそのままの地位でアフリカ指導者たらしめること〕」と。これは原住民が、絶対的な直接性において、果たして非植民地化が行なわれたか否かを認知する可能性を持つ、という意味だ。つまり最小限の要求は、後の者が先になる、ということなのだ。

しかし原住民知識人は、この要求にヴァリアントをもたらす。そしてじじつ、その理由にはこと欠かぬように見えるのだ。たとえば行政担当者、技術幹部、専門家の必要である。ところが原住民はこのような依怙《えこ》贔屓《ひいき》が行なわれればそれだけサボタージュの駆け引きがあったと解釈する。だからよくあちこちで、原住民がこんな風に断言する声がきこえる、「こうと知ったら、独立する必要もなかったんだ……。」

文字どおりの解放闘争が行なわれ、民衆の血が流され、武装闘争の局面の継続のために知識人が民衆的基盤にまでたちかえりえた植民地では、上部構造の完全に根こぎにされるさまに人は立ちあうこととなる——その上部構造は、かつてこれら知識人の手でブルジョワ植民地主義者層からくみとられたものだった。じっさい植民地主義ブルジョワジーは、お抱え教授連の口を通して、そのナルシシスム的独白を展開し、原住民の精神のなかに、人間はいかなる過失を犯そうともその本質はやはり永遠的であるという考えを、深く植えつけてしまった。むろん西欧的本質ということだ。原住民はこれらの思想の正当性を受け入れてしまい、その脳の襞を探れば、ギリシャ、ラテンに発する台座を擁護すべき任を負った、警戒おさおさ怠りない一人の歩哨を見出しうるのであった。ところが解放闘争中に原住民〔知識人〕が民衆と再び接触するときになると、このこしらえものの歩哨は粉砕されてしまう。地中海的なすべての価値、人間 (personne humaine) や明晰さや〈美〉の勝利は、生命も色つやも失った骨董品となる。あれらいっさいの美辞麗句は死語の寄せ集めのごとくに見えてくる。魂を高貴にするかと思われたあの諸価値は、民衆がとびこんでいった具体的な闘争とかかわりがないために、使いものにならぬことが暴露される。

まずはじめに個人主義だ。原住民知識人は、その主人たちから、個人が確立されねばならぬということを学んだ。植民地主義ブルジョワジーは槌をふるって、原住民の精神のなかに、個人から成る社会、各人が己れの主観性にとじこもり、富〔豊かさ〕といえば思想の豊かさのことであるような社会の観念をぶちこんだ。ところで解放闘争中に民衆のあいだにもぐりこむ機会を持った原住民〔知識人」は、やがてこの理論がうそっぱちであることに気づくであろう。闘争の組織形態が、すでに耳なれぬ語彙を彼に提供するだろう。兄弟、姉妹、同志といった語は、植民地主義ブルジョワジーに放逐された言葉である——なぜなら植民地主義ブルジョワジーにとって、わが兄弟とはわが財布のこと、わが同志とは自分がよろしくやるための手段のことだからだ。原住民知識人は、一種の火刑によって、すべての偶像が破壊されるのに立ちあう。エゴイスムが破壊される。また高慢ちきな非難が、たえず人をやりこめようとする小児的な愚かさが。植民地主義的文化によって細分化されたこの原住民知識人は、村の集まりの堅牢さ、人民委員会の密度の深さ、地区や細胞の集会の異常な豊かさをも見出すであろう。そこでは各人に関係したことが、今後は全員の問題でありつづけるのだ。というのも具体的に、全員が外人部隊に見つけ出されてつまりは虐殺されるか、あるいは全員が救われるかの、二つにひとつだからである。このような状況においては、救済の無神論的形態である「抜け目なさ」(dé-merdage) など禁止されている。

少し前からよく自己批判について語られる。だが、これが何よりもアフリカの制度であることを人は知っているだろうか。北アフリカの村の集まり (djemaas) においてであれ、西アフリカの集会においてであれ、ひとつの村でおこった紛争は公けに討論されるのがしきたりだ。むろん共同の自己批判ではあるが、そこには一種の諧謔の調子がただよっている。というのは、みながくつろいでおり、みなが最終的には同じ結果を望んでいるからだ。計算、異様な沈黙、底意、隠された精神、秘密——こういったものを知識人は、民衆のうちに入りこんでゆけばゆくほど放棄してしまう。そしてたしかに人はそのとき、すでにこの段階において共同体が勝利を収め、その固有の光、固有の理性を分泌している、と言うことができるのである。

だがまた解放闘争によって十分に揺すぶられることのなかった地方で非植民地化の行なわれることもあり、そのとき人はこの同じ知識人が、相も変わらず抜け目なく、ずるく、巧妙であるのを見出すのだ。彼らのうちには植民地主義ブルジョワジーとしげしげつきあっているうちに獲得された態度と思考形態とが、そっくりそのまま見出される。昨日は植民地主義によって、今日は国民的権威の手で甘やかされたこの子供たちは、国の資源のいくつかを組織的に掠奪する。情け容赦もなく、彼らは奸計を弄して、あるいは合法的な窃盗によって、たとえば輸出入、株式会社、株の操作、依怙贔屓などによって、今日では一国民の問題となった貧困を尻目にのし上がる。彼らは執拗に商取引の国営化を、つまりは市場と有利な機会とをただ同国民だけに確保することを要求する。つまり理論的には、彼らが国民から盗みをはたらくことを国営化せよと要求しているのである。この不毛な国民的時期、いわゆる引締めの局面において、彼らの掠奪の成功はたちまち民衆の怒りと暴力を喚起する。現在のアフリカの状況ならびに国際的状況のなかで、独立はしてもやはりみじめなこの民衆は、ますます急速に社会的意識へと近づいてゆく。そのことは、あのちっぽけな連中も遠からず理解しないわけにはゆかぬであろう。

抑圧者の文化を同化し、そこにあえてとびこんでゆくために、原住民はさまざまな保証を提供せねばならなかった。なかんずく、植民地ブルジョワジーの思考形態を自己のものにすることが必要だった。そのことは、原住民知識人が対話の能力を持たないという事実のうちに確認される。それというのも、彼は対象や観念を前にして自分を非本質的なものにすることを知らないからだ。それに反して、民衆のただなかで活動するときになると、驚嘆につぐ驚嘆である。原住民知識人は、民衆が誠実で正直なことに、文字どおり武装をとかれてしまう。このとき彼を常に待ち受けているのは、ポピュリスム〔民衆主義〕を作りあげる危険である。彼は一種のイェス・マンに変貌し、民衆の口にするひとつひとつの句を判決と見なしてそれに同意するようになる。ところが農民《フェラ》、失業者、飢えたる者は、真理を自負しはしないのだ。彼らは自分たちが真理だと言いはしない。なぜなら彼らはその存在自体において真理そのものなのだから。

客観的に言えばこの時期に、知識人はさながら、低俗な日和見主義者のごとくにふるまう。じじつ彼の駆け引きもまだやみはしないのだ。だが民衆にとっては、彼を排除することも追いつめることも問題になりはしない。民衆が求めるのは、すべてを共同のものとすることである。しかし原住民知識人は、彼のうちに存在する奇妙な細部信仰のために、おいそれと潮のような民衆のただなかに身を投ずることはできないであろう。民衆が分析に反抗するという意味ではない。民衆はむしろ説明されることを好む。ひとつの論理のつながりを理解し、行きつくところを知るのを好んでいる。ところが原住民知識人は、民衆との共同生活の当初においては、些細なことに特典を与え、闘争の目的たる植民地主義の敗北ということを忘れてしまう。闘争の多岐にわたる動きにわれを忘れ、地域的な仕事に集中し、それを熱心に追求はするが、ほとんどきまってその仕事をあまりにも大げさなものに仕立てあげる傾向がある。たえず全体を見ていることができないのだ。混ぜたり挽き砕いたりするこの怖るべき機械、すなわち民衆の革命のなかに、彼は規律、専門、分野といった概念を持ちこむ。戦線の限定された地点に没入して、全体の動きを見失ってしまうことがある。そして地域的な挫折が生じた場合には、疑惑に、いやそればかりか絶望に身を委ねる。これに反して民衆は、初めから全体的な立場を身につけている。土地とパンだ。土地とパンを得るにはどうしたらよいか。依怙地な、一見限界のある、狭い、この民衆の姿こそ、結局のところ最も豊かで最も有効な外科手術〔革命〕の模範なのである。

真理の問題もまた、われわれの注意を惹かぬわけにはゆかない。民衆のうちにあっては、真理はたえず同国人のみに帰せられる。いかなる絶対的真理も、魂の透明さにかんするいかなる名論卓説も、この立場を崩すことはできない。植民地的状況の欺瞞に、原住民は対等の欺瞞によってこたえる。彼らの態度は、同国人に対する場合は率直だが、コロンに対する場合はぴりぴりと緊張しており、読みとくことも不可能だ。真なるものとは、植民地体制の解体を早め、民族の出現を助けるものだ。真なるものとは現地人を擁護し、外人を破滅させるものだ。植民地的状況においては、真理の行動態度はありえない。善とはただ単に、やつらに悪をなし痛めつけるものにほかならない。

したがって、植民地社会を支配する第一のマニ教的善悪二元論が、非植民地化の時期においてもそのままの形で保存されていることが見てとれる。つまりコロンは常に変わらぬ敵であり、反対者であり、まさしく打ち倒すべき人間なのだ。抑圧者も自分の地帯にあって、その動きを存続させる。すなわち支配と搾取と掠奪の動きだ。もう一方の地帯には、狩り立てられ、掠奪され、物となった原住民がいて、植民地の岸辺から「本国」の宮殿へ、ドックへと、直接つながるこの動きに、できる限りの糧を与えている。この凝固した地域においては、表面は静止している。雲を背景にして棕櫚の木がかすかに揺れ、波は浜の小石の上にしぶきをあげ、原料は行きつ戻りつしてコロンの存在を正当化する。その一方でうずくまった原住民が、生きているというよりはむしろ死んでいるような様子で、常に変わらぬ同じ夢をいつまでもいつまでも見つづけている。コロンは歴史を作る。その生涯は一篇の叙事詩、一篇の冒険譚である。彼は絶対的な始まりである。「この土地を作り上げたのはおれたちだ。」彼は持続する大義である。「おれたちが行っちまえば、すべてがだめになる。この土地は再び中世に逆戻りするだろう。」このコロンの面前で、熱と「先祖以来の慣習」に内部から痛めつけられて麻痺した人たちが、革新的な植民地的金もうけ主義のディナミスムに対するほとんど鉱物的な背景を形成するのである。

コロンは歴史を作り、かつそのことを自覚している。そのうえたえず本国の歴史に拠り所を求めているから、植民地にいるコロンは本国の延長であることをあからさまに示すことになる。したがってコロンの記述する歴史とは、彼らが荒らしまわる国の歴史ではなく、コロン自身の国の歴史、異民族を掠奪し、犯し、飢えさせた歴史である。原住民はぴくりとも動かぬものときめつけられており、それが疑問視されるためには、植民地化の歴史、掠奪の歴史に、原住民が終止符をうち、民族の歴史、非植民地化の歴史を出現させるべく決意を固めるときをまたねばならない。

分割された世界、マニ教的善悪二元論の、不動の世界、銅像の――征服をなしとげた将軍の銅像、橋を架けた技術者の銅像の――世界。自己に確信を抱き、鞭に破れた背骨を石また石で圧しつぶす世界。これこそ植民地世界だ。現地人は閉じこめられた存在だ。アパルトヘイトは、植民地世界の分割の一形式にすぎない。現地人が何より先に学ぶのは、自分の場所にとどまること、境界をこえてはならぬということだ。だからこそ現地人の夢は筋肉の夢、行動の夢、攻撃的な夢となる。私は跳躍し、泳ぎ、つっ走り、よじ上ることを夢見る。高らかに笑い、ひとまたぎに大河をこえ、多数の自動車に追跡されてもけっしてつかまらぬことを夢見る。植民地時代であっても、原住民は夜の九時から朝の六時まで、自己を解放することをやめはしないのだ。

己れの筋肉のあいだに沈澱するこの攻撃性を、原住民はまずその同胞に向かって発揮する。ニグロが互いの肉をくらいあう時期、また北アフリカの驚くべき犯罪性を前にして警官も予審判事ももはや手をこまねいてしまう時期がそれである。いずれ後段で、この現象をどう考えるべきかをわれわれは検討することになるだろう(原注二)。植民地特有の仕組みに直面して、原住民はたえざる緊張状態におかれる。コロンの世界は敵意を含んだ世界であり、原住民を拒否する世界だが、それは同時に羨望をおこさせる世界でもある。すでに見たごとく、原住民は常にコロンの地位に腰をすえることを夢見ている。自分がコロンになろうというのではない、コロンにとって代わることを夢見るのだ。敵意を含んだ、重苦しい世界、原住民をにべもなく押し返してしまうゆえに攻撃的とも言えるこの世界は、できるだけ素速くそこから遠ざかりたくなるような地獄ではなく、手の届くところにあるひとつの天国を、だが怖るべき番犬に守られた天国をあらわしているのだ。

原住民は四六時中、疑心暗鬼である。というのは、植民地世界の多様な記号を読みとくことが困難であるために、境界を越えたか否かも絶対に分かったためしがないからだ。植民地主義者の作り上げた世界に直面して、原住民は常に犯罪容疑者である。原住民の犯罪は、自ら認めた犯罪ではなくて、むしろ一種の呪い、一種のダモクレスの剣(7)だ。ところが自分自身の最も深いところにおいて、原住民はいかなる審理も容認しない。彼は支配されている。が、飼いならされてはいない。劣等とされている。が、己れの劣性を納得してはいない。コロンが警戒をゆるめたなら直ちにとびかかるべく、辛抱づよく彼は待ち受けている。その筋肉は常に待機の状態にある。彼が不安でびくびくしていると言うことはできない。実のところ、彼はいつでも獲物の役割を放擲して猟師の役割を選ぶ準備ができているのだ。原住民は迫害された人間だが、たえず迫害者たらんと夢見ている。社会の象徴——憲兵、兵営に鳴りひびくラッパ、軍隊の行進、高くはためく旗など——は、抑制に役立つと同時に刺激剤ともなる。それらは、「動くな」という意味であるどころか、「うまくねらえよ」という意味になる。じじつ、たとえ原住民が眠りこみ忘却する傾向を持っているにしても、コロンの尊大さは、また植民地体系の堅牢さを試そうとするコロンの配慮は、大がかりな対決を無際限に延期するわけにはゆかぬことをくり返し原住民に想起させるであろう。コロンの地位を奪おうというこの衝動は、不断の筋肉の緊張を維持する。じっさいある種の感情の条件において、障害の存在がいっそう運動への傾向を強めることは、周知のところである。

コロンと原住民の関係は、大衆《マス》の関係だ。数に対してコロンは力をもって当たる。コロンは露出狂だ。身の安全をはかろうと、コロンは原住民に向かって大声で、「ここの主人はこのおれだ」と念を押すことになる。コロンは原住民の心に怒りを培うが、その怒りは発することなくとどめられる。原住民は、植民地主義の鎖にがっちりととらえられている。しかしながらすでに見たように、コロンが〔原住民の〕内面に獲得するのは、疑似石化にすぎない。原住民の筋肉の緊張は、周期的に、血まみれの激発のうちに解放される。部族抗争、徒党間の争い、個人間の闘争がそれだ。

個人の水準では、文字どおり良識の否定に人は出くわす。コロンや警官が一日じゅう原住民をぶんなぐり、罵倒し、よつん這いにさせることができるとすれば、原住民は、別な原住民が僅かなりとも敵意のこもった、ないしは攻撃的な視線を投げかけると、たちまちその短刀をとり出すだろう。それというのも原住民の最後に残された手段は、同類に対して自己の人格を護ることであるからだ。部族抗争は、記憶に深く刻まれた昔からの恨みを、ただ永続させるにすぎない。報復の行為のなかに力のつづく限りとびこむことによって、原住民は自分を説得しようと試みているのだ。植民地主義などありはしないぞ、いっさいは以前どおりに進行しているのだぞ、歴史は継続しているのだぞ、と。ここには事実を回避しようとするおきまりの態度が、集団の水準において明白にとらえられる。あたかもこの同胞の血のなかに浸っていれば、障害を見なくともよいかのように、また結局は植民地主義に対する武装闘争に通じるところの態度決定を——それが不可避のものであるにもかかわらず——あとまわしにすることが許されるかのように。部族抗争を通してきわめて具体的にあらわれる集団的自己破壊、これがすなわち、原住民の筋肉の緊張がとかれるひとつの道なのだ。これらすべての振舞いは、危険に直面したときの死の反応、自殺行為であって、それだけコロンの生活や支配を強固にすると同時に、コロンをして、この連中はまったく分別がないのだということを確認させる。原住民はまた宗教を介して、コロンを無視することにも成功する。宿命論によって、苦痛、貧困、運命の原因は神に帰し、いっさいのイニシアティーヴが抑圧者からとり上げられるのである。かくて個々人は神の決定する腐敗解体を受け入れ、コロンと運命の前にひれ伏し、一種の内的な均衡回復によって、石のような清澄さに近づいてゆく。

しかしながらその間にも生活は継続する。そして原住民は後進社会（sociétés sous-développées）にたちまち広がる怖ろしい神話から、自分の攻撃性を抑制するものを汲みとるのである。人が間違った方角へ動くたびに闖入してくるといわれる悪霊たち、豹の姿をした人間、蛇の形をした人間、六本足の犬、亡霊《ゾンビ》、次から次へと無尽蔵の極小動物や巨人どもが、植民地主義者の世界よりもはるかに怖ろしい禁止、障壁、抑制の世界を、原住民の周囲にくりひろげる。現地人社会にしみとおるこの魔術的な上部構造が、リビドーのダイナミックな構成のうちにおいて明確な機能を果たすのである。じっさいのところ、後進社会の特徴のひとつは、リビドーがまず集団のもの、家族のものであるということだ。妻以外の女との性的関係を夢見る男が、この夢を公けに告白し、品物で、ないしはいく日かの労働で、夫または傷つけられた家族に税を支払わねばならぬような社会の特徴は、人類学者の詳細な記述によって人の知るところである。ついでながらこの事実は、先史的といわれる社会が無意識を非常に重視していることを証明するものだ。

神話と魔術の雰囲気は、私に恐怖をおこさせながら、疑いえぬ現実として作用する。私を怖れさせつつ、それは国の、部族の、伝統のなかに、その歴史のなかに、私を組み入れる。だがまた同時に、それは私にひとつの状態を、ひとつの身分証明を、確保し、交付してくれる。秘儀とは後進社会において、ひたすら魔術のみに属する集団的な局面だ。行為が透明な不変性をもってくり返されるこの解きがたい網のなかに、自己をまんまと押しこめるとき、そこに確認されるのはひとつの世界、私の世界、われわれの世界の、永続性である。亡霊《ゾンビ》はコロン以上に怖ろしいものなのだ——この言葉を信じてほしい——。とするともはや問題は、鎧で身をかためた植民地主義の世界の規定に従うことではなくて、小便をし、唾を吐き、あるいは夜そとに出る前に、三たび熟考してみることである。

超自然的・魔術的な力は、驚くばかりに自我的な力であることが明らかになる。コロンの力は異国のものと刻印されて、無限に縮小されてしまう。もはやこれと闘う必要はまったくない。いずれにしても重大なのは〔コロンではなく〕、神話的構造のもたらす怖るべき不幸なのであるから。いっさいが幻覚面における不断の対決のうちに解決されることに、人は気づくのである。

しかしながら、かつては非現実的なさまざまな集団に分割されていたこの民衆、夢の嵐のなかに道を失うという、言うに言われぬ——だが幸福な——恐怖にとらえられていたこの民衆は、解放闘争のなかで、解体し、再び組織され、血と涙にまみれながら、きわめて現実的かつ直接的な対決を生み出してゆく。解放軍戦士に食糧を与え、歩哨を立たせ、必要なものを奪われた家族を援助し、殺されたり投獄されたりした夫の身代わりに働く——これこそ解放闘争のさなかで民衆を招き寄せる具体的な仕事である。

植民地世界にあっては、生傷が強い刺激を与えるものを避けようとするように、原住民の感情性は一触即発の状態に保たれる。その精神は収縮し、消滅し、筋肉のさまざまな動きに転化してゆき、それがご立派な学者たちをして、原住民はヒステリーだと言わしめたのである。目に見えぬ番人たち、だが人格の中心とじかに相通じている番人たちに監視された、この勃起する感情性は、発作的な運動機能溶解のなかで、エロティックな満足にふけるのである。

別な側面について言えば、原住民の感情性が、程度の差はあれ恍惚とした踊りのなかに汲みつくされてゆくのが見られよう。だから植民地世界の考察は、必然的に踊りと憑依（ポセシオン）の理解に結びつかねばならない。原住民が緊張をとくのは、まさに筋肉の演ずるこの大饗宴のさいであって、そのあいだにこの上もなく激烈な攻撃性、直接的な暴力が、誘導され、変形され、うやむやにされるのである。踊りの集いは、何でも許される自由な集いだ（cercle permissif）。それは保護するとともにに、正式に許可を与える。決められた時間、決められた日に、男も女も一定の場所に集い、部族の人びとが真剣に見守るなかで、混乱した、だがじっさいはきわめて体系的な身ぶりの無言劇のなかに身を投ずる。その無言劇においては、否定のしるしに頭をふったり、背を曲げたり、身体全体をうしろにそり返したりというようなさまざまな方法を通じて、ひとつの集団が悪魔祓いをし、自己を解放し「何でも許可されているのだ……この集まりでは」と自分に言いきかせるために、壮大な努力を払っていることが即座に読みとれる。月に近づこうとでもするようによじ上っていった小高い丘や、踊りとみそぎ・洗い・清めとが同等のものであることを示すためでもあるかのように、人がそっと入りこんだ川岸の土手、これらは聖なる場所である。すべてが許されている。なぜなら人が集うのは、じつは蓄積されたリビドー、妨げられた攻撃性を、溶岩のように溶かすためだからだ。死刑を象徴するもの、騎馬行列をかたどるもの、想像上の多様な殺害、それらすべてがそこに出現せねばならぬ。不機嫌は、ちょうど溶岩の流れるように、騒々しい音をたてて流れ去ってゆく。

さらに一歩進めば、われわれは憑依のまっただなかに落ちこんでゆく。実を言えば、憑依と祓い(possession-dépossession)の催しが行なわれているのだ。吸血鬼の迷信、鬼神《ジン》〔アラビア神話〕による、亡霊による、ヴォードゥ教〔アフリカの魔教〕の名高い神レグバによる憑依。人格のこの解体、この分裂、この崩壊が、原住民世界の安定のために主要な経済的機能を果たしているのだ。男も女も、往きはいらいらと地団太をふみ、「ぴりぴりと緊張しきって」いる。だが復路になると村に再び訪れるのは落ち着きであり、平和、不動性である。

解放闘争の過程において、これらの行為に寄せる愛着が奇妙に失われてゆくのを人は目にするだろう。絶体絶命に壁を背にして、のどぶえに短刀をつきつけられて、もっとはっきり言えば、性器に電極をあてられて〔拷問〕、原住民はもはや作り話を語りあう時期でないことを思い知らされるだろう。

非現実主義の数年間ののち、異常きわまる幻影にふけったのちに、原住民はいよいよ機関銃を手にして、自分の存在を否認してきた唯一の力、すなわち植民地主義の勢力に立ち向かう。戦火のうちに成長した若い原住民は、祖先の亡霊《ゾンビ》、双頭の馬、目ざめる死者、欠伸《あくび》の瞬間を利用して人の身体にとびこんでくる鬼神《ジン》などの話を――遠慮会釈もなく――一笑に付することができる。原住民は現実的なものを発見し、自分の実践活動、暴力の行使、解放の企図を通して、現実を変えてゆくのである。

この暴力が、植民地時代の全期間を通じて、一触即発の状態にあるとはいえ空転していることはすでに見た。またそれが踊りや憑依に導かれて情緒的に排出されることも、すでに見たところである。暴力が同胞相殺しあう闘争に消費し尽くされることもわれわれは見た。今や問題は、新たな方向づけを与えられつつあるこの暴力を把握することだ。かつて暴力は神話に満足し、集団的自殺の機会をとらえることに腐心していたが、今や新たな条件が、暴力の方向を変えさせようとしているのだ。

政治的な戦術と〈歴史〉との観点からすると、植民地の解放によって甚だ重要なひとつの理論的問題が現代に提起されている。民族解放運動にとって、いつ状勢が熟したと言いうるのか、その前衛は何であるべきか、という問題だ。非植民地化は多様な形態をとってきたのであるから、理性は躊躇し、何が真の非植民地化で何がにせの非植民地化であるのかも断言しかねている。だがのちに述べるように、アンガジェした〔そこに身を投じた〕者にとっては、緊急に手段と戦術を決定することが、つまり行動と組織を決定することが必要である。それを欠いては、偶然によっておそろしく反動的となる可能性を含んだ盲目的な主意主義しか残るまい。

植民地時代において、原住民の暴力に新たな道を提示し、その暴力の注がれるべき新たな極を指摘する勢力は何であろうか。まず政党であり、知識層ないしは商人のエリートである。ところである種の政治組織を特徴づけるものは、それらが原理ばかりを表明して、いっこうに具体的指令を発しないという事実である。植民地時代におけるこのような民族主義政党の全活動は、議会主義的（électoral-iste）活動である。すなわち民族自決権、すべての人間が尊厳とパンを得る権利、といった主題にかんする一連の哲学的・政治的論議や、「一人一票」の原則の不断の確認やである。民族主義政党は、絶対に力の対決の必要を強調することはない。なぜならまさに彼らの目的は、体制を根本的にくつがえすことではないからだ。平和主義者、合法主義者で、実は秩序……新しい秩序の支持者であるこれらの政治組織は、彼らにとっての本質的な問題、「われわれにいっそうの権力を与えよ」を、植民地主義ブルジョワジーにむきだしでつきつける。問題がほかならぬ暴力のこととなると、エリートたちは曖昧である。言葉は暴力的だが、態度は改良主義的だ。ブルジョワ民族主義者である政党幹部たちは、ひとつのことを口にしても、それを本当に考えてはいないことを素直に示しているのだ。

民族主義政党のこの特徴は、その幹部たちの質と同時に、その支持者の質によっても解釈せねばならない。民族主義政党の支持者は、都市に住む支持者だ。これらの労働者、教員、小企業の職人や商人たちは、植民地の状況を――もとより割は悪いが――利用しはじめた連中で、特有の利害を持っている。このような支持者たちの要求するものは、自分たちの運命の改良、賃金の引き上げである。だからこれら民族主義政党と植民地主義との対話は、けっして絶たれることがない。議論といえば種々の整備改善、選挙における代表の割合、表現の自由、結社の自由についてである。改革が議論される。だからまた、多くの現地人が本国の政治組織の出店に参加して活動するのを目にしても、けっして驚いてはならない。これら現地人は、彼らの住む地方においてはまず何よりも民族主義的な指令にもとづいて闘わねばならぬことを忘れ去って、「プロレタリアに権力を」という抽象的指令にもとづいて闘う。原住民知識人は、植民地世界への同化の意志をほとんどあらわにして、そこに攻撃性を注ぎこんでしまう。その攻撃性を自分固有の利害、自分の個人的利害に奉仕させてしまったのである。かくてやすやすと、一種の個人的に解放された奴隷階級、自由民となった奴隷階級が誕生する。知識人が求めるのは、自由民の数をふやす可能性、自由民の真の階級を組織する可能性である。これに反して大衆は、個々人の成功の機会が増加するのを見ようなどとは思いもしない。大衆の要求するのはコロンの身分ではなくてその場所だ。原住民の大多数はコロンの農地を欲している。コロンと張りあいたいと考えているのではない。コロンのいる場所を欲しているのだ。

農民は決まって、大多数の民族主義政党のプロパガンダから除外される。ところが植民地諸国においては、ただ農民のみが革命的なのだ。彼らは失うものは何もなく、すべてをこれから獲得せねばならない。落ちぶれはてて飢えた農民こそ、搾取される者であり、ただ暴力のみが何ものかをもたらすことを真っ先に見出す者である。彼には妥協はありえない。調整の可能性はありえない。植民地化か非植民地化か、それを決定するのは単なる力関係だ。搾取された者は、自分を解放するためにあらゆる手段が、そして何よりも力が前提になることに気づく。一九五六年、ギ・モレ氏がアルジェリアのコロンに屈伏したのちに、(8)民族解放戦線は有名なビラをまき、植民地主義はそののどぶえに短刀をつきつけない限りアルジェリアを手放すことはないと断定したが、このときただ一人のアルジェリア人も、この言葉が激烈すぎるとは考えなかった。このビラはすべてのアルジェリア人が心の底で感じていたことを表現したにすぎなかった。植民地主義は考える機械ではなく、理性を賦与された肉体ではない。それはあるがままの状態における暴力であり、ただより以上に大きな暴力によってのみ屈伏させることができるのである。

決定的な説明を行なう段階になると、それまでおとなしくしていた植民地主義ブルジョワジーは行動に移る。彼らはまさしく植民地的状況が創り出したとも言うべき新たな概念を持ちこんでくる。すなわち非暴力。原住民知識人や経済関係のエリートにとって、この非暴力がそのあるがままの形において意味するものは、植民地主義ブルジョワジーも自分たちと同じ利害を有すること、したがって共通の救いのために意見の一致を見出すことは不可欠でかつ緊急の問題である、ということだ。非暴力とは、とり返しのつかないいっさいの動き、いっさいの流血、いっさいの遺憾な行動が起こる前に、会議テーブルのまわりに集まって植民地問題を調整しようという試みである。だがもし大衆《マス》が会議テーブルのまわりに椅子が並べられるのも待たずに、自分の声にしか耳を傾けず、放火やテロをはじめたとすると、たちまち「エリート」やブルジョワ民族主義政党の指導者たちは、植民地主義者の方にとんで行ってこう言うだろう、「たいへんです！　どんなことになるか見当もつきません。解決策を見つけなければ。妥協策を見つけなければ。」

この妥協という概念は、非植民地化の現象において非常に重要である。というのも、それがけっして単純なものではないからだ。じっさい妥協は植民地体制と若い民族ブルジョワジーとに同時にかかわっている。植民地体制の支持者は、大衆がすべてを破壊しかねないということに気づいている。橋梁建設のサボタージュ、農場の破壊、抑圧、戦争が、経済に深刻な打撃を与えているのだ。また民族ブルジョワジーにとっても妥協がある。彼らはこの台風の起こりうべき結果を十分に見分けることができず、この怖るべき突風に一掃されはしまいかとびくびくしているのであって、口ぐせのようにコロンに向かって言うのである、「まだ今なら殺戮をやめさせることができる。大衆はまだわれわれを信頼している。いそいで下さい、もしすべてをだめにしてしまいたくないならば」と。さらに一段ことが進めば、民族政党の指導者が、暴力に対して距離をおきはじめる。あのマウ＝マウ団や、あのテロリスト、あの殺戮者とは無縁である、とおおっぴらに断言するのだ。せいぜいのところ、テロリストとコロンのあいだのノー・マンズ・ランドにとじこもって、すすんで自分を「交渉相手」だと称する。その意味は、コロンはマウ＝マウ団と議論するわけにゆかないから、私が喜んで交渉の皮切りをいたしましょう、ということだ。かくて民衆のこの部分、民族闘争の後衛であり、これまでずっと闘争の反対側にいた連中が、曲芸的に交渉と妥協の前衛に位置することになる——まさに彼らが植民地主義との接触をけっして絶つまいと心してきたからだ。(9)

交渉に入るに先立って、大部分の民族主義政党は、せいぜいあの「野蛮な行為」の理由を説明し、それを許すくらいが関の山である。民衆の闘争の権利を要求することもないばかりか、非公開のサークルのなかでは、あれこれの目ざましい行為——本国の新聞や世論にいまわしいものときめつけられた行為――をつい弾劾してしまうことさえあるくらいだ。物事を客観的に見ようという心づかいが、この政治的退嬰主義《イモビリスム》の正当な口実を構成する。しかし原住民知識人と民族主義政党指導者とのこの典型的な態度は、本当は客観的でない。実を言えば彼らは、大衆の性急な暴力が自分たちの利益を擁護する最も効果的な方法であるということに、信頼が持てないのである。また暴力的方法の無効性を確信しているということもある。彼らにとっていかなる疑いも許されない――力で植民地的抑圧をうち破ろうとするいっさいの試みは、絶望の行為、自殺行為と見なされるのである。というのも彼らの頭のなかでは、コロンの戦車と戦闘機が巨大な場所を占めているからだ。行動せねばならぬ、と言われると、彼らは頭上に爆弾が落下し、機甲部隊が蜒々と進み、砲撃が、警察が……と思い描く。そして彼らは座りこんだまま動こうとしない。彼らは初めから敗者なのだ。彼らが暴力によって勝利を収める能力を欠いていることは、証明の要もない。その日常生活、その駆け引きにおいて、彼らはこの無能力を身に引き受けている。彼らは、デューリング氏のかの山のような小児性に対する有名な論争において、エンゲルスの採用した小児的立場にとどまってしまったのだ。「もしロビンソンが剣を手に入れえたのならば、まったく同様にフライデーがある朝、装塡されたピストルを手にして現われると想定しても差し支えないわけだ。そのとき『暴力』のいっさいの関係は逆転するだろう。フライデーが命令を下し、ロビンソンは骨を折って働かねばならなくなる……。つまりピストルは剣を打ち負かすわけだが、公理のお好きなどんな子供っぽい方も、暴力が単なる意志の行為ではなくて、暴力を働かせるためのきわめて現実的な前提条件、とりわけ道具が必要であり、完全な道具は不完全な道具に勝ちを収めるということ、またこの道具が生産されねばならぬということを理解されるだろう。それはまた、より完全な暴力の道具――平たく言えば武器――の生産者は、不完全な暴力の道具の生産者にまさること、またひと口に言えば、暴力の勝利は武器の生産に、武器の生産はこれまた生産一般に、したがって……『経済力』に、経済状態に、暴力が自由に使用しうる物質的手段に依存しているということを意味するのである。(原注三)」じっさい改良主義的指導者たちも別なことを言っているわけではない、「いったい何を用いてコロンと闘うというのか。短剣か。猟銃か。」

なるほど、いっさいは結局のところ道具の配分にかかっている以上、暴力の領域においても道具が重要であることはまちがいない。だがこの領域において、植民地領土の解放が新たな照明をもたらしているのも事実なのだ。たとえば真正の植民地戦争であるスペイン戦役のさい、一八一〇年春の攻撃に当たって、ナポレオンの兵力は四〇万という厖大な数に達したにもかかわらず後退を余儀なくされた。ところが当時のフランス軍隊は、その兵器、その兵士の勇敢さ、その将軍の軍事的天才により、全ヨーロッパを震駭させていたのである。ナポレオンの軍隊の厖大な手段に直面して、不動の民族的信仰に鼓舞されたスペイン人は、かの有名なゲリラという方法を発見した――これはそれより二五年前に、アメリカの民兵がイギリス軍に対して試みたものである。とはいえ原住民のゲリラは、もしそれがトラストや独占間の競争という全体的過程における新たな一要素になりえないとすれば、他の暴力の道具に拮抗する暴力の道具として、無に等しいものとなってしまうだろう。

植民地化の当初においては、一隊の兵士だけで厖大な領土を、たとえばコンゴ、ナイジェリア、コートディヴォアール等々を、占領下におくことができた。しかし今日では、原住民による民族をあげての闘争は、まったく新たな状況のうちにある。飛躍的な上昇期にあった資本主義は、植民地を原料の源泉と見なし、その原料は加工されてヨーロッパ市場に放出された。ところが資本蓄積の段階を経たのち今日では、事業の収益性の概念を変更せねばならぬようになったのである。植民地は市場になった。植民地の住民は、品物を買う顧客《おとくい》である。こうなると、もし永久に駐屯部隊を増強せねばならぬとしたら、もし貿易が落ちこみ、つまり加工品、工業製品がもはや輸出できぬようになれば、それは軍事的解決を斥けねばならないという証拠である。奴隷制度推進論のような無分別な支配は、経済的に見て本国に利益をもたらすものでない。本国ブルジョワジーの独占資本部分は、ひたすら剣にのみ頼る政策の政府を支持しないものだ。本国の産業界、財界の人びとが、自分たちの政府に期待するものは、土民の殺戮ではなく、経済協約の力を借りて自分たちの「正当な利益」を保護することなのだ。

したがって、資本主義と植民地に爆発する暴力的な勢力とのあいだには、客観的な共犯関係がある。それればかりではない。原住民は自分たちだけで抑圧者に相対しているわけではないのだ。むろん、進歩的な国々や人民の、政治的外交的援助がある。が、とりわけ財界諸集団のあいだに交わされる競争があり、仮借なき戦争がある。かつてベルリン会議[10]は、アフリカをばらばらにして、三つないし四つの国のあいだで分割することができた。現在では、重要なことはアフリカのこれこれの地域がフランス領ないしベルギー領であるということではない。重要なのは、経済的に諸地域が保護されているということだ。砲撃や焼土政策が経済的隷属化の方法に席をゆずったのである。今日では、もはや反旗をひるがえしたサルタンに対しても弾圧戦争は行なわれない。もっと優雅《エレガン》になり、血をきらうようになった。そしてカストロ体制などは平和的にこれを清算しようと心に決めているのだ。〔平和的に〕ギニアの息の根を止めようと試み[11]、モサディク[12]を除いてしまう。だから暴力を怖れる民族的指導者が、植民地主義は「われわれを一人残らず虐殺する」だろうと想像するのはまちがっている。むろん軍人は、相も変わらず植民地征服当時からの人形〔原住民〕相手にたわむれているわけだが、財界は彼らをたちまちのうちに現実に連れ戻したのである。

だからこそ、ききわけのよい民族主義政党には、その要求をできる限りはっきりと述べること、相手の植民地主義者とともに、穏やかに、冷静に、両者の利益を尊重する解決策を探ること、が求められるのである。この民族的改良主義は、しばしばサンディカリスムの戯画のごとき姿を呈し、行動の決意を固める場合もきわめて平和的な手段を通してそれを行なうものだ――都市にたてられたいくつかの工場における職場放棄、指導者を歓呼して迎える大衆のデモ、バスないし輸入商品ボイコット、といったように。このような行動は、植民地主義に圧力を加えるのに役立ちはするが、同時に民衆の力を消費させるのにも役立つのである。この冷却療法の実践、民衆のこの睡眠治療法は、ときとして功を奏することもある。すると、会議テーブルを囲んだ討議から、とつぜん政治家の昇進といった結果が生じ、それがガボン共和国大統領ムバ氏[13]をして、公式訪問でパリに到着した折りにきわめておごそかにこう言わしめるのである。「ガボンは今や独立国である。だがガボンとフランスのあいだでは何ひとつ変化したこともなく、すべては従来と同様に継続している。」じじつ唯一の変化といえば、ムバ氏がガボン共和国大統領であって、フランス共和国大統領に迎えられるということにすぎない。

植民地主義ブルジョワジーは、原住民鎮静の仕事に当たって避けることのできない宗教の援助を受ける。第二の頬をさし出し、無礼を許し、平然と唾や侮辱を受けたすべての聖者たちが、手本として示される。植民地諸国のエリートたち、これら自由民となった奴隷たちは、運動の先頭に立つとき、必ず闘いのまがいものを作り出す結果に陥る。彼らは同胞の奴隷状態を利用して、奴隷制論者を恥じ入らせ、あるいは自分たちを抑圧する者の競争相手である財界グループに、吹けばとぶような人道主義のイデオロギー的内容を提供する。本当のところ、彼らはけっして現実に奴隷に訴えはせず、けっして具体的に奴隷を動員することもない。それどころか、真実の瞬間、つまり彼らにとってはいつわりの瞬間がくると、魔法のように「植民地体制の終焉」をひきおこす決定的武器として、大衆動員の脅迫をふりまわすのである。むろんこのような政党の内部にも、幹部のあいだに、決然として民族独立の笑劇《ファルス》に背を向ける革命的な人びとがいないわけではない。だが彼らの発言、彼らのイニシアティーヴ、彼らの怒りの衝動は、たちまち党の機関の機嫌を損ねてしまう。徐々にこれらの人びとは孤立させられ、それから文字どおり遠ざけられてしまう。ときを移さず、あたかも弁証法的同時性があるかのように、植民地主義警察が彼らのうえに襲いかかる。活動家に忌避され、党の権威には斥けられて、都会においては身の安全も得られぬ人びと、この燃えるような眼差しをした、好ましからざる人物たちは、やがて都会を離れた地方へとたどりつく。そのときである、彼らは目のくらむような思いで、農民大衆がみなまで言わせずに自分たちの言葉を理解し、ずばりとまだ回答も準備していない質問を浴びせるのに気づくのだ、「いったい、いつやるのかね?」と。

都会からきた革命家と地方の人びととのこの出会いは、のちにわれわれの注意を惹くことになるだろう。今は再び政党にかえって、その行動にもやはり進歩的性格のあることを示すべきときである。政治的指導者たちはその演説で、国名を「口にする。」原住民の要求は、かくて、ひとつの形式を与えられる。内容はまだない、政治的なプログラムもない。ただ曖昧ではあるが民族的《ナショナル》な形式、ひとつの枠、われわれが最小限要求と呼ぶものはある。政治家の発言、民族主義的な新聞への寄稿は、民衆に夢を与える。彼らは秩序の紊乱を回避するが、実は聴衆や読者の意識に怖るべき紊乱の酵母を導き入れるのである。しばしば彼らは民族言語を、あるいは部族言語を用いる。それもまた夢を培い、想像力をして植民地秩序の外へと飛躍させるものである。ときとしてまたこれら政治家たちは言う、「われわれニグロは、われわれアラブ人は」と。この呼称、植民地時代には対立する感情〔蔑められ、しかも誇りを持った〕をはらんでいるこの呼称が、一種の神聖化（sacralisation）を受けるのである。民族主義の政治家は、火をもてあそんでいるのだ。というのは、最近アフリカの某指導者が若い知識人のあるグループに向かって打ち明けたように、「大衆に語る前によく考えよ、彼らはたちまち燃え上がる」のだから。つまり歴史の狡智というものがあり、それが植民地においては怖ろしいばかりに作用しているのである。

政治的指導者が民衆を集会に招くときは、血の気が漂うとも言えるだろう。しかしながら指導者は、自分の勢力を使わなくてもすむようにと、しばしばこれを「見せつける」だけに専念するものだ。だがこうして――行ったり来たりし、演説をきき、集まった民衆やそれをとりまく警官や、軍の示威運動、逮捕、指導者の追放を目撃して――興奮が維持されると、民衆はこの騒然たる混乱から、自分にとって何ごとかを行なうときが来たのだという印象を与えられる。このような不安定な時期に、政党は、左に向かっては平静にかえれという呼びかけをくり返し、一方右に対しては視界をうかがって、植民地主義のリベラルな意図を読みとろうとつとめるのである。

民衆はまた自分を常に張り切った状態に維持し、革命的能力を養うために、共同体の生活のいくつかの挿話を使用する。たとえばいく日もいく日も襲いかかる憲兵に対抗して陣を守りぬいたおたずね者、四、五人の警官を倒したのちについに一騎打ちでやぶれた者、共犯者を「売らぬ」ために自殺した者、これらは民衆にとって鑑であり、行動図式であり、「英雄」である。この英雄は泥棒だ、放蕩者だ、あるいは堕落した男だ、と言っても何の役にも立ちはしない。もし行動――当の男をして植民地主義権力から追跡されるに至らしめた行動――が、ひたすら植民地の人間ないし財産に対して向けられたものであるならば、区別はきっぱりとしており、明白である。識別は自動的な過程でなされる。

この成熟現象において、植民地征服に対する民族的抵抗の歴史が演ずる役割をもまた指摘する必要がある。植民地の民衆の偉大な人物とは、常に侵略に対する民族的抵抗を指導した人物だ。ベアンザン、スンディアタ、サモリ、アブデル・カデル(14)は行動に先立つ時期に、とくに強力に蘇る。それは民衆が再び歩みはじめ、植民地主義に導入された死の時を中断し、〈歴史〉を作るべく、身がまえていることを示すものだ。

新たな民族の出現、植民地的構造の廃棄は、独立人民の暴力的な闘争の結果であるか、または他の植民地人民がその身に引き受けた周辺地域における暴力の行動、植民地体制にとって有無を言わせぬこの行動の結果なのである。

植民地の民衆は孤立してはいない。植民地主義のさまざまな妨害にもかかわらず、その国境はニュースや噂を浸透させる。民衆は発見する、暴力が空気のように広がり、あちらこちらで爆発し、あちらこちらで植民地体制を吹きとばしていることを。成功を収めたこの暴力は、原住民にとってただ単に報道的役割を演ずるばかりでなく、外科手術的役割をも演ずるものだ。ヴェトナム人民のディエン＝ビエン＝フーにおける大勝利は、厳密に言えばもはやヴェトナム人民の勝利ではない。一九五四年七月以後、植民地の民衆が己れに課するのは次の問題となったのだ。「ディエン＝ビエン＝フーを実現するには何をなすべきか。いかに行動すべきか。」このディエン＝ビエン＝フーの可能性については、いかなる原住民ももはや疑問を持ちえなかった。問題となったのは軍事力の整備、その組織、行動開始の日付けである。四方八方からとりまくこの暴力は、原住民だけではなくて、植民地主義者をも変えてしまう——彼らは多くのディエン＝ビエン＝フーを意識する。だからこそ文字どおりのパニックが、いっせいに多くの植民地主義政府をとらえてゆく。彼らの合い言葉は、機先を制し、解放運動を右傾させ、人民を武装解除すること、である。「いそげいそげ。独立を与えよう。〈共同体〉を形成し、その〈共同体〉を刷新しよう。[15]アフリカの基本法に賛成投票をしよう。コンゴがアルジェリアにならぬうちに独立を与えよう。[16]だが、誓ってもいい、まず独立を与えてやることだ、独立を……。」非植民地化がたいへんな速さですすめられる結果、ウーフエ＝ボワニー[17]にもむりやり独立が押しつけられる。原住民により決定されたディエン＝ビエン＝フー的な戦略に対し、植民地主義者は国家主権尊重の立場から、基本法設定の戦略でもって応ずるのである。

しかし今は空中にただようあの暴力に、この一触即発の暴力にたち戻ろう。暴力がますます熟してゆく過程で、多くの手綱がそれを引き受け、わきへそらせてしまうことはすでに見た。だが植民地体制が部族抗争ないしは地方主義の争いを通じて暴力を変貌させるにもかかわらず、暴力は進み、原住民は敵を識別し、自分のいっさいの不幸にひとつの名を与え、憎悪と怒りにかり立てられたすべての力をこの新しい道のなかに投入する。しかしいかにしてわれわれは、単なる暴力の雰囲気から、行動化した暴力へと移るのか。この重砲弾を炸裂させるものはいったい何か。まず第一に〔暴力の〕このような進展が、何不足ないコロンの幸福にも影響を及ぼさずにはいないという事実がある。現地人を「よく知っている」コロンは、さまざまなしるしで、何かが変化しつつあることに気づく。善良な現地人が稀になり、抑圧者が近づくと沈黙が広がるようになる。ときには目つきがけわしくなり、態度や言葉がはっきり攻撃的になる。民族主義政党は騒然とし、集会は数を重ね、同時に警察力が増強され、増援部隊が到着する。コロン、とくに自分の農地で孤立している農業経営者たちは、真っ先にびくびくしはじめる。そして強力な措置を要求する。

果たして当局は目ざましい措置をとり、一人か二人の指導者を逮捕し、軍隊の行進や演習を組織し、飛行機をとばしてみせる。だがこの示威や、好戦的な演習や、今は空中を満たしている硝煙のにおいも、民衆を後退させることはない。これら銃剣や砲撃は彼らの攻撃性を強めるばかりだ。劇的雰囲気が腰をすえ、誰しもが、どんなことがおこってもびくともせぬことを証明しようとする。弾丸がひとりでにとび出すのはこのような状況においてである。というのは、神経はもろくなり、恐怖は根をおろし、人はすぐ引き金に手をかけやすくなっているからだ。つまらぬ事件が起こる、と、たちまち一斉射撃が開始される。アルジェリアのセティフ、モロッコのキャリエール・サントラル、マダガスカルのモラマンガがそれだ。(18)

弾圧は民族意識の躍動を抑えつけるどころか、その発展に調子を与える。植民地における大がかりな殺戮は、自覚の萌芽が或る一定の発達段階に到達したときからは、この自覚を強化することになる。というのも殺戮は、抑圧する者とされる者のあいだではすべてが力によって解決されることを示しているからだ。ここで指摘しておかねばならないが、政党は武装蜂起の指令を発したわけでもなく、蜂起を準備もしなかったのである。このようないっさいの弾圧、いっさいの恐怖の行動は、指導者の欲したものではない。事件の進行は彼らに十分な時間の余裕も与えはしないのである。植民地主義が指導者《リーダー》を逮捕する決心をするのはそのときだ。しかし今日、植民地主義国の諸政府は、大衆からその指導者《リーダー》を奪うのが甚だ危険であることを完全に承知している。なぜならそのとき民衆は、拘束をとかれて、農民暴動、反乱、「野獣的殺害」へと飛びこんでゆくからだ。大衆はその「残忍な本能」を存分に発揮して、植民地主義に指導者《リーダー》を釈放させ、今度はその指導者《リーダー》たちに平穏回復の困難な仕事が課せられる。植民地体系の破壊という巨大な仕事のなかに、自発的に暴力を注ぎこんだ植民地の民衆は、しばしのあいだ無気力で実りうすいスローガンとともにおかれることになる。——「Xを、あるいはYを、釈放せよ」といったような。(原注四)すると植民地主義はこの連中を釈放して、彼らと交渉することになるだろう。かくて民衆の〔喜んで〕踊りまくる時期が開始されたのである。

党機関が無きずのまま残る場合もありうるだろう。だが植民地主義者の弾圧と民衆の自然発生的な反応の結果、党には活動家が氾濫してしまう。大衆の暴力は占領者の軍事力にはげしく対立し、状況は悪化し腐敗してゆく。自由な身の指導者は、そのとき傍観者的状態におかれる。その官僚機構とものの分かりのよいプログラムとをかかえたまま、これら指導者は突如として無用の存在と化し、しかも進行中の事件から遠く離れているにもかかわらず、「口籠《くつこ》をはめられた国民の名において語る」という最高のペテンを試みるありさまだ。一般的法則として、植民地主義は貪婪《どんらん》にこの好運にとびかかり、これら無用の存在を交渉相手に仕立てあげ、その連中の手で秩序を回復させるという条件で、あっという間に彼らに独立を与えてしまう。

ごらんのように、だれしもがこの暴力を意識しているのであり、〔植民地主義者にとって〕問題は必ずしもより強大な暴力でこれに答えることではなく、むしろいかにして危機の雷管を抜き去るかを知るにあるのだ。

この暴力とはそもそも何か。われわれはすでにそのことを考察した。これは原住民大衆が、自分たちの解放は力によってなしとげられねばならず、またそれ以外にありえないと見なすところの直観である。技術もなく、腹を空かせて衰弱した、組織の方法にも長けてはいないこの連中は、いったいどう血迷って、占領者の強大な経済力軍事力に対抗してただ暴力のみが自分たちを解放するなどと信ずるようになったのか。どうして彼らは勝利を収めることを期待しうるのか。

それというのも暴力は――言語道断な話と思われようが――、方法として、一政党のスローガンを形成しうるからだ。政党幹部は民衆に武装闘争を呼びかけることができるのだ。暴力のこの問題については、熟慮が必要である。ドイツの軍国主義がその国境問題を力で調整する決意を固めることは、われわれを少しも驚かせるものではない。しかしたとえばアンゴラの人民が武器をとる決意をし、アルジェリア人民が暴力的でないいっさいの方法を拒否することは、何かが起こったこと、ないしは起こりつつあることを証明する。原住民たち、この現代の奴隷たちは、気がせいている。彼らはこの狂気のみが自分らを、植民地の抑圧から引き離しうると知っているのだ。世界には新しい型の関係がうちたてられた。後進地域の人民は、鉄鎖をぎしぎしときしませる。そして驚嘆すべきことに、彼らは成功するのである。当たり前だ、人工衛星《スプートニク》の時代に人が飢えて死ぬなどとあっては滑稽だ、と言われるかもしれない。だが原住民大衆にとって、その説明は月の世界とはさほど関係がない。真実は、今日いかなる植民地主義国も、成功するかもしれぬ唯一の闘争形態、すなわち強大な占領軍をいつまでも駐留させるという形態を、採用しえないということにある。

植民地主義国は国内において、種々の矛盾、労働者の要求などに直面しており、それが警察力の使用を必要としている。そのうえ現代の国際関係において、これら諸国はその体制を擁護するために軍隊を必要とする。最後に周知のごとく、モスクワによって解放運動が指導されているという神話がある。この体制特有の、危機をあおる論議によれば、その意味はこうだ、「もしもこれがつづくと、コミュニストが混乱を利用して、この地方に浸透しかねない。」

焦燥にかられた原住民が、高く暴力をふりかざして相手を脅迫するという事実は、彼が現代の状況の例外的な性格を意識し、それを利用しようとしていることを示している。だがまた原住民は、直接的経験のうえでも、近代世界が人里はなれた荒地の一角にまで入りこんでくるのを目撃する機会を持ち、自分が所有していないものをきわめて鋭く意識している。大衆は、一種の推論……小児的推論によって、これらのものはすべて自分から盗まれたのだと確信してしまう。だからいくつかの後進国では、大衆は非常に性急であり、独立後二、三年たつと、自分たちは裏切られた、もしも真に事態を変えるはずがないのだったら、闘う「までのこともなかった」のだと解してしまう。一七八九年のブルジョワ革命後には、フランスの小農中の小農も、物質的にこの大変動から利益を得た。だが独立が後進国住民の九五パーセントにとって、直接変化をもたらさないということを認めたり述べたりするのは、ごく月並な現象だ。事情に通じた観察者は、火災が消えたのちにもいつ燃え出すかもしれぬ燠のように、一種潜在的な不満が存在することを確認している。

　そのとき人は、原住民が性急すぎると言いたてる。だがけっして忘れてはなるまい――彼らがのろのろして、怠惰で、運命論者だと断言されたのは、遠い昔のことではないのだ。ところで人は早くも気づきはじめる――解放闘争当時の明確な道を歩む暴力が、国旗掲揚の儀式を経たのちも魔法のように消え去りはしないということを。その暴力は、国家の建設が資本主義の決定的競争という枠内に記載されつづけてゆくだけに、ますます消え去ろうとはしないのである。

　この競争のために、きわめて地方的に限定された要求さえもが、ほとんど普遍的な広がりを帯びる。ひとつひとつの集会や弾圧の行為が国際的な競争場裡にひびきわたる。シャープヴィルの虐殺[19]は、数ヵ月にわたって世論を震駭させた。新聞で、ラジオ・テレビで、私的会話で、シャープヴィルは一個の象徴となった。男も女も、南アフリカのアパルトヘイトの問題に、シャープヴィルを通して近づいた。〈大国〉が後進地域の小さな問題になぜとつぜん関心を示したか――それをただ単にデマゴギーのせいだなどとうそぶくわけにはゆかないのである。〈第三世界〉における個々の農民暴動、反乱は、冷戦の枠に組みこまれている。ソールズベリー〔南ローデシア、現在のジンバブエ〕で二人の男が、警棒でぶん殴られる。と、たちまち一方のブロック全体が動揺し、この二人の男の噂でもちきり、この殴打をきっかけにローデシアの特殊な問題を提起する――それをアフリカ全体、原住民の総体に結びつけて、提起する。だが反対側のブロックもまた、このカンパニアの広がりを見て、自己の体制の地域的弱点を計量する。そこで植民地の民衆は、いずれの党派も地方的な事件に無関心でないことを理解する。この世界的動揺の雰囲気にまきこまれて、彼らはもはや、自分たちの狭い地方の範囲内に自己を限定しようとはしなくなるのである。

三ヵ月ごとに第六・第七艦隊がどこかの沿岸に向かってゆき、フルシチョフがロケットを用いてキューバを救うとおどかし、ケネディがラオスにかんするぎりぎりの解決に直面する決意を固めるとき、原住民ないし新たに独立した人民は、一種歯止めのきかぬ歩みのなかへと、否応なしにひきずりこまれた印象を受ける。じじつ彼らはすでに行進を開始しているのだ。例として、最近解放されたいくつかの国の政府をとりあげよう。権力についた人びとは、側近者を監視し、自分たちを脅かす危険を予防することに、三分の二の時間を費やし、残りの三分の一で国のために働く。それと同時に彼らは支持者を求めている。同じ弁証法に従って、民族内反対派は、議会的な道を鼻先であざ笑ってこれに背を向ける。彼らは、自分たちの凶暴な反乱の企てを支持してくれる同盟者を求めているのだ。暴力の空気は植民地の時期において浸透したのちに、独立国民の生活をも相も変わらず支配している。それというのもすでに述べたごとく、〈第三世界〉が排除されてしまったわけではないからだ。それどころか、〈第三世界〉は動乱の中心にある。だからこそ後進国の政治家は、普通ならば消え去っているはずの攻撃的な調子、激昂した調子を、いつまでもその演説のなかに保っているのだ。またしばしば指摘されたような、新指導者たちの非礼も理解される。これに比べてあまり目につかないのは、その同じ指導者が同胞あるいは同志と接触するさいの極端な慇懃さだ。非礼とは、まず他人に対する態度である。様子を見たり調査をしたりしにやって来る旧植民地主義者に対する、ひとつの態度である。元の原住民は、しばしば、これら調査の結論があらかじめ作成されているという印象を受けるのだ。ジャーナリストの動きがその印象を正当化する。記事につけられた写真は、そのジャーナリストが自分の語ることをちゃんと承知しており、かつそこへ出かけていったことを証明する。調査は、自明なこと、つまり「われわれが引き揚げてからあそこでは何もかもうまくいっていない」ということを、確かめようとしている。ジャーナリストはしばしば不平を鳴らす——歓迎されなかった、よい条件で仕事できない、壁のような無関心ないしは敵意にぶつかる、と。それも当然だ。民主主義指導者たちは、国際世論がひたすら西欧の新聞で形成されることを承知しているのだから。しかも西欧のジャーナリストがわれわれに質問を発するとき、われわれのためを思っての質問は稀なのだ。たとえばアルジェリア戦争の最中に、フランスの最もリベラルな報道者たちも、われわれの闘争を性格づける言葉として、たえず曖昧なという形容詞を用いたものだ。それを彼らに非難すると、彼らは大真面目で自分たちは客観的なのだと答える。ところが原住民にとって客観性は常に彼らに矛先を向けているのだ。これと同様に、一九六〇年九月の国連総会における国際外交を埋めつくした新たな調子も理解できるのである。(20) 植民地諸国の代表は攻撃的であり、暴力的であり、過激であったけれども、植民地の民衆は彼らが誇張しているとは見なさなかった。アフリカのスポークスマンたちのラディカリズムはきずを膿汁《うみ》でいっぱいにし、拒否権や〈大国〉同士の対話の許しがたい性格を、とりわけ〈第三世界〉のためにとっておかれた役割がとるに足らぬことを、いっそう明らかにしたのである。

新たに独立した人民によってはじめられた外交は、もはや微妙なニュアンスや、言外の意味や、あやしげな手つきの催眠術などで成り立つものではない。それというのもこれらスポークスマンは、民族の統一、福祉へ向かう大衆の歩み、人民が自由とパンを得る権利などを同時に擁護すべく、人民から委任されているからだ。

したがってこれは動きを持った外交、激怒した外交であり、植民地主義の側の動かぬ世界、化石した世界と、奇妙なコントラストを見せる。そしてフルシチョフ氏が国連でその靴をふりまわし、テーブルを叩くとき、[21] いかなる原住民、いかなる後進国代表も笑いはしないのだ。なぜならフルシチョフ氏を見つめる植民地諸国に示されるのは、彼、ロシア農民であり、しかもロケットを所有する彼が、今やあの哀れな資本主義者《キャピタリスト》どもにふさわしい仕打ちを加えているということであるのだから。同様に軍服のまま国連に臨んだカストロは、後進国の顰蹙を買いはしない。カストロの示すのは、彼が暴力の体制の依然たる存在を意識しているということだ。驚くべきは、彼が機関銃をかかえて国連に入って来なかったことである。だがそうしたら、彼は異議を申し立てられたかもしれぬ。農民暴動、絶望にかられた行為、短刀や斧で武装した集団——彼らは己れの国籍を、資本主義と社会主義を情け容赦もなく対立させる闘争のなかに見出すのである。

一九四五年、セティフの四万五千の死者は人に気づかれずに過ぎることができた。一九四七年のマダガスカル九万の死者は、単なる新聞の小記事の対象で終わることができた。一九五二年、ケニアにおける弾圧の二〇万の犠牲者は、比較的無関心な態度にぶつかった。国際的な矛盾が十分解決されていなかったからだ。朝鮮戦争とインドシナ戦争は、すでに新たな局面を開始していた。しかしとりわけこの対立の決定的瞬間を形作るのは、ブダペストとスエズである。[22]

社会主義諸国の無条件な支持に力づけられて、原住民はその持てる武器で、植民地主義の不抜の城砦にとびかかってゆく。この城砦は、たとえ短剣や空拳にびくともしないものであるにせよ、冷戦の状況を考慮するとなればもはや傷つかぬわけにはゆかないのだ。

この新たな状況において、アメリカは国際資本主義の盟主たるの役割を真剣に演じている。第一の時期、彼らはヨーロッパ諸国に話しあいで独立を与えようと忠告する。第二の時期には、「アフリカをアフリカ人の手へ」の原則をまず尊重すること、ついでこの原則を支持することを、ためらうことなく宣言する。今日合衆国は、民族自決権の擁護者であることを怖れることなく公式に言明している。メネン＝ウィリアムズ氏の最近の旅行は、(23)〈第三世界〉を犠牲にしてはならぬという、アメリカ人の意識の現われにほかならない。こうなると、原住民の暴力をただ抽象的に（*in abstracto*）抑圧者の軍事機構と比較した場合にのみ、これが絶望的なものとされるわけも理解されるだろう。これに反してこの暴力を国際的力学のうちに位置づけるなら、それが抑圧者にとって怖るべき脅威を構成することに人は気づくのである。農民暴動やマウ＝マウ団の不安が執拗に続くことは、植民地の経済生活の平衡を乱すことになるが、本国を危険におとしいれるものではない。だが帝国主義にとってこれ以上に重大なことは、社会主義のプロパガンダが大衆に浸透し、大衆に感染する可能性である。冷たい紛争の時期にあっても、それはすでに深刻な危険である。だがもし熱い戦争が起こったら、多くの人命を奪うゲリラによって腐敗したこの植民地はどうなるというのか。

そのとき資本主義は自己の軍事的戦略が、民族戦争の発展によってすべて台無しになることに気づく。だから平和共存の枠内で、すべての植民地は消滅すべく、また資本主義はぎりぎりのところ中立主義を尊重すべく、運命づけられている。何よりもまず回避すべきは戦略的な不安であり、大衆の心が敵の理論に対して開かれていることであり、いく千万の人びとの激しい憎悪である。植民地の民衆は、国際政治を支配している必然の要請を、完全に意識している。だからこそ暴力を激しく難詰する者も、常にこの世界的に広がった暴力に応じて決意し行動するのである。今日では、二つのブロック間の平和共存が植民地諸国における暴力を維持し、それを挑発しているのだ。明日はひょっとすると、植民地の全面的な解放ののちに、この暴力の領域が別の場所に移動するのを見るようになるかもしれない。ひょっとすると、少数民族の問題が提起されることになるかもしれない。すでに一部少数民族は、じぶんたちの問題を解決するために、ためらうことなく暴力的な方法を讃えている。合衆国のニグロ過激派が民兵を形成している、つまりは武装している、といわれるのも偶然ではない。自由世界といわれるところにソ連の少数民族ユダヤ人を擁護する委員会があり、またド・ゴール将軍がさる演説のなかで、共産主義独裁によって抑圧されているいく百万の回教徒に何滴かの涙を流したのも、偶然ではないのである。資本主義と帝国主義は、人種差別に対する闘争と民族解放運動とが、遠隔操作によってもたらされた混乱であり、「外部」から誘発されたものである、と信じきっている。だから彼らはあの有効な戦術を使用することに決めているのだ。すなわち自由ヨーロッパ放送、支配されている少数民族を支持する委員会……。彼らは反植民地主義を作り上げる。ちょうど、アルジェリア駐留フランス軍の大佐たちが、特殊行政課（ＳＡＳ）や心理課を用いて、破壊的戦争を行なったように。彼らは「民衆に対抗して民衆を使用する。」その結果は周知のとおりだ。

この暴力と脅迫の雰囲気も、ふりかざしたロケットも、原住民を怖れさせたりその方向を失わせたりすることはない。すでに見たごとく、彼らの最近の全歴史が、この「状況」を彼らに理解させている。植民地の暴力と現代世界をひたす平和的暴力とのあいだには、一種の共犯的対応関係があり、同質性がある。原住民はこの空気に適応している。彼らはやっとはじめて時代の子になりえたのである。人はときどき、原住民がその妻に洋服をプレゼントする代わりに、どうしてトランジスター・ラジオなど買うのかと不思議がる。だが不思議に思うこともあるまい。原住民は、今こそ彼らの運命が賭けられていると確信しているのだ。彼らは世界終末の雰囲気に生きており、何ひとつ見落としてはならぬと考えている。だから彼らはプーマとパゥミ、ルムンバとチョンベ、アヒジョとムミエ、ケニヤッタ(24)と彼にとって代わるべく定期的に前面に押し出される連中が、いったい何者であるかを実によく理解している。というのも、彼らはその背後にひそむ勢力の正体を心得ているからだ。原住民、後進国の人間、彼らは今日、言葉の最も世界的な意味において政治的動物である。

なるほど独立は原住民に慰藉を与え、彼らの尊厳を確立した。だが彼らはまだ、ひとつの社会を入念に仕上げ、価値を建設し、それを主張するだけの余裕を持ってはいない。彼らは赤熱する炉のなかで、市民としてかつ人間として、ますます発展し、ますますその領域を広めて豊かなものに鍛えられてゆくのだが、そのような炉はまだ存在していない。一種の未決状態におかれたこの人びとは、すべてが別のところで、みなのために、同時に決定されてゆくだろうと、簡単に信じこんでしまう。指導者たちはどうかといえば、この状況に直面して躊躇し、中立主義を選ぶのである。

中立主義については言うべき点が多々ある。人によってはこれを、左右の見境いもなく金を失敬する不潔なもうけ主義と同視する。ところで中立主義——この冷戦の産物——は、なるほど後進国をして両側から〔多少の〕経済援助を受けさせるものであるにしても、じっさいはこの左右両側のいずれもが、後進地域に対してしかるべき援助を行なうことを、中立主義のために妨げられているのである。軍事研究に注がれたあの文字どおり天文学的な金額、核戦争の技術者にされてしまった技師たちは、本来なら一五年間に後進国の生活水準を六〇パーセントも引き上げうるところなのだ。したがって、正しく理解すれば、後進諸国の利益が存するのは冷戦の継続でもその強化でもないことが見てとれる。ところが、後進諸国の意見など徴されもしないという始末だ。そこで〔冷戦から〕身をひくことのできる国は身をひいてしまうことになる。だがじっさいにそれができるのか。たとえばフランスがアフリカで原爆実験を行なうといったことが起こるのだ。この場合、動議提出、抗議集会、鳴物入りの外交断絶などを除けば、この限定された分野においてアフリカ人民がフランスの態度に影響を与えるなどとは言いえないのである。

中立主義は〈第三世界〉の市民にひとつの精神的態度をかもし出す。その態度は日常生活において、大胆さと重々しい誇りとによって示されるが、それらはまた、奇妙に侮蔑に似かよっている。このきっぱりした妥協の拒否、何ものにもつなぎ止められはしないという強固な意志は、無一物だが尊大でちょっとした言葉のためにもいつも自分の生命をすてるべく身構えているあの若者たちの態度を想起させる。こういったことが西欧の観察者を呆然とさせるのだ。なぜなら〈第三世界〉の人びとが主張するその存在と、彼らの背後にあるものとのあいだには、スキャンダルとしか言いようのないものが存在するからだ。この国には電車も軍隊も金銭《かね》もない以上、やつらが大っぴらに広げて見せる挑戦的態度は少しも正当化されない、疑いもなくこれらはペテンだ、とされる。しばしば〈第三世界〉は悲劇に有頂天になっているかのごとく、また毎週一回規則正しく政変という常備薬を必要としているかのごとくに思われる。大声をはりあげるこの空っぽな国の指導者《リーダー》たちは、人をいらいらさせる。こいつらを黙らせてしまいたい。ところが人はこの連中のご機嫌をとる。花を捧げる。招待する。あえて言おう、やつらは引張り凧だ。これがすなわち中立主義である。九八パーセントまでは文盲だが、この連中については厖大な文献が書かれている。やつらは実によく旅行する。後進国の指導者たち、後進国の学生たちは、航空会社のドル箱だ。アフリカとアジアの指導者たちは、モスクワで社会主義計画経済のレッスンを受けたと思うと、その同じ月のうちに、ロンドンまたはコロンビア大学で自由主義経済の恩恵について教えを受けることもないわけではない。一方アフリカのサンディカリストたちもまた、ますます歩度を速めて前進している。指導部にポストが与えられると、たちまち彼らは独立の組合を作ろうと心を決める。工業化された一国の枠内における過去五〇年にわたる組合運動の経験もないくせに、彼らはすでに非政治的なサンディカリスムがナンセンスであることを承知している。彼らはブルジョワ的機構と対決したこともない、階級闘争のなかで自分たちの意識を発展させたこともない。だがひょっとすると、これは必要でないのかもしれない。おそらくはそうだ。しばしばグローバリスム〔分析を無視した大ざっぱな態度〕の形で戯画化されるこの全体化の意志が、後進国の最も基本的な特徴のひとつであることを、われわれはのちに見るであろう。

だがわれわれは、ここで再び原住民とコロンの一騎打ちにたちかえろう。それは見られるごとく、文字どおりの武装闘争だ。その歴史的な実例は、インドシナ、インドネシア、そして言うまでもなく北アフリカである。だが見失ってならないのは、これがどこにおいても、ギニアでもソマリアでも勃発しえたであろうし、また今日でも、植民地主義が今なお続いているすべての場所で、勃発しうるということだ——たとえばアンゴラにおいて——。武装闘争の存在は、人民が暴力的手段にしか信頼を寄せまいと心を決めたことを示している。お前は力の言葉しか分からぬやつだと常に言われつづけてきた人民は、今や力によって表現する覚悟を固めている。実を言えばコロンは、人民が己れを解放しようとすればほかにありえぬはずの道を、たえず人民に教えつづけてきたのである。原住民の選ぶ論拠はコロンによって示されたものであり、事態は皮肉にもはね返って、今や原住民の方が、植民地主義は力しか理解せぬと断言する。植民地体制は力からその正当性を引き出し、いかなるときにも事態のこの本質をごまかそうとはしないのだ。ひとつひとつの銅像が、フェデルブの像であれ、リヨテであれ、ビュジョーであれ、ブランダン軍曹であれ、すべてのこれら征服者(conquistadors)たちが、見上げるばかりの高所から植民地の土地をふまえて、たえずたったひとつの同じことを述べている。すなわち「おれたちが今ここにいるのは銃剣の力によるのだ……」と。この言葉を完成するのは容易な仕事だ。反乱段階のあいだ、コロンのめいめいは明確な算術にしたがって考える。この論理は他のコロンを驚かせはしないが、それが原住民をも驚かせるものでないことは、はっきり指摘する必要がある。まず初めに原理の確認だ。「食うか、食われるか」の原理は、すでに見たごとく、植民地主義がまさにマニ教的善悪二元論の世界、分割された世界の組織である以上、何ら逆説を構成するものではない。そしてコロンが明確な方法を奨励して、弾圧者である少数派の一人一人に、二〇人、一〇〇人、あるいは二〇〇人の現地人をぶち殺せと求めるとき、彼はたちまち気づくのだ——だれ一人この言葉に腹を立てはしないことを。またぎりぎりのところいっさいの問題は、この殺戮が一気に可能か、段階を追うか、そのいずれであるかを知るにあるということを。(原注五)

この見解は、まったく算術的に植民地の民衆の絶滅を予測するものだが、原住民はそれを知っても道義的怒りで気が顚倒することはない。コロンとの出会いは闘技場で行なわれる——そのことを、原住民は以前から承知していた。だから原住民は悲嘆にふけって無駄に時を過ごすこともなく、植民地の枠内で価値を認めてもらうことなどほとんど求めもしないのだ。実を言えばコロンが原住民をびくともせぬやつらだと見なすのも、原住民が実際にコロンと同じ言葉で解放の問題を提起したからだ。すなわち、「おれたちは二〇〇人、あるいは五〇〇人のグループを形成しよう。ひとつひとつのグループが一人のコロンに当たるのだ。」以上の決意を互いに秘めながら、二人の主役は闘争を開始する。

原住民にとって、この暴力は絶対的実践《プラクシス》を示している。したがって活動家とは仕事をする人間のことなのだ。組織が活動家に発する問いは、このような物の見方の特徴を帯びている。「どこで仕事をしていたのだ？　だれとだ？　何をやった？」集団は、個々人がとり消しのきかぬ行為を実現することを要求する。たとえばアルジェリアにおいては、民衆に民族的な闘争を訴えた大部分の者たちが、死刑を宣告され、あるいはフランス官憲の追及を受けていた。この場合、信頼度は、一人一人の犯した行為の絶望的性格の度合いに応じていた。新たな活動家が、もはや植民地の体系に戻りえないとき、彼は頼もしい男とされた。このようなメカニスムは、ケニアのマウ＝マウ団においても存在していたように思われる——グループのメンバーは、めいめいその犠牲者を襲うべく求められた。したがって各自が犠牲者の死に対して個人的に責任を負っていたのである。仕事をするとは、コロンの死をもたらすべく仕事することだ。身に引き受けた暴力は、集団を離れてさ迷う者、集団から追放された者たちに、復帰し、己れの場所を再び見出し、再びそこに統合されることを許すのである。かくて暴力は王のごとき完璧な調停者として理解される。原住民は暴力を通じて、暴力によって、自己を解放する。この実践《プラクシス》が行為者に真理を照らし出す。なぜならそれは手段と目的をさし示すからだ。セゼール(26)の詩は暴力の明確な展望のなかに予言的な意味を汲みとっている。彼の悲劇の有無を言わせぬ情景のなかから、一節を思い出していただくのも悪くない。そこでは〈反逆者〉（そのものずばりだ！）がその見解をこう述べている。

反逆者　（強く）　わが姓、「侮辱された者」。わが名、「辱められた者」。身分、「反抗的な者」。年齢《とし》、「石の年齢《とし》」。

母親　私の種族、「人間」。私の宗教、「友愛」……。

反逆者　わが種族、「顚落せる種族」。わが宗教……。いや、この宗教は、武装を解いたあなたが準備すべきものではない……。私だ、反抗と、にぎりしめた哀れな手と、髪さかだてたこの頭で。

（ごく静かな口調で）

思い出すのだ、あれは十一月のある日。赤児は半歳にもなっていなかった。そしてご主人が煤けた小屋に入ってきた、作物に霜枯れをもたらす春の月のように。そしてあの子の痩せて筋ばった小さな手足にふれるのだった。とてもやさしいご主人だった。太い指で、あの子の凹んだ小さな顔の上をそっと撫でてくれたのだ。その青い目で笑いかけ、その口は甘い言葉であの子をあやすのだった。「立派なやつになるだろうよ」彼は私の方を見ながらそう言った。それからほかにもやさしい言葉をかけてくれたのだ、ご主人は。うんと早いうちにとりかからねばならぬ、二〇年かけても多すぎはしないのだ、立派なキリスト教徒、忠実で立派な奴隷にするためには、黒人徒刑囚を監督する立派な看守、生き生きとした目、頑丈な腕の、立派な看守にするためには、と。私の息子の揺りかごに、この男は徒刑囚の監督の揺りかごを見ていたのだ。

短剣を手に、われわれは這い寄った……。

母親　おまえ、殺されてしまう。
反逆者　殺す……この手で私は彼を殺した……
そう、豊かな、豊饒な死……
夜だった。われわれは砂糖きびのあいだを這っていった。
短剣は星に光って微笑んでいたが、星などはどうでもよかったのだ。
砂糖きびはさらさらと緑の刃でわれわれの顔に傷をつけた。
母親　母のまぶたを閉ざしてくれる息子であれと願ったのに。
反逆者　別な太陽に向かって息子の目を開くことを私は選んだのです。
母親　……おお、わが子よ……罪ぶかい、危険な死だ。
反逆者　お母さん、強靭な豪奢な死です。
母親　憎みすぎたのだ。
反逆者　愛しすぎたのです。
母親　容赦しておくれ。おまえを縛っているもので息がつまる。おまえの傷で私は血を流しているのだ。
反逆者　世界は私を容赦しないのです……。この世のだれかが惨めにもリンチを受け、だれかが悲惨な拷問を受ければ、必ず私はその男の内部で虐殺され、辱められているのです。
母親　天なる神よ、この子を解放したまえ。
反逆者　心よ、私を思い出から解放しないでくれ……。
あれは十一月のある晩だった……

そしてとつぜん喊声が沈黙《しじま》を照らし出した。

われわれはとび上がった、われわれ奴隷たちは。われわれ下賤の者どもは。われわれ、忍耐の木靴をつけた家畜どもは。

狂ったように、われわれは走っていた。銃声がひびきわたった……われわれは突きに突いた。汗と血汐が爽やかだった。叫喚のさなかで突きに突き、叫喚はいっそう甲高くなった。そのとき東の方で、どっと喊声がおこった。みなが火を放ったのだ。焔はやさしくわれわれの頬に火の粉をふきつけた。

そのときご主人の家に襲撃がかけられた。だれかが家の窓から射撃していた。

われわれは戸を蹴破った。

ご主人の部屋は広く開け放たれ、煌々と灯りに照らされていた。ご主人はそこにいた、平然と……。こちらの連中は立ちどまった……。やはりご主人だから……。私は入っていった。おまえか、と主人は冷静にそう言った……。おれだ、このおれだ、と私は言ってやった。おれだ、立派な奴隷だ、忠実な奴隷だ、奴隷的な奴隷だ、と。すると急に主人の目は、雨の日の怯えきった二つの小蕪そっくりになった。私は突いた、血がほとばしった。今でも私の記憶に残る洗礼といえば、ただこれだけだ。(原注六)

このような雰囲気においては、日常性がまったく不可能になってしまうことも理解される。もはや以前のように農夫だったり、淫売宿の主人だったり、あるいはアルコール中毒だったりするわけにはゆかないのだ。植民地体制の暴力と原住民の反対暴力が均衡をとって、相互の異様な同質性においてこたえあっている。この暴力の君臨は、本国からの植民が多ければ多いほど怖ろしいものとなるだろう。植民地の民衆の内部における暴力の発展は、否認された植民地体制の行使する暴力の割合に応じている。この反乱の初期段階において、本国政府はコロンの奴隷である。このコロンは、原住民と自分たちの政府とを同時に脅迫する。彼らはその両者に対して同じ方法を用いるであろう。エヴィアン市長の暗殺[27]はメカニスムと動機において、アリ・ブーメンジェルの暗殺[28]と同視される。コロンにとっての二者択一は、アルジェリア人のアルジェリアとフランスのアルジェリアではなくて、独立アルジェリアと植民地アルジェリアだ。「そのほかのものはことごとく文学[29]」であり、あるいは裏切りの試みである。コロンの論理は仮借なきものであり、したがってそれに対抗する原住民の論理に仰天するのは、あらかじめコロンの思考のメカニスムを明らかにしなかった場合だけだ。原住民が反対暴力を選んで以来、警察の報復は機械的に民族勢力の報復を呼ぶこととなる。だがその結果は同じでない。機銃掃射と艦砲射撃は、その脅威においても程度においても、これに対する原住民の応答を上まわっているからだ。往きつ戻りつするこの恐怖は、原住民のなかの完全に魂を売り渡した連中の迷いをも、決定的にはらしてしまう。果たして彼らは決闘の場において、人間の平等にかんする数々の名論卓説も、以下の平凡な事実をかくしえないことを確認する――それは、サカモディ峠での七人のフランス人殺傷は文明人どもを激怒させるが、ゲルグールのテント村やジェラの村落の掠奪、住民の虐殺といった、まさに現地人による奇襲攻撃の動機となったものは、「勘定にも入らない」という事実だ。恐《テ》怖政治《ルール》、反対恐怖《テルール》、暴力、反対暴力……。これこそ観察者たちが、アルジェリアにおける明白な憎悪、頑強な憎悪の悪循環を述べるときに、苦悩をこめて記録するところのものである。

武装闘争においては、引き返しのきかぬ点とでも呼びうるものがある。それを実現するものは、必ずと言ってよいほど、植民地民衆のほとんど全区域を包含する大々的な弾圧である。アルジェリアにおいては、一九五五年のフィリップヴィルにおける一万二〇〇〇の犠牲者(30)と、一九五六年のラコスト(31)による都市農村の民兵設置とによって、この点は達せられた。(原注七) このときすべての者にとって――コロンにとってさえ――もう二度と以前のように「これをくり返すことはできない」という事実が明らかになった。しかしながら植民地の民衆は、細かく勘定をつけているわけではない。彼らは自分たちの列のあいだに生じた巨大な空席を、あたかも一種の必要悪のように記録するだけだ。いずれにしても自分が暴力で応じようと決めた以上、そのあらゆる結果は受け入れるのである。ただ彼らは、自分が相手のために細かく勘定をつけることも、願い下げにしてしまう。「現地人はどいつもこいつも同じさ」という言い方に対して、原住民は答えるのである、「コロンなんてどいつもこいつも同じだよ」と。(原注八) 原住民は拷問を受けたり、妻を殺されたり、あるいは犯されたりしても、だれにも泣き言など述べにゆきはしない。弾圧政府が毎日新たな調査委員会、情報委員会を任命しても、原住民にとってこれらの委員会は存在しないも同然だ。じっさいアルジェリアの犯罪行為が起こって以来やがて七年になろうとしているが、たった一人のフランス人もアルジェリア人殺害のかどでフランスの法廷に告訴されはしなかった。インドシナにおいて、マダガスカルにおいて、多くの植民地において、現地人は逆の側から何ひとつ期待できぬことを、いつもわきまえていたのだ。コロンの仕事は原住民の自由の夢さえも不可能にすることにある。原住民の仕事とは、コロンを抹殺するためのいっさいの可能な計画を考え出すことにある。論理の上では、コロンのマニ教的善悪二元論が原住民の善悪二元論を生み出すのである。「現地人、絶対悪」の理論に、「コロン、絶対悪」の理論が応じるのである。

コロンの出現は全体的に見て、土着社会の死を、文化の麻痺を、個々人の石化を意味した。原住民にとって、生命は、解体したコロンの屍からしか生まれえない。これがすなわち二つの論理の、あの相応じあう観念である。

だが植民地の民衆にとって、この暴力は彼らの唯一の仕事であるゆえに、積極的創造的な性格を帯びる。各人が、巨大な鉄鎖の暴力的な一環であり、植民地主義者の最初の暴力に対する反応として現われた偉大な暴力組織の一環である以上、この暴力の実践《プラクシス》は全体化 (totalisante) する。各集団は互いに相手を認めあい、未来の国民はすでに一体である。武装闘争は人民を動員する。言いかえれば、それは人民をたったひとつの方向へ、一方交通の方角へと、投入する。

解放戦争のさいに行なわれる大衆の動員は、各人の意識のなかに、共通の利害、民族の運命、集団的歴史の概念を導入する。だから民族建設という第二段階は、血と怒りのうちに縛り上げられたこの漆喰の存在で容易にされることになる。そのとき人は、後進国で用いられる語彙の独創性をよりよく理解するのである。植民地時代の民衆は、抑圧に対抗して闘えと呼びかけられた。民族解放以後になると、貧困、文盲、開発のおくれに対して闘えという呼びかけがなされる。闘争は今なお続いていると断言される。民衆は、生きるとは終わることなき闘いであることを確認するのである。

原住民の暴力は、すでに述べたごとく人民を統一する。じっさい植民地主義はその構造からしても、分離主義、地方主義だ。植民地主義は部族の存在に満足するどころか、それを強化し、個々の部族を区別する。植民地体系は、首長区 (chefferies) を育て、古い回教道士の諸団体に再び活を入れる。〔一方〕暴力はその実践において全体化的・民族的なものだ。以上のことから暴力は、その奥底に、地方主義、部族主義の清算を含んでいる。だから民族主義政党は首長《カイド》や部族地帯の長 (chefs coutumiers)

に対してとくに情け容赦なく当たるのだ。首長《カイド》や部族地帯の長の一掃は、人民の統一の前提条件である。

個々人の水準においては、暴力は解毒作用を持つ。原住民の劣等コンプレックスや、観想的ないし絶望的な態度をとり去ってくれる。暴力は彼らを大胆にし、自分自身の目に尊厳を回復させる。たとえ武装闘争が象徴的なものにすぎず、速やかな非植民地化のために民衆が武装解除されようとも、民衆は、解放がみなのまた各自の仕事であって、指導者《リーダー》に特別な功績があったわけではないことを納得するだけの余裕を持つのである。暴力は民衆を指導者《リーダー》の高さにまで引き上げる。そこから、若い政府があわてて確立する外交儀礼のからくりに対し、故意にこれを黙殺する挑戦的な態度が生まれる。大衆が暴力にひたって民族解放に参加した場合、彼らはだれにも「解放者」を名乗ることを許さない。自分らの行動がもたらしたものを人手に渡そうとせず、彼らの未来、彼らの運命、祖国の行く末を、生ける神に委ねようとはしないのだ。昨日はおよそ責任を持たなかった大衆が、今日ではすべてを理解しすべてを決定しようとする。暴力による天啓を受けた民衆の意識は、すべての和解に反抗する。こうなると、デマゴーグ、日和見主義者、魔術師の仕事は、困難になる。絶望的な格闘のうちに大衆を投げこんだ実践《プラクシス》は、具体的なものへの貪婪な嗜好を大衆に与える。欺瞞の企ては、長期的には実際上不可能なものとなるのである。

後進諸地域においては、これまでに何度も指摘したごとく、政治の責任者は今なおたえず人民に闘争を訴えつづけている――植民地主義に対する闘争、貧困と開発のおくれに対する闘争、すべてを不毛なものとする伝統に対する闘争だ。この訴えをなすに当たって彼らの用いるのは、参謀長の語彙である――たとえば、「大衆の動員」、「農業戦線」、「文盲戦線」、「敗北を喫する」、「勝利を収める」といったように。若き独立国は最初の数年間というもの、戦場の雰囲気のなかで発展する。というのも後進国の政治指導者は、自分の国が越えねばならぬ厖大な道程を測定して、慄然とするからだ。彼らはこう言って人民に訴える、「さあ、褌《ふんどし》をしめて戦の準備をしよう。そして仕事をしよう。」創造的狂気とでもいったものに執拗にまといつかれたこの国は、巨大でおよそ不釣り合いな努力に身を投ずる。ただ窮地を脱するだけでなく、ありあわせの手段で他の国々に追いつくことがそのプログラムである。「ヨーロッパの人びとがこのような発展段階に到達したのは、その努力の結果である」と人は考えるのだ。「だから世界に向かって、またわれわれ自身に対して、われわれも同じことが実現できることを証明しよう。」だが後進諸国の発展の問題をこのような仕方で提起するのは、正しいことでも賢明なこととも思われない。

ヨーロッパの諸国家がナショナルな統一をなしとげたのは、民族ブルジョワジーが大部分の富をその手に集めてしまった一時期であった。商人、職人、僧侶、銀行家が、ナショナルな枠のなかで、財政、貿易、学問を独占した。ブルジョワジーは、最もダイナミックで繁栄した階級を代表していた。ブルジョワジーは権力の座に就いたために、決定的な行動へととびこんでゆくことができた。すなわち工業化、交通の発達、そしてやがて「海外植民地」(outre-mer) へのはけ口の追求。

ヨーロッパにおいては、多少のニュアンスのちがいを除くと（たとえばイギリスは他にいくぶん先んじていた）、さまざまな国家がナショナルな統一の実現されたときにほぼ同一の経済的状態にあった。〔したがって〕いかなる国も、その進歩発展の特徴が、他国への侮辱攻撃となることはまったくなかったのである。

ところが今日、後進地域における民族《ナショナル》の独立、国家《ナショナル》の形成は、まったく新たな姿を帯びている。これらの地域においては、いくつかの目立った実現例を除くと、異なった国々がみな同じ下部構造の欠如を示している。大衆は同じ貧困と闘い、同じ仕種でじたばたし、小さくなった胃袋で、飢餓地図と呼ばれたものを描いてみせる。後進世界、貧困の世界、非人間的世界。だがまた医者も技師も行政官もない世界でもある。この世界に相対して、ヨーロッパ諸国はこれ見よがしの豪奢な暮らしにふけっている。ヨーロッパのこのような豪奢な暮らしは、まったく破廉恥なものだ。なぜならそれは奴隷を踏み台にしてうちたてられたもの、奴隷の血に養われたものであり、この後進世界の地上と地下の資源から一直線にもたらされているものであるから。ヨーロッパの福祉と進歩とは、ニグロの、アラブの、インド人の、黄色人種の、汗と屍によってうちたてられた。その事実を、われわれは二度と再び忘れまいと決意したのである。ある植民地主義国が、植民地の独立要求に困りはて、民族主義指導者に向かって「独立が欲しいなら独立するがよい、そして中世に逆もどりするがよい」と宣言するとき、新たに独立した人民は挑戦に同意し、これに応ずる傾向を持っている。そしてじっさい植民地主義がその資本と技術者を引きあげ、若い国家の周辺に経済的圧迫の仕組みを配置するのを、人は目にするのである。(原注一) 輝かしい独立の栄光は独立の呪咀に変貌する。植民地宗主国は巨大な制裁手段を用いて、若い国民に後退を余儀なくさせる。植民地宗主国はあからさまにこう言うのである。「おまえさんたちが独立を欲しがるんだから、独立したがよい。そしてくたばるがよい。」そのとき民族主義指導者らは、ただ人民の方をふり返り、人民に壮大な努力を要求する以外に手段がない。この飢えたる人びとにきびしい体制が要求され、この痩せ衰えた筋肉に不釣り合いな仕事が求められる。自給自足体制が設けられ、各国家は使用しうる貧弱な手段によって、国全体の大饑饉、国全体の怖ろしい貧困に対処しようと試みる。一国の人民が動員され、飽食した侮蔑的なヨーロッパに相対して身をすりへらし、疲労困憊するさまを人は目撃するのである。

〈第三世界〉の他の国々は、この試練を拒否して、旧保護国の課する条件に忍従することを受け入れる。これらの国々は、その戦略的位置――二つのブロックの抗争のさなかにあって彼らに特典を与える位置――を利用し、協定を結び、契約で身を縛る。以前は直接支配を受けていた国であったが、今や経済的従属国に変貌するのである。植民地主義的な貿易回路を無疵のまま維持し、ときにはそれを強化さえした旧植民地宗主国は、独立国の予算にちびちびと糧を与えることに同意する。したがって植民地の独立達成が、世界をひとつの根本的な問題に直面させることが見てとれる――植民地とされていた国々の民族解放が、その現実的状態を暴露し、それをいっそう困難なものにするのである。基本的対決と思われていた植民地主義と反植民地主義、さらには資本主義と社会主義の対決は、すでにしてその重要性を失っている。今日重要なこと、われわれの視界をさえぎっている問題は、富の再分配の必要性である。人類は、この問題に答えねばならぬであろうし、それを怠るならば人類は根底から揺すぶられることになるであろう。

世界にとって、とりわけ〈第三世界〉にとって、資本主義体制と社会主義体制のいずれか一方を選ぶときがすでに来ていると人は考えがちだった。しかしながら、民族解放闘争の勝利を確保すべく両体制間に存在する苛酷な争いを利用してきた後進諸国は、この争いのただなかに身をすえるのを拒否せねばならない。〈第三世界〉は、自己に先立つ諸価値との関係において自己を定義するだけで満足すべきではない。反対に後進国はその固有の価値を、その特有な方法やスタイルを、知らしめるべくつとめねばならない。われわれの眼前に提起されている具体的な問題は、異なった大陸や時代の人びとによって定義されたごとき社会主義と資本主義のいずれか一方を、何が何でも選択するということではない。なるほどわれわれは知っている――資本主義体制が、生活形態として、われわれの民族的普遍的な仕事を実現させうるものでないことを。資本主義的搾取、トラストと独占は、後進国の宿敵だ。それに反して社会主義体制、全面的に全人民の側に向き、人間こそ最も貴重な財産であるという原理に基礎をおいた体制の選択は――この事実によって、数人の者が国民全体には目もくれずに経済的政治的権力全体を掌握するという社会のカリカチュアを実現不可能なものとしながら――われわれをより速く、より滑らかに進ませることだろう。

　とはいえこの体制が有効に機能し、発想の源となる原理をわれわれが常に尊重できるようになるためには、人的投資以上のものが必要である。低開発国のあるものは、人的投資の方向に向かって絶大な努力をくりひろげている。男も女も、老いも若きも、まったくの強制労働に熱狂的に参加し、自分たちは国の奴隷だと宣言している。献身、集団的なものでないいっさいの関心への軽侮、それらがナショナルな道徳を作りあげ、その道徳が人間に慰めを与え、世界の運命への信頼をもたらし、最も控え目な〔懐疑的な〕観察者にさえ、これを認めさせてしまう。だがわれわれは、かかる努力がこのすさまじいリズムで長いあいだ続けられるはずはないと考える。これら若い国々は、旧植民地宗主国の無条件撤退のあとを受けて、挑戦に応ずることを受け入れた。国は今や新たなチームの手中ににぎられているが、実はすべてをやり直し考え直すことが必要なのだ。じっさい植民地体制は、ある種の富、ある種の資源に関心を寄せていたが、それはまさしく自国の産業に糧を与えるものにすぎなかった。地上の、または地下の資源については、これまでなにひとつ真剣な評価がなされはしなかったのである。したがって若き独立国は、植民地体制によって敷かれた経済回路の踏襲を余儀なくさせられる。この国が他の諸国、他の通貨地域に、輸出を行なうこともむろん可能であるが、それでも輸出の基盤が根本的に変化するわけではない。植民地体制はいくつかの回路を固定させてしまい、人はその維持を強いられる――さもなければ破局が訪れよう――。おそらくはすべてをやり直し、輸出の性質を変え――それも単に行く先だけを変えるのではなくて――、土地や地底や河川や太陽〔どうして太陽であっていけない理由があろうか〕を再検討する必要があるだろう。ところでそれを実行するには、人的投資以上のものが要る。資本、技術者、技師、機械工等々が……。あえて言おう、後進国の人民が指導者に勧められて従事している絶大な努力は、所期の結果をもたらさないだろうとわれわれは考えるのだ。もし労働の条件が変わらぬ限り、帝国主義諸勢力によって家畜化されたこの世界を人間化するには、数世紀を要することだろう。(原注二)

本当を言えば、われわれはこの条件を受け入れるべきでない。西欧諸国がわれわれをそこに追いこもうとしている状況は、はっきり拒否せねばならない。植民地主義・帝国主義は、われわれの領土からその旗と警察力を引きあげても、それで帳消しというわけにはゆかないのだ。いく世紀にもわたって資本家《キャピタリスト》は後進世界において、まったくの戦争犯罪人のようにふるまってきた。流刑、虐殺、強制労働、奴隷制度は、資本家が金とダイヤモンドの貯えをふやし、富を増し、その権力をうちたてるために用いた主要な手段であった。少し前にナチズムは、ヨーロッパ全土を文字どおりの植民地にしてしまった。ヨーロッパのさまざまな国の富は賠償を要求し、盗みとられた富を金銭《かね》または現物で返済するよう求めた。芸術的な作品、絵や彫刻やステンドグラスがその持ち主の手に返された。第二次大戦直後にヨーロッパ人が口にしたたったひとつの文句は、「ドイツが支払うべきだ」であった。アデナウアー氏の側からも、アイヒマン裁判が開かれたとき、ドイツ国民の名においていま一度ユダヤ人に謝罪が述べられた。アデナウアー氏はあらためて、ドイツがイスラエル国家にナチの犯罪の償いとなるべき莫大な金額を払いつづけるという約束をしたのである。(原注三)

これと同様に、もし帝国主義国がわれわれの土地から軍隊を引きあげ、また資源の発見・採掘・本国への発送を任務とする行政機関を撤退させるだけで満足するならば、重大な過ちと言語道断な不正を犯すことになるだろう。民族独立という慰藉料はわれわれの目をくらませることもなく、われわれを養うものでもない。帝国主義国の富はわれわれの富でもある。このように断定したからといって、容易に気づくように、われわれもまた普遍的な観点で西欧の技術ないし工芸の創造にかかわっていると感じる、という意味では毛頭ない。非常に具体的に、ヨーロッパは植民地国の――ラテン・アメリカ、シナ、アフリカの――金や原料で途方もなくふくれ上がったのである。ヨーロッパは今日これら大陸の面前に豪奢な塔を築いているが、数世紀来、これらの大陸からその同じヨーロッパの方角へ、ダイヤモンドや石油が、絹や木綿が、材木や異国的な産物が、流れつづけているのだ。ヨーロッパとは文字どおり〈第三世界〉の作り出したものである。ヨーロッパを窒息させるほどの富は、後進諸国の人民から盗みとられた富だ。オランダ諸港、リヴァプール、ニグロ貿易を専門としたボルドーやリヴァプールのドックなどは、連れ去られたいく百万の奴隷にその名声を負うている。われわれはヨーロッパ某国の国家首席が、その手を心臓におきながら、不幸な後進諸国民を援助せねばならぬと宣言するのを耳にしても、感謝にふるえはしないのだ。まったく逆にわれわれはこう考える、「これはわれわれに与えられる正当な補償だ」と。だからわれわれは後進国援助が、「慈善事業の尼さん」連中のプログラムであることを容認しないだろう。この援助は二重の自覚の是認でなければならぬ――それが当然自分に支払われるべきであるとする原住民の自覚と、実際に自分が支払わねばならぬとする植民地主義国の自覚と。(原注四)もし仮に頭が悪くて――忘恩でとは言うまい――植民地主義国が支払いを拒否するならば、そのときは彼ら自身の体制のきびしい弁証法が、彼らの息の根を止めることを引き受けるだろう。これはひとつの事実であるが、若い国は民間資本をあまり惹きつけないものだ。独占のこの警戒心は、多くの理由で正当化され、説明される。資本家たちは、その政府が植民地に独立を与える準備をしていると知るや否や――むろん彼らは真っ先にそれを知るのだ――、いそいで植民地からいっさいの資本を引きあげてしまう。資本のこの大々的な逃亡は、非植民地化に伴って必ず起こる現象のひとつである。

独立した国への投資のために民間企業の要求する条件は、経験に照らして受け入れがたいもの、ないしは実現不可能なものである。直接的収益性の原則に忠実な資本家《キャピタリスト》たちは、「海外」進出に当たって、初めからいっさいの長期投資に慎重さを示す。権力についた未熟なグループのいわゆる計画経済のプログラムに対して、彼らは反抗的であり、しばしばあからさまな敵意を見せる。ぎりぎりのところ、若い国家に金銭《かね》を貸すくらいは喜んで引き受けるであろうが、ただしこの金銭《かね》が製品・機械を買うための、つまりは本国の工場を回転させるためのものであるという条件においてなのだ。

じっさい西欧財界グループの不信感は、いかなる危険もおかしたくないという心づかいによって説明される。だから彼らは政治的安定と穏やかな社会的空気とを要求するのだが、独立直後の民衆全体の悲惨な状況を考慮に入れるならば、これらを獲得することはまず不可能である。すると彼らは、旧植民地が確保することのできぬこの保証を求めて、一定の駐屯部隊をおくことを要求する。あるいは若い国家が経済的ないし軍事的条約に加入することを要求する。民間企業は自国政府に圧力をかけて、自分たちの利益を保護すべき使命を帯びた軍事基地くらいは、これらの国に設置されるべきだと迫る。最後にこれら民間企業は、自分たちがこれこれの後進地域に対して行なうと決定した投資の保証を自国政府に求めるのである。

ところがトラストや独占の要求する条件を実現する国はごく少ない。だから確実なはけ口を欠いた資本は、ヨーロッパに釘づけにされて動きがとれなくなる。資本家たちが自国領土内への投資を拒むだけに、ますます動きがとれないのである。じじつこの場合の収益性はとるに足りぬもので、しかも税のコントロールのために最も大胆な資本家も投資をあきらめてしまう。

かくて状況は長期的に見て破局に瀕することとなる。資本はもはや流通しない。あるいはその流通は極度に減少している。スイスの銀行は資本を拒否し、ヨーロッパは窒息しかかってしまう。厖大な額が軍事費に吸いこまれてゆくにもかかわらず、国際資本主義は窮地に陥っているのだ。

だがまた別な危険が資本主義をおびやかしてもいる。西欧諸国はエゴイスムを発揮して動こうとしないが、そのために〈第三世界〉が事実上見捨てられ、後退でないにしても停滞を余儀なくされている限り、後進国民は集団的な自給自足体制へと進展する覚悟をするであろう。西欧の産業はたちまちにして海外へのはけ口を奪われることになるだろう。機械は倉庫に山と積まれ、ヨーロッパの市場には財界グループとトラストとの峻厳な闘いが展開されることだろう。工場閉鎖、解雇、失業は、ヨーロッパのプロレタリアートをして資本主義体制への公然たる闘争を開始させるであろう。そのとき独占は自分たちの真の利益が後進国援助にあり、それも大量に、またあまり条件をつけずに、援助することであるのに気づくだろう。したがって〈第三世界〉に属する若い国々が資本主義国にニコニコしてみせるのはまちがいであることが見てとれる。われわれは強大だ——われわれの正当な権利によって、われわれの占める位置の正しさによって。逆にわれわれは資本主義国に向かって、現代の基本的問題が彼らと社会主義体制との戦争ではないことを、述べかつ説明すべきだ。行きつくところなき冷戦に終止符をうち、世界の核武装化の準備を停止させ、後進地域に十分な投資と技術援助を行なわねばならない。世界の運命はこの問題への回答にかかっているのである。

また資本主義体制は社会主義体制をして、飢えた無数の有色人種に直面する「ヨーロッパの運命」に、かかわりを持たせようとつとめるべきでない。ガガーリン少佐の手柄は、ド・ゴール将軍がどう考えようとも、「ヨーロッパの名誉」となるような成功ではないのだ。(32) しばらく前から資本主義国家首席たち、文化人たちは、ソ連に対して矛盾した感情を含む態度をとっている。社会主義体制を抹殺すべくすべての力を結集したのちに、今や社会主義体制を考慮せねばならぬことが分かったのだ。そこで彼らは愛想がよくなり、さまざまな誘惑の駆け引きをつみ重ね、ソ連国民に対して、彼らも「ヨーロッパに属している」ことをたえず想起させようとするのである。〈第三世界〉がまるでヨーロッパを併呑しかねない潮であるかのようにこれをふりまわしたところで、人類を幸福へ導こうとする進歩的勢力を分裂させることはできないだろう。〈第三世界〉は全ヨーロッパに対して飢餓の十字軍を組織しようと考えているわけではない。〈第三世界〉が、数世紀にわたって自分たちを奴隷状態にとどめた連中から期待するものは、人間を復権させるために、至るところで人間に決定的な勝利を収めさせるために、援助の手をさしのべることだ。

しかしもとよりわれわれは、それがヨーロッパ政府の協力と善意によってなされると思うほど純真ではない。世界に人間を、全的人間を、再び導入しようとするこの巨大な仕事は、ヨーロッパの大衆の決然たる援助によってなされることだろう。ところが彼らはこれまでのところ、こと植民地問題にかんしては、共通の主人たち〔植民主義者たち〕の立場にしばしば同調してきたのであって、このことを彼らは認めなければならない。この巨大な仕事の実現のためには、まず何よりもヨーロッパの大衆が目ざめる決意をし、その頭をゆすぶって、無責任な眠れる森の美女ごっこを打ち切ることが必要であろう。

2 自然発生の偉大と弱点

暴力の考察は、民族主義政党幹部と大衆とのあいだにしばしば存在するずれ、リズムのちがいを、われわれに意識させるに至った。いかなる政治組織または組合組織においても、自己の状況の直接かつ全的な改善を要求する大衆と、雇用者側によって作り出されるかもしれぬ困難を測定して要求を制限し抑えようとする幹部とのあいだに、溝の生じるのが普通である。だからこそ幹部に対する大衆の執拗な不満が、しばしば認められるのだ。賃上げ要求の一日の行動が終わるたびごとに、幹部が勝利を謳歌するのに対して、大衆はまさに裏切られたという印象を持つ。このような要求デモがくり返され、組合の闘争が頻発するにつれて、これら大衆の政治化（politisation）は促進されるであろう――政治化した組合活動家とは、地域的な紛争が自分と雇用者側のあいだの決定的な説明にならないことを、知る者なのであるから。〔ところで〕それぞれの本国において政党の機能を学んだ原住民知識人は、大衆を動員するために、また植民地の行政部に圧力をかけるために、〔本国と〕同じような政党組織をうちたてる。植民地における民族主義政党の誕生は、知識人および商人のエリート形成と同時期だ。このエリートたちは、組織を組織としてこの上もなく重視するようになり、しばしば組織の物神崇拝が植民地社会の合理的な研究を背景に押しやることになる。政党の概念は本国からの輸入概念である。この近代的闘争の道具が、均衡を欠いた変転きわまりない現実に、奴隷制度、農奴、物々交換、家内工業、株取引などの共存する現実に、そのまま当てはめられるのである。

政党の弱点は、ただ単に、高度に発達した資本主義社会におけるプロレタリアートの闘争を指導する組織を機械的に応用したということのみにあるのではない。組織形態という面に限っても、さまざまな改革や適応がなされるべきだった。後進地域における大部分の政党の大きな誤り、その生まれつきの欠陥は、古典的図式に基づき、最も意識的な分子たち、すなわち都市プロレタリアート、職人、官吏といったような、ほとんど住民の百分の一そこそこのわずかな部分に真っ先に呼びかけてきたという点にある。

ところでこのプロレタリアートは、たとえ党のプロパガンダを理解し、その文献を読むとしても、民族解放のための仮借なき将来の闘争指令に応じる準備ははるかに不十分なのだ。すでに何度も指摘されたとおり、植民地におけるプロレタリアートは、原住民のなかでも植民地体制に最も甘やかされた人びとの中心的存在だ。萌芽状態にある都市プロレタリアートは、比較的特典を与えられた連中だ。たしかに植民地主義本国においては、プロレタリアートは何も失うものがなく、ひょっとするとすべてをこれから獲得する者かもしれない。ところが植民地におけるプロレタリアートは、ただ失うものばかりだ。じじつそれは植民地原住民のなかでも、電車やタクシーの運転手、鉱夫、波止場人夫、通訳、看護人などのように、植民地機構が着々と進んでゆくために必要なかけがえのない部分なのだ。民族主義政党の最も忠実な支持者を構成し、植民地体系のうちに占める特権的地位のゆえに原住民中の「ブルジョワ」部分を構成するのは、これらの分子である。

だから民族主義政党の支持者が何よりも都市住民であるということが理解されよう。すなわち現場主任、労働者、とくに都市在住の知識人と商人。その思考タイプはすでにさまざまな点において、彼らが形成された比較的裕福な技術者的環境の特徴を帯びている。ここにおいては「近代主義」こそ王者だ。開化を嫌う伝統と闘い、因習を改善し、かくて民族的基調を形作る古い御影石の台座に対する公然たる闘争に入りこんでゆくのも、この同じ環境の者たちである。

圧倒的多数の民族主義政党は、農村の大衆に強い不信を抱いている。じっさい彼らにはこれら大衆が、無気力と不毛さのなかに落ちこんでいるように思われるのだ。そこで民族主義政党のメンバー(都市労働者および知識人)は、地方農村に対して、ほどなくコロンと同様な侮蔑的判断を下すようになる。しかし政党が農村の大衆に向けるこの不信感を理解しようとすれば、植民地主義がしばしば地方農村を組織的に石化することによってその支配を強化し、それを築き上げたという事実を考慮せねばならない。植民地主義者の行政官ないしは軍人が、中世的構造の全能の力にたえず糧を与えているために、農村の大衆はいまだに回教道士と魔術師と部族地帯の長《おさ》とにとり囲まれて、封建的段階の暮らしを続けているのだ。

若い民族ブルジョワジー、とりわけ商業ブルジョワジーは、これら封建領主と多様な領域において対抗関係に入ってゆく。病人が医師の診察を受けにゆくこともできるのに、その道を遮ってしまう回教道士や魔術師、さっさと判決を下して弁護士を無用の存在にしてしまう村の会議(djemaas)、貿易や輸送ラインを新たにおこすために自分の政治的・行政的権力を利用する首長《カイド》たち、宗教と伝統の名において新しい取引や製品の導入に反対する部族地帯の長たちと、対抗してゆくのである。

原住民の商人や貿易者から成る新しい階級は、その発展のために、これらの禁制や〔道を遮る〕柵の撤廃を必要としている。現地人の買い手たちは、〔これまで〕封建領主らが勝手に荒らしまわれる私有猟場の観を呈し、多かれ少なかれ新製品の購入を禁じられてきたが、〔今や〕人びとの争奪の対象である市場を形成することとなる。

封建制の幹部たちは、西欧化した若い民族主義者と大衆とをへだてる衝立を形成している。エリートたちが農村の大衆に向かってひとつの努力をなすたびに、部族の長、共同体の指導者、伝統的権威者などが、警告、脅迫、破門をくり返すのだ。占領権力によっていっそう勇気づけられたこの伝統的権威どもは、地方農村に浸透せんとするエリートたちの試みの進展を、面白からぬ気持で眺めている。都市からやって来たこれら分子によって、封建制の永続という原理自体を否認する観念が導入されないとも限らぬことを知っているのだ。だから彼らの敵は、占領権力ではけっしてなく――彼らは占領権力と、つまるところ結構うまくやっている――、土着社会をばらばらにしようとしている近代主義者たち、またそのことによって彼らの生計を奪おうとしているあの近代主義者たちだ。

西欧化した分子が農民大衆に対して抱く感情は、工業国のプロレタリアートのうちに見出される感情を思わせる。ブルジョワ革命の歴史とプロレタリア革命の歴史は、農民大衆がしばしば革命のブレーキとなることを示した。工業国の農民大衆は、一般に最も意識の低い、最も組織化のおくれた、そして最もアナーキーな分子である。個人主義、不規律、儲け主義、非常な怒りと深い落胆に陥りやすい傾向――彼らの呈するこういった特徴の全体は、客観的に見て反動的態度をはっきりと示している。

民族主義政党が、西欧諸政党の方法と主張を引きうつしにすることは、すでに見たところであるが、だからこそ大部分の場合、民族主義政党はこれら農民大衆に向けてそのプロパガンダを行ないはしないのだ。じっさい、植民地社会の合理的分析がもし行なわれたとすれば、それは民族主義政党に、原住民農民が伝統的環境のなかに暮らしており、その環境の構造が無疵のままに残っていることを示したであろう――一方、工業化された国においては、この伝統的環境が、工業化の促進によって亀裂を入れられている――。植民地で個人主義的態度が見出されるのは、萌芽状態にあるプロレタリアートの内部においてである。人口調査によれば地方農村は解決不可能な問題を提起しているが、ここを放棄した土地なき農民は、ルンペン・プロレタリアートを構成し、都市の方へと押し寄せ、スラム街にひしめきあい、植民地支配から生まれた港と大都市とに浸透しようと試みる。農民大衆は、やはり変わらぬ環境のなかに生活をつづけているが、あり余った口は都市に移住するほかに手段がないのだ。元の場所にとどまる農民は、執拗にその伝統を守りつづけ、植民地社会において、共同体的社会構造を維持する規律正しい分子を代表する。なるほどこの不動の生活、厳格な枠の上に萎縮した生活が、宗教的ファナティスムに基づく動きや部族間の戦争などを一時的に生み出すことはある。だが農村大衆は、その自発性において、やはり規律に従い、愛他的である。個人は共同体の前に消滅している。

農民は都会の人間に不信を抱く。ヨーロッパ人のような服装をし、ヨーロッパ人の言語を話し、彼らとともに働き、しばしば彼らの地域に住んでいるので、都会の人間は農民から、民族遺産を構成するいっさいのものを放棄した変節漢と見なされる。都会の連中は、「裏切者、節を売った者」であり、占領者とよろしくやっているように見え、植民地体制の枠内で成功しようとつとめているやつらだ。だからこそしばしば、都会の人間は節操がないという農民の声が聞こえてくるのだ。われわれは今、都市と地方との古典的対立の前に立たされているのではない。これは植民地主義の利益からしめ出された原住民と植民地搾取を利用すべく身を処する原住民との対立だ。

そのうえ植民地主義者もまた、民族主義政党との闘争においてこの対立を利用する。彼らは都市の人間に対抗して、山奥の住民や荒地に住む人びとを動員する。沿岸地方に対して後背地をもりたて、部族に再び活を入れる。だからカロンジがカサイ州の王位につけられたのを見ても、驚くにはあたらない(1)――ちょうど数年前に、ガーナの首長会議がエンクルマに抵抗しようとしたのを見ても、驚くにはあたらなかったように。

政党は、農村地方にその組織を樹立するには至らない。既存の構造を利用してそれに民族主義的ないしは進歩的内容を与える代わりに、政党は植民地体制の枠内で、伝統的現実をくつがえすことを考える。植民地体制の鉄鎖が今なお重くのしかかっているにもかかわらず、政党は民族に帆を上げさせることができると想像しているのだ。政党は真に大衆に出会いそれに合流しようとはしない。その理論的知識を民衆のために役立たせようとするのではなく、ア・プリオリにひとつの図式で大衆を包みこもうとする。だから彼らは都会から地方へと、知られていない指導者を、あるいは若すぎる指導者を、ぽっかり空から送りこみ、その連中は中央の権威から委任されて、テント村ないしは村落を、工場細胞のごとくに引きずってゆこうと考えるのだ。伝統的首長のことは見向きもせず、またときによってはこれをとっちめることもある。未来の民族の歴史は、かくて異常なほど無造作に、地方地方の小さな歴史、つまり唯一の民族的現実《アクチュアリテ》をふみにじる――ところが本来村の歴史、徒党や部族の昔ながらの紛争の歴史は、人民に参加を呼びかける決定的行動のなかに、他のものと調和させて組みこまねばならぬものであろう――。伝統的社会において四方から尊敬を受け、一般に争う余地なき道徳的権威を帯びている長老たちが、公衆の面前で笑いものにされる。占領者の出先機関はぬかりなくこれらの怨恨を利用し、笑いものにされた権威のとるに足りぬ決意さえもちゃんと頭に入れておく。警察の弾圧、明確な情報に基づいているゆえに事情に通じた弾圧が、襲いかかる。上から送りこまれた指導者と、新たに構成された寄合いの重要メンバーが逮捕される。

挫折を蒙ると、民族主義政党の「理論的分析」はいっそう強固になる。農村大衆編成の試みが散々な目にあったことは、彼らの不信を増大し、人民のこの部分に対する彼らの攻撃性を結晶させる。民族解放闘争の勝利ののちも、同じ誤りがくり返され、それによって中央化を排し自立化を主張する傾向が培われる。植民地段階の部族主義は、民族〔国民〕的段階の地方主義に席をゆずり、それは制度的な表現を持つことになる。すなわち連邦主義だ。

だが民族主義政党の影響が僅かであるにもかかわらず、農村大衆は、あるいは民族意識の成熟してゆく過程のなかに、あるいは民族主義政党の行動を引きつぐために、あるいはまた（もっと稀だが）これら不毛な民族主義政党にとって代わるために、断乎として介入してくる。

民族主義政党のプロパガンダは、農民大衆のうちに常にそのこだまを見出す。植民地以前の時代の思い出が、村々に今も生き生きと残っているのだ。女たちは子供の耳もとに、征服に抵抗する戦士たちを見送った歌をささやく。十二、三歳で、村の子供はもう、いちばん最近の蜂起に加わった老人たちの名を知っており、またテント村ないしは一般の村に結ばれる夢は、町の子供の見るような贅沢の夢や試験に成功する夢ではなく、英雄的な死の物語によって今なおさめざめと涙を流させるこの戦士、あの戦士になりかわる夢だ。

民族主義政党が萌芽的な都市労働階級を組織しようと試みているときに、地方においては一見まったく説明不可能なものの激発を人は目撃する。それはたとえば一九四七年のマダガスカルにおける有名な蜂起である。植民地主義出先機関の態度は明白だった。すなわちこれは単なる農民一揆だというのである。だがじっさいには、例によって、ことがはるかに複雑であったことを今日われわれは知っている。第二次世界大戦のさいに、植民地の大会社はその勢力を拡張し、まだ自由であった土地をその手に収めた。またやはりこの時期に、マダガスカル島に、ユダヤ人、カビリア人、アンティル人の難民を定着させるかもしれぬということが語られた。またコロンが共謀して、南アフリカの白人を近く島に侵入させるという噂も流れた。だからこそ戦後になって、民族主義候補者リストの者が選挙に勝利を収めたのである。と、たちまちＭＤＲＡ（マダガスカル革新民主運動）の党細胞に対して弾圧が組織された。植民地主義はその目的に到達すべく、最も古典的な方法を用いた。すなわち多数の逮捕、部族同士を対立させる人種主義的プロパガンダ、組織されていないルンペン・プロレタリアート分子による新党結成。この〈マダガスカル貧民党〉（ＰＡＤＥＳＭ）と呼ばれる政党は、その決定的な挑発によって、植民地権力に秩序維持の合法的保証をもたらすことになる。ところで、一政党の粛清という前もって準備された月並な作戦は、ここで途方もない広がりを帯びる。三、四年前から、あらゆる攻撃に反駁すべく身構えていた農村大衆が、とつぜん死の危険にさらされていると感じて、植民地主義の軍隊に猛然と抵抗する決意を固めたからだ。投槍で、いやそれ以上にしばしば石や棒で武装して、人民は民族解放を目指していっせいに反乱へと突入する。その結果は周知のとおりだ〔弾圧。九万人の死者〕。

この武装反乱は、農村大衆が民族闘争に介入すべく用いるひとつの方法を示しているにすぎない。ときによると、民族主義政党が都市において警察の弾圧の対象となるさいに、農民が都市の動乱を引きつぐこともある。ニュースは拡大されて——途方もなく拡大されて——地方に伝えられる。指導者《リーダー》が逮捕された、次から次へと一斉射撃が行なわれている、ニグロの血が町にあふれている、小コロンたちは、アラブ人の血の海で水浴びしている、といったように。そのとき、積み上げられた憎悪、激しい憎悪が、炸裂する。近隣の駐在所が攻撃され、憲兵が八つ裂きにされ、小学校の教師が惨殺され、医者はたまたま不在ででもなければ命は助からない、等々……。平定の軍隊が現場に急行し、飛行隊は爆撃をはじめる。そのとき反抗の旗が掲げられ、古き戦いの伝統が再びあらわれ、女たちは喝采し、男たちは組織されて山中にたてこもり、ゲリラが開始される。農民は自発的に広汎な不安を作り上げ、植民地主義は恐怖を抱き、戦争のまっただなかにその身をおくか、ないしは交渉に移る。

農民大衆の断乎たるこの民族闘争への闖入に対して、民族主義政党はどのように反応するであろうか。大部分の民族主義政党が、そのプロパガンダのなかに武装行動の必要性を記していないことは、すでに見たところである。民族主義政党は反乱の続くことに反対ではないが、農村の人びとの自然発生性に信頼するだけで満足する。大ざっぱに言えば、彼らはこの新たな要素に対して、天からマナが落ちてきたように振舞い、これが続くことを運命に祈るのである。彼らはこのマナを利用するが反乱を組織しようとは試みない。彼らは大衆を政治化し、人びとを啓蒙し、闘争の水準を高めるべく、地方に幹部を派遣しようともしない。彼らは、大衆の行動がその動きに乗って、けっして鈍ることのないようにと期待するだけである。農村の動きが都市に波及することはありえない。それぞれは、自分固有の弁証法にしたがって勝手に変化してゆくのである。

民族主義政党は、このとき完全に自己の思いのままになる農村大衆のあいだに、指令をもちこもうとは試みない。彼らに目標を提示しようともしない。ただこの動きが無限に続いてゆき、爆撃によって絶滅されることのないようにと期待するばかりだ。したがって、この期に及んでも、民族主義政党が農村大衆を〔運動に〕統合し、それを政治化し、その闘争を高めるという、与えられた可能性を利用せぬことが見てとれる。彼らは地方農村への不信という犯罪的立場を維持しつづけるのである。

政党幹部たちは都市に身をひそめ、反徒と関係がないことを植民地主義に理解させる。あるいは外国に逃れてゆく。彼らが山中の民衆に合流するのはごく稀だ。たとえばケニアにおいては、マウ＝マウ団の反乱のさいに、著名な民族主義者はだれ一人として、この運動への所属を主張もしなければ、これらの人びとを擁護しようとも試みなかった。

実りある説明も行なわれず、民族のさまざまな階層間の比較もない。だから、農村大衆に弾圧が加えられ、植民地主義と民族主義政党のあいだに諒解が成立したのちに、とつぜん訪れる独立のさいには、この無理解がいっそう強調されてあらわれるのだ。農村の人びとは、政府の提案する構造改革にも、また社会革新にも——たとえそれが客観的に見て進歩的なものであっても——、態度を保留する。なぜなら、まさしく体制の現責任者たちは、植民地時代に全人民に向かって、党の目的、民族の向かう方角、国際的問題……などを説明してはこなかったからだ。

植民地時代、農村の者と封建領主は民族主義政党に不信を抱いていたが、それに続いて民族時代

〔独立期〕にも同じような敵意がやってくる。独立後も武装を解かなかった植民地主義者の秘密機関は、不満を養い育て、またしても若い政府に深刻な困難を作り出すに至る。要するに、政府はただ解放期の自分の怠惰さと、そのたえざる農村の人びとへの侮蔑との支払いをしているにすぎない。こうした国家は、理性的な頭、進歩的ですらある頭を持つことはできようが、その巨大な身体は相変わらずひ弱で、言うことをきかず、非協力的でありつづけるだろう。

このとき起こる誘惑は、行政を中央に集中し、人民をかたく枠のなかにはめこむことによって、この身体をぶちこわすことであろう。これこそ、後進国においてはある程度までの独裁が必要だと、しばしば言われる理由のひとつである。指導者は、農村大衆に不信を抱いている。そのうえこの不信は、深刻な形態をとりかねないものだ。それがたとえばいくつかの政府の場合にあらわれており、これら政府は独立後大分たっても、後背地を未平定の地域と見なし、国首や大臣は、国軍の演習のときでなければここに足をふみ入れる危険を冒そうともしないのだ。この後背地は、実際上、未知の土地と同視される。そして民族政府は農村大衆に対する態度において、逆説的に、植民地権力のある種の特徴を思わせる――「あの大衆がどんな反応を示すか、あまりよく分からんのでねえ。」またこれら若い指導者たちは、「この国を〈中世〉から引き出そうとすれば、棍棒が必要だ」と言うことすらためらわない。だがすでに見たように、植民地段階において政党が農村大衆に対して勝手気ままな態度をとったことは、民族の統一、民族の迅速なスタートのために、有害でしかありえなかったのだ。

ときとして植民地主義は、民族主義の圧力を分散し、解体しようと試みる。都会の「革命家」たちに長老や首長を対立させるかわりに、現地人係は部族や共同体を党に組織する。「民族の意志を体現」し、植民地体制をゆるがす危険を形作りはじめた都市政党に相対して、いくつかの小集団が誕生し、さまざまな傾向のもの、人種的ないし地方主義的基盤に立つ諸政党が、出現する。一部族全体が、植民地主義者からじきじきに智慧を授けられる政党に脱皮する。かくて円卓会議が開始されよう。このとき統一主義党は、多くの潮流のひとつとして埋没してしまうだろう。部族諸政党は中央集権と統一とに対抗し、統一主義党の独裁を非難することになる。

のちにはこの戦術が、民族内反対派によって用いられることになるだろう。解放闘争を指導した二、三の民族主義政党のなかから、占領者はどれかひとつの党を選び出す。この選択の方式はお決まりのものだ。一政党が民族全体の一致した支持を作り上げ、占領者に対して唯一の交渉相手として否応なくたちあらわれるとき、占領者はさまざまな手管を弄して最大限に交渉の時期をひきのばす。この遅延は、当の政党の要求を粉砕し、あるいは指導部からの数人の「過激」分子の排除を獲得するのに利用されるであろう。

これに反して、いかなる政党も真に権威をもってたちあらわれることのない場合、占領者は最も「もの分かりよい」と思われる政党に特典を与えることで満足する。そのとき、交渉に参加しなかった民族主義政党は、他の政党と占領者のあいだに成立した協約の弾劾にうって出る。占領者から権力を授けられた政党は、ライヴァル政党のまったく煽動的で混乱した立場が作り出す危険を意識し、この政党を破壊し、これを非合法に追いやろうとつとめる。迫害された政党は、都市周辺に、地方にと、避難するほかに手段がない。この政党は、「沿岸地方の身を売った者、首都の腐敗堕落した者」に対して、農村の大衆を蜂起させようと試みる。このときいっさいの口実——宗教的な論拠、新たな民族的権威によって実施された、伝統と絶縁する革新的措置――が利用される。開化を嫌う農村大衆の傾向が活用される。革命的といわれる主張が、実は地方の反動的、情念的、自然発生的な性格に依存するのだ。山岳部は動いている、地方は不満だ、という声があちこちでささやかれる。これこれの地帯で憲兵が農民に発砲した、増強部隊が送られた、現体制は崩壊寸前だ、といったことが確証される。反対諸党は、明確なプログラムもなく、現指導グループにとって代わるという以外の目的もなしに、農民大衆の自発的で曖昧きわまる手のなかに、その運命を委ねるのである。

これとは逆に反対派が、もはや農村大衆に依拠するのではなくて、進歩的分子に、新興民族の組合に頼ることも起こる。この場合、政府は労働者の要求に抵抗すべく大衆に訴える――要求はこのとき、反伝統主義的冒険家の策略として弾劾されるのだ。政党にかんしてわれわれが行ないえた確認は、必要な変更さえ加えれば、組合についてもそのまま見出される。植民地領土における組合組織は、初めは決まって本国の組合の地方支部であり、その指令は本国の指令にこだまのように応じるものなのである。

解放闘争が決定的段階に入ったことが明らかになると、若干の現地人組合員は民族組合の結成を決意することになる。本国から輸入された旧組織を土着民は大挙して離脱してゆく。この組合結成は、都市住民にとって、植民地主義に対する新たな圧力分子である。われわれはさきに、植民地のプロレタリアートは萌芽的プロレタリアートであって、人民のなかの最も恵まれた部分を代表する、と述べた。〔すなわち〕闘争から生まれたこの民族組合は都市に組織されるのであって、そのプログラムは何よりもまず政治的プログラム、民族主義的プログラムなのだ。しかし独立闘争の決定的段階の過程で生まれたこの民族的組合は、実のところ、自覚的でダイナミックな民族主義分子を、単に合法的組織の規律に服させるものにすぎない。

農村大衆は政党から顧みられず、相変わらず遠ざけられている。むろん農業労働者の組合はできるだろうが、この組合の結成は、「植民地主義に対して統一戦線を提示する」という形式的必要に応ずるだけで満足してしまう。本国組合組織の枠内で武器を磨いた組合責任者たちは、農村大衆を組織する術を知らない。彼らは農民とのいっさいの接触を失ってしまい、まず第一に金属労働者、港湾労働者、ガス・電気の公務員などを編成することに専心する。(3)

植民地段階のあいだ、民族主義的組合は目ざましい核部隊を構成する。都市において組合は、いかなる瞬間にも植民地経済を麻痺させることが——少なくともその機能を停止させることが——できる。ヨーロッパ植民はしばしば都市に限定されているので、示威行動がこれら植民に与える心理的影響は絶大である——電気が止まる、ガスが止まる、塵芥は集めにこない、商品が波止場でくさってゆく。

植民地の枠内における都市、すなわち本国の出島は、組合の行動に甚だ敏感である。首都によって示される植民地主義の城砦は、この痛棒に堪えることが困難だ。しかし「内陸」(農村大衆)は、この対決の局外者としてとどまっている。

見られるごとく民族全体の観点からすれば、組合の重要性と民族の他の部分とのあいだには、ひとつの不均衡がある。独立後になると、組合に編成された労働者は、自分が空転している印象を抱く。彼らが自らに課した目標は、それが達せられた瞬間に、民族建設の事業の壮大さに対してあまりにはかないものであることが明らかになる。しばしば権力と密接な関係にある民族ブルジョワジーに相対して、組合指導者たちは、もはや労働者中心のアジテーションにのみ自己を限定してはいられなくなる。農村大衆から生まれつき切り離され、都市周辺を越えたところにまで指令をゆきわたらせる能力を欠いた組合は、ますます政治的な立場を採用してゆく。実を言えば組合は、権力への候補者なのだ。彼らはあらゆる手段を用いてブルジョワジーを追いつめようとはかる。国の領土に外国基地を維持することへの抗議、貿易協定の非難、民族政府の外交政策に反対する態度表明などがそうだ。今や「独立」した労働者は空転している。組合は独立達成の翌日に早くも気づくのである——社会的要求は、もしそれが表明されれば、国民の残りの者たちの顰蹙を買うであろうということに。じじつ労働者は、この体制下における恵まれた者たちだ。彼らは、人民の最も富裕な部分を示しているのだ。労働者、港湾人夫らの生活条件改善をかちとろうとする示威は、ただ単に人気を得ないであろうばかりか、地方に住む恵まれぬ大衆の敵意を買うおそれもあるだろう。〔かくて〕いっさいの組合活動を禁じられた組合は、その場に足ぶみをすることとなる。

この気まずさは、いよいよ民族全体にかかわる社会的プログラムを作り出す客観的必要性を示している。組合は、後背地もまた光を与えられ、組織されるべきであることを、突如として発見する。だが組合は、自分たちと農民大衆とのあいだにただの一度もパイプを設けようと心掛けたことがなかったゆえに、またこの農民大衆こそまさしくこの国唯一の自然発生的な革命勢力を構成しているゆえに、組合自身の無効性を証明し、そのプログラムのアナクロニックな性格を暴露してゆくこととなる。

政治的アジテーション、労働階級偏重のアジテーションに埋没していた組合指導者たちは、こうして機械的にクーデターを準備するに至る。だがこの場合も内陸は排除されている。これは民族ブルジョワジーと労働組合とに限定された紛争である。民族ブルジョワジーは、植民地主義の古い伝統を再びとり上げて、その軍事力・警察力を誇示し、一方組合は集会を組織して、数万の加盟者を動員する。農民は、この民族ブルジョワジーと、結局のところたらふく食えるこれら労働者とに直面して、肩をすくめてこれを眺めやる。農民は肩をすくめる、なぜなら彼らは、民族ブルジョワジーも労働者も自分たちを支持勢力と見なしていることを理解するからだ。組合、政党、あるいは政府――彼らは破廉恥なマキャヴェリズムで、農民大衆を駆け引きのための無気力で盲目的な力として利用する。あたかもあるがままの暴力（force brute）として利用する。

これに反してある種の状況においては、農民大衆は決定的な形で、民族解放闘争と未来の民族が選ぶ展望とのなかに、同時に介入してゆく。この現象は後進諸国にとって基本的重要性を帯びている。だからこそわれわれは、これを詳細に検討してみたいと考えるのだ。

民族主義政党においては、植民地主義をうち砕こうとする意志が、もうひとつの意志、植民地主義と協調的に理解しあおうとする意志と、仲よく同居していることをわれわれは見た。これら政党の内部においては、ときとして二様の経過が生まれることになる。まず第一に、植民地の現実と国際状況の一貫した分析を行なってきたインテリ分子が、民族政党のイデオロギー的空洞と戦術戦略の貧弱さとを批判しはじめるであろう。彼らは指導者に、飽くことなく重大な質問を浴びせはじめる。「民族主義とは何か？　この語の背後にあなたは何をおくのか？　この言葉は何を含んでいるのか？　何のための独立か？　何よりもどうやって独立を達成できると考えているのか？」それと同時に彼らはたえず方法的な問題に厳密にとりくむことを要求しつづける。議会主義的方法に対しては、彼らは「他の何らかの手段」をこれに加えようと暗示するだろう。最初の小ぜりあいが行なわれると、指導者はさっさと、こんなものは青二歳の激情だと決めつけ、たちまちこれを片づけてしまう。だがこの要求は、激情の表現でも若さのしるしでもないのだから、この立場を擁護する革命的分子はたちまち孤立させられてゆく。自己の経験を誇る指導者は、「この冒険家、このアナーキストども」を、情け容赦もなくはねつけることになる。

党の機関は、いっさいの革新に反抗を示す。革命的少数派は、再び孤立して指導部と相対し、指導部は、自分が嵐のなかに——その様子も、激しさないしは方向も、想像のつかない嵐のなかに——まきこまれ、吹きとばされるかもしれぬと考えて、怖れおののいている。第二の過程は、その活動によって植民地主義警察の迫害にぶつかった指導層ないしは下部指導層にかかわっている。ここで指摘しておくのがよいと思われるのは、これらの人びとが、その執拗な仕事ぶりと、犠牲の精神と、模範的な愛国主義とによって、党の指導層に到達した者だという事実である。下部からやってきたこれらの人びとは、しばしばつまらぬ人夫であり、季節労働者であり、ときには文字どおりの失業者だったりする。彼らにとって民族政党のなかで活動するということは、政治をするのではなくて、動物的状態から人間的状態に移行する唯一の方法を選ぶことだ。党の頑迷な合法主義に悩まされるこの人びとは、彼らに委ねられた活動の枠内で、自主的決断《イニシアティーヴ》の精神、勇気、闘争の感覚を明らかにしてゆくが、それによって植民地の弾圧勢力にはほとんど機械的にこの連中の正体が明らかになる。逮捕され、刑を受け、拷問され、そして恩赦に浴した彼らは、緊張緩和の時期を利用してその考えを互いにつきあわせ、その決意をいっそう固くする。ハンガー・ストライキのさいに、また牢獄という共同の墓穴の激しい連帯のなかで、彼らは、やがて訪れるであろう武装闘争開始の機会を夢見つつ、自らの解放を生きている。だがそのときに外部では、四方八方から攻撃されはじめた植民地主義が、民主主義穏健派に色目を使って近寄っているのだ。

したがって、非合法主義的傾向と合法主義的傾向との完全な断絶に近い一種の分裂に人は立ち会っているのだ。非合法の者たちは、自分が好ましからぬ人物とされているのを感じる。人は自分たちを避けてゆく。この上もなく慎重な配慮を払いつつ、党の合法分子が彼らの援助にやってくるが、しかしすでに互いが異邦人だと感じているのだ。これら非合法メンバーは、そのときインテリ分子との接触に入ってゆく——数年前、彼らの立場を評価しえたからだ。合法政党と併行する地下政党が、この出会いを確固たるものにする。だがこれら回収不能の分子に対する弾圧は、合法政党が植民地主義を「内部から」変えようと試みてこれに接近するにしたがって、強化されてゆく。こうして非合法グループは、歴史の袋小路に追いこまれることとなる。

都市から追放されたこの人びとは、はじめ周辺郊外地域に結集する。だが警察の網の目はそこでも彼らを見つけ出し、彼らをして決定的に都市を離れ、政治闘争の場を逃れることを余儀なくさせる。彼らは地方へ、山岳地帯へ、農民大衆の方へと、引きさがる。はじめ大衆は、彼らを警察の探索から守りつつ、彼らを包みこむ。都市で警察と鬼ごっこをするのではなく、自分の運命を農民大衆の手に委ねた民族主義の闘士は、絶対に敗れることがない。農民のマントは、思い設けぬ愛情と力強さで、彼を包みこむ。文字どおり内陸への亡命者であり、都市地域から切り離され——その都市地域で彼らは民族と政治闘争の概念を明確にしたのであった——、この人びとは事実上、抵抗運動員《マキザール》となったのである。警察の目を逃れるためにたえず移動を余儀なくされ、人目を惹かぬよう夜陰に乗じて行軍する彼らは、こうして自分たちの国を歩きまわり、自分たちの国を知る機会を得る。カフェや、次の選挙についての議論や、これこれの刑事が悪辣だといった話は忘れられてしまう。彼らの耳は、国の真実の声を聞き、その目は人民の大きな無限の悲惨を見る。彼らは、植民地体制にかんする無益な解説に、貴重な時を空費してきたことを理解する。彼らはようやくにして理解する、変化とは改革ではなく、改善でもないであろう、と。彼らは、消えることのない一種の眩暈を覚えながら理解する、都市での政治的騒乱は、けっして植民地体制を変えることも、くつがえすこともできぬであろう、と。

この人びとは、農民に語る習慣を身につける。農村大衆がたえず、暴力、異邦人から奪還すべき土地、民族闘争、武装蜂起、といった言葉で自分たちの解放の問題を提起するのを、彼らは発見する。すべては単純だ。この人びとは、一種の不動性のなかに永遠に存在しつづける人民、だが己れの道徳的価値、民族に対する己れの愛着を、そのまま維持しつづけているところの、首尾一貫した人民を発見する。寛大な、犠牲となるべく身構えている人民、身を捧げたいと念じつつ、焦燥にかられた、石のように堅牢な誇りを持つ人民を発見する。警察に追いつめられたこれら闘士と、地団太ふむこの大衆、本能からして反逆的なこの大衆との出会いが、異常な力で爆発する混合ガスを作りうるものであることは納得される。都市から来た人びとは人民の学校に身をおき、それと同時に人民のために、政治的・軍事的養成を目指す講義を開始する。人民はその武器を磨く。実のところ、講義はそう長く続くわけではない。なぜなら大衆は、自己の力強い筋肉との親密な接触をとり戻し、指導者をして否応なくことを急がせるからだ。武装闘争の幕はかくして切って落とされる。

蜂起は政党を途方に暮れさせる。じっさい政党の方針は、いっさいの力の対決の無効なことを常に主張してきたのだし、政党の存在そのものがいっさいの蜂起をたえず断罪するものなのだ。いくつかの政党は、ひそかにコロンのオプティミスムを分け持ち、やがて血の海のなかに弾圧されるとささやかれているこの狂気の圏外にいることを、自ら祝福する。だがつけられた火は急激に広がる悪疫のごとく、国全体に伝播する。機甲部隊や飛行隊も、予期した成果を収めることができない。病の広がりを前にして、植民地主義は思案しはじめる。抑圧に手をかす人びとの内部においてすら、状況の深刻さに注意を促す声が聞こえてくる。

人民の方は、その小屋のなか、その夢のなかで、新たな民族のリズムと相通じあう。声を低めて、その胸のなかで、人民は栄光の戦士のために終わることなき讃歌をうたう。蜂起はすでに全民族のうちに浸透した。今や孤立するのは政党の番だ。

しかしながら蜂起の指導者は、いつかはこの蜂起を都市に拡大する必要を意識する。この自覚は偶然のものではない。それは、民族解放のための武装闘争の進展に重大な役を果たすところの、弁証法を確立する。地方が民衆のエネルギーの尽きることなき貯蔵所を示すとはいえ、また武装集団が地方に不安の支配を作り出すとはいえ、植民地主義はその体制の堅固さを本当に疑っているわけではない。根本的に危険にさらされているわけではない。蜂起の指導者はしたがって、敵の懐に、つまり不安もなく大言壮語を吐いている都市に、戦いを持ちこむ決意をする。

蜂起を都市の内部にもたらすことは、指導部に困難な問題を提起する。都市に生まれ都市に育った大部分の指導者が、植民地主義警察に追われ、かつ一般に慎重でもの分かりのよい政党幹部に理解されなかったために、その生まれつきの自然な環境を逃れ去ったことは、すでに見たところである。地方への彼らの引退は、弾圧からの逃避であるとともに、古い政治組織に対する不信の表明でもあった。「ところで」都市にかんするこれら指導者たちの自然のアンテナは、政党内部でよく知られている民族主義者だ。しかしまさしくわれわれが見たとおり、これら〔地方〕指導者たちの最近の歴史は、植民地主義の悪行にかんする終わることなき考察にふけっていらだっているあの小心な〔都市〕指導者たちと、平行して展開されてきたのであった。

そのうえ抵抗組織《マキ》の人びとが、旧友たち——彼らがまさしく最左翼とみなす連中——に対して行なう最初の試みは、彼らの懸念の正しかったことを立証し、昔の知合いに再会したいという気持すら奪ってしまうことになるだろう。実のところ、地方に端を発した蜂起は、都市周辺にかたまった農民部分、植民地体制のなかでいまだに仕事にもありつけぬ人びとを通して、都市に浸透してゆくのである。地方の増大する人口、植民地の土地剥奪によって、家族の地を捨てることになった人びとは、いつの日にか都会に入ることも許されようと期待して、飽くことなくさまざまな都会の周辺をぐるぐるとまわっている。蜂起が都市における槍の穂先を見つけ出すのは、この大衆、このスラム街の民衆、このルンペン・プロレタリアートの内部においてである。ルンペン・プロレタリアート、部族を離れ、仲間を離れた、この飢えたる者の群は、植民地原住民のなかの、最も自発的かつ最もラディカルな革命勢力を構成している。

ケニアにおいては、マウ＝マウ団の反乱〔一九五〇年代の民族解放を目ざす武力闘争〕に先立つ数年のあいだ、イギリスの植民地権力がルンペン・プロレタリアートに対して、無数の威圧措置をとるのを人は見た。一九五〇年から五一年にかけて、地方から森林から大挙して押し寄せる若いケニア人たち、職も得られずに、盗みをはたらき、放蕩や飲酒などにふける厖大な若いケニア人たちに、ふさわしい形でこたえるべく、警察と宣教師たちは互いに調整してその努力をつみ重ねた。植民地における年少者犯罪は、ルンペン・

プロレタリアートの存在の直接の所産である。同様にコンゴにおいては、既成秩序を乱す「若年浮浪者」どもを地方に押し返すために、一九五七年からきびしい措置がとられた。受け入れの収容所が開設され、むろんベルギー軍隊の保護のもとに、布教団に委ねられた。

ルンペン・プロレタリアートの形成は、本来の論理に従う現象であって、宣教師の厖大な仕事も、中央権力の発する法令も、その進行を阻止することはできない。このルンペン・プロレタリアートは、鼠の群のように、足で蹴ろうが石を投げつけようがやはり木の根をかじりつづけるのである。

スラム街は、何が何でも――必要とあれば底知れぬ地底の道を通っても――敵の城砦に侵入しようという、原住民の生理的決意を作り上げる。形成されたルンペン・プロレタリアート、全力で都市の「安全」にのしかかるルンペン・プロレタリアートは、逆行させることのできない腐敗を、植民地支配の中心に根を下ろした壊疽を意味している。そのとき、淫売屋の主人たち、浮浪者、失業者、普通法の犯罪者たちが、懇請されて屈強な労働者のごとくに解放闘争のなかにとびこんでくる。これら仕事にあぶれた者、階級脱落者たちは、活動家としての決定的な行動を通じて、民族の道を再び見出してゆくのである。彼らは植民地社会ないしは支配者の道徳に対して、自分の名誉を回復するのではない。まったく逆に、手榴弾とピストルの力によってしか都市に入ることができないというその無能力を身に引き受けるのだ。これら失業者、これら半人間どもは、自分自身と歴史とに対して名誉を回復するのだ。淫売婦たちもまたそうだ、二〇〇〇フランの女中たち、絶望にうちひしがれた女たち、狂気と自殺とのあいだを行きつ戻りつするすべての男と女たちは、今や均衡を回復し、歩みはじめ、目ざめた民族の大行進に断乎として加わってゆく。

民族主義政党は、彼らの分裂を早めるこの新たな現象を理解することができない。都市への反乱の侵入は、闘いの様相を変えてしまう。植民地主義の軍隊は、それまで完全に地方を向いていたのに対して、今や人と財産の安全を確保すべく大いそぎで都市の方へとって返す。弾圧はその力を分散させ、危険はいたるところに存在する。民族の土地、植民地の全体が、不安におののきはじめる。農民の武装集団は軍事的重圧が緩んでゆくのを目撃する。都市における反乱は、思いがけぬアドバルーンだ。

反乱指導者たちは、激しく熱狂的な人民が植民地主義の機関に決定的打撃を加えるのを見て、ますます伝統的政治に対する不信を強くする。獲得された成功のひとつひとつは、今や彼らがうがいと呼び、贅言、「冗談学」、不毛な騒ぎなどと呼ぶものへの、その敵意を正当化する。彼らは「政治」に対して、デマゴギーに対して、憎悪を覚える。だからこそ当初の段階では、自然発生性への信仰の文字どおりの勝利をわれわれは目にするのだ。

地方に誕生する多くの農民蜂起は、それが炸裂するあらゆるところで、偏在的民族、また一般に密度の高い民族の存在を証明する。武装した原住民の一人一人は、今や生きた民族の一塊である。これら農民蜂起は、植民地体制を危機に陥らせ、その兵力をばらばらにして動員し、たえずそれに窒息の脅威を与える。これら蜂起は、単純なひとつの教義に従っている。すなわち「民族を存在せしめよ。」プログラムもない、演説もない、決議もない、派閥もない。問題は明瞭だ。すなわち、外人は出てゆかねばならない。抑圧者に対して共同戦線を形成しよう。武装闘争によってこの戦線を強化しよう。

植民地主義の不安が続く限り、民族の目的は前進し、各人の目的となる。解放の企画が描かれ、すでに国全体がそれにかかわっている。この時期にあっては、自然発生性こそ王者だ。イニシアティーヴは各地方においてとられる。うちこんだひとつひとつのハーケンの上に、小粒の政府が形成され、権力を掌握する。谷間にまた森林に、ジャングルにまた村落に、至るところで人は民族的権威に出会う。各人がその行動によって民族を存在せしめ、地方地方で民族に勝利を収めさせるべく身を賭している。これは全体的かつ徹底的な直接性の戦略だ。自発的に形成された各集団の目的、そのプログラムは、地方の解放だ。もし民族が至るところに存在するならば、それはここに存在しているのだ。さらに一歩すすめば、それはここにしか存在しなくなる。戦術と戦略は混同される。政治の術はまったく単純に、軍事技術に変貌する。政治的活動家とは戦士のことだ。戦争をすること、政治をすること、それはたったひとつの同じ事柄だ。

すべてを奪われたこの恵まれぬ民衆、闘争と拮抗の狭い範囲内に生きることに慣れたこの民衆は、厳かな雰囲気のなかで、民族の地方的な姿を洗い清めにとりかかる。文字どおりの集団的陶酔のなかで、敵《かたき》同士の家族がすべてを水に流し、すべてを忘れる決心をする。和解が次々と行なわれる。頑強な深くしまいこまれていた憎しみが、これをより確実に根こそぎにするために、いま一度呼びさまされる。民族の称揚は意識を前進させる。民族の統一とはまず何よりも集団の統一であり、古い紛争の除去であり、奥歯に物のはさまった言い方を決定的に一掃することだ。それと同時に、その活動や占領者との共犯によって国の名誉を汚してきた土着民もまた、浄化されることになるだろう。これに反して、裏切者、身を売った者は裁かれ罰せられることになるだろう。人民は自ら企てた途絶えることのない行進のなかで、法を制定し、自己を発見し、主権者たろうと欲している。このように植民地の眠りから目ざめたひとつひとつの地点は、堪えがたい熱気のなかに生きている。村々を支配するのは、たえざる心情の吐露だ、目ざましい寛大さ、心を和やかにする善意、「目的」のために死ぬという絶対にひるがえされることのない意志だ。それらすべては、共同体、教会、神秘的信仰を思わせる。民族を引きずってゆくこの新たなリズムにいかなる土着民も無関心ではいられない。密使が近隣部族に急派される。彼らは反乱の最初の連絡機関を構成し、まだ動かぬ地域に調子と動きとをもたらすのだ。互いの執拗な敵対意識が周知のことであった部族同士すら、嬉々として喜びの涙を流しつつ武器を棄て、援助と支持を誓いあう。友愛の隊列のなかで、武装闘争のなかで、人びとは昨日の敵に合流する。民族の輪は拡大され、新たな待ち伏せ攻撃が、新たな部族の登場を歓迎するしるしとなる。各村落は、絶対的行為者でありかつ中継地である。部族間、村落間の連帯、民族の連帯は、まず敵に加えられる打撃の増加によって見てとれる。新たに形成されるグループ、新たに轟く一斉射撃は、それぞれ各人が敵を追いつめ、各人が敵と対決していることを示している。

この連帯は、敵の攻撃開始を特徴とする第二の時期において、いっそう明瞭に示されることとなる。植民地軍隊は、ことの激発を見て再び集結し、再組織され、反乱の性格に応ずる戦闘の方法を編み出す。この攻撃は、第一の時期の幸福に酔った楽園の雰囲気を再び否認しようとする。敵は攻撃を開始し、いくつかの明確な地点に大部隊を集中する。地方集団は、あっという間に包みこまれてしまう。当初、戦闘を真っ向から受けとめようとする傾向があっただけに、いっそうこの結果を招きやすいのだ。第一の時期に支配的だったオプティミスムが、このグループを大胆に、さらには無意識にさせているのである。自己のうちこむハーケンが民族そのものであることを確信しきった集団は、それを引き抜くことを受け入れず、退却することにも堪えられない。損害は厖大であり、人びとの心には疑念がどっと入りこむ。集団は、地域的襲撃を、決定的な試練として身に蒙る。彼らは文字どおり、国の運命がいまここに賭けられているかのごとくに行動するのだ。

だが人は理解した、植民地体制の運命を直ちに清算しようとするこの主意主義的な激烈さは、その場主義の理論として、自らを否定しなければならないことを。この上もなく日常的、実際的なリアリズムが、昨日の心情吐露に代わり、永遠の幻影にとって代わる。事実の教訓が、敵の砲撃にうち倒された肉体が、事件の全体的再解釈をうながす。生きのびようとする単純な本能がより流動的で敏捷な態度を命じる。戦闘技術のこの変化は、アンゴラ人民による解放戦争の初めの数ヵ月の特徴だ。一九六一年三月十五日、アンゴラ農民が二、三千のグループを成してポルトガル軍陣地に襲いかかったことは、記憶に新しい。男が、女が、子供が、武器を持てる者も持たぬ者も、その勇気、その熱狂にかられて、コロンと兵士とポルトガル国旗の君臨する地域に、密集したかたまりとなって波状的に押し寄せたのだ。村々が、飛行場が、包囲され、くり返し攻撃されたが、また数千のアンゴラ人が植民地主義者の砲撃にうち倒された。反乱の指揮者たちは、真に自分の国を解放しようとするならば他の方法を見つけねばならぬということを理解するのに、そう長い時を必要としなかった。だから数ヵ月来、アンゴラの指導者《リーダー》であるハルダネ・ロベルト[4]は、さまざまの解放戦争を考慮し、ゲリラの技術を用いつつ、〈アンゴラ民族解放軍〉を再組織したのである。

じじつゲリラの場合、闘争は現在自分のいる場所で行なわれるのでなく、出かけてゆく場所において行なわれるのだ。戦士の一人一人は、戦う祖国を、その素足の指のあいだに持ちはこんでいる。民族解放軍は、敵と一度かぎりの決戦を挑む軍隊ではなく、村から村へと移動し、森林に後退し、そして谷間に敵部隊の上げる砂埃が認められると欣喜雀躍する軍隊だ。部族は動きはじめる。グループは土地を変えて移動する。北の者は西に向かって動きを起こし、平野の者は山岳地帯に上ってゆく。いかなる戦略陣地も特権を与えられはしない。敵はわれわれを追跡していると思っているが、こちらは常に巧みにたちまわって敵のうしろに位置し、敵がわれわれを殲滅したと思ったその瞬間に攻撃をかける。こうなれば、敵を追跡しているのはこちらの方だ。最新の技術、巨大な火力をもつ敵が、泥に足をとられ、ずぶずぶとはまりこんでゆく印象を与える。われわれは歌う、高らかに歌う。

しかしその間に反乱の指導者は、これら集団を啓蒙し、教化し、理論を与え、軍隊を作り上げ、権威を集中化する必要を理解する。民族の細分化は、民族が武装していることを示すものであったが、これは今や修正され、のりこえられることを求めている。都市における空しい政治の空気を逃れた指導者たちは、再び政治を発見する——但しそれはもはや人を眠りこませる技術ないしは瞞着する技術としてではなくて、闘争を強化し、かつ明晰に国を指導できるよう人民を訓練する、唯一の手段としてである。反乱の指導者は気づくのだ、農民蜂起は、たとえ壮大なものであろうとも、やはり統制され方向を示されるのを求めていることを。指導者は、農民蜂起という限りでの行動を否定せざるをえなくなり、かくてこれを革命的戦争へと変えてゆく。彼らは発見する、闘争が成功を収めるには、明瞭な目標、明確な方法、とりわけ大衆の行なう努力が一時的なものとして消えてゆく力学を大衆自身知っていることが前提だ、と。大衆が内に持つ怨恨を利用すれば、三日は持ちこたえられる。ぎりぎりのところ三ヵ月はたえられる。が、民族戦争に勝利を収めることはできない。敵の怖るべき軍隊装置を潰走させることはできない。もし戦士の意識を高めることを忘れれば、人間を変えることはできない。激しい勇気も、美しいスローガンも、それだけでは不十分だ。

そのうえ解放戦争の発展は、指導者の信念に決定的打撃を与える役を負っている。じじつ敵は戦術を変更する。凶暴な弾圧政策に、敵は機を見て緊張緩和の派手なジェスチャーや、分裂の駆け引きや、

「心理作戦」などを加味する。あちこちで、挑発者を使い、いわゆる騒乱対策を行なって、部族戦争に再び生命を与えようと試み、しかもこれに成功する。植民地主義は、その目標を実現するために、二つのカテゴリーの土着民を用いるであろう。まず第一は伝統的な協力者たち、長老、首長《カイド》、魔術師たちだ。すでに見たごとく、何ごとも起こらぬ不動の生活にはまりこみ、それをくり返す農民大衆は、宗教上の長たち、古い豪族の後裔たちを、やはり尊敬しつづけている。部族はたった一人の人間同様に、伝統的な長老の指示する道に入りこんでゆく。役得をちらつかせ、高い金を払って、植民地主義はこれら腹心たちの奉仕をわがものとしてゆくだろう。

植民地主義はまたルンペン・プロレタリアートのなかにも、厖大な駆け引きの余地を見出してゆく。したがって、民族解放のあらゆる運動は、このルンペン・プロレタリアートに最大の注意を払わねばならない。ルンペン・プロレタリアートは、常に反乱の呼びかけに応じて立ち上がる。だがもし反乱がこれを無視して進展しうると考えたなら、ルンペン・プロレタリアート――この飢えたる階級離脱者の群――は、武装闘争にとびこみ、紛争に参加してゆくだろうが、この場合は抑圧者の側に立ってであろう。ニグロたちをして互いに食いあいをさせる機会を絶対に逃さぬ抑圧者は、ルンペン・プロレタリアートの無意識と無知とを、もののみごとに利用するだろう。待命中のこの予備役の人びとは、反乱側が直ちにこれを組織せぬ場合、傭兵として植民地軍隊の側に立つであろう。アルジェリアにおいて、ハルキとメッサリ派(5)の供給源となったのはルンペン・プロレタリアートであった。アンゴラにおいて、今日ポルトガル軍の隊列の先頭に立って道を切り開いてゆく前衛部隊の者たちは、ルンペン・プロレタリアートの出である。コンゴ〔現在のザイールにあたる〕においては、カサイ州とカタンガ州の地方独立主義者のデモのなかに、ルンペン・プロレタリアートが見出され、また他方、レオポルドヴィルにおいては、コンゴの敵どもの手によって、自然発生的な反ルムンバ派集会を組織すべくルンペン・プロレタリアートが利用されたのであった。

敵は反乱勢力を分析し、植民地原住民によって構成される相手の全体をますます緻密に検討して、民衆のある層のイデオロギー的脆弱さと、精神的な不安定さを悟る。厳格でがっちりと構成された反乱前衛と平行して、敵は大勢の人びとの存在を発見する——それは、生理的悲惨と、卑屈と、無責任さとに、あまりに慣れ親しんだために、その反乱への参加がたえず疑問視される危険のある人びとだ。敵はこの連中を利用するだろう。むろん高い金銭を払うのは覚悟の上だ。敵は銃剣と、見せしめの処罰とによって、自発性を作り上げるだろう。ドルとベルギー・フランがコンゴに注入される一方、マダガスカルでは反ホヴァ族(6)の暴行が次々と起こり、またアルジェリアにおいては、真正の人質である新規徴集兵が、フランス軍に登録されるのである。文字どおり、反乱指導者は民族がくつがえされるのを見る。いくつもの部族が総動員でハルキを構成し、近代兵器を与えられ、戦争への道を辿り、民族主義的環境というレッテルをはられたライヴァル部族に侵入してゆく。反乱当初は非常に豊かで壮大なものであった全員一致の戦いは変質する。民族の統一は崩壊し、反乱は、決定的な転回点に達する。このとき大衆の政治化が、歴史的必要性として認められるのである。

原住民民衆を一挙に絶対的な主権にまで導こうと意図した目ざましい主意主義、民族の全部分を同じ歩度で同じ照明をあてつつ自分が持ちはこんでいるという確信、希望の基礎となったあの力、これらは経験によって非常に大きな弱点であることが明らかになる。原住民は、原住民の状態から独立民族の主権者である市民の状態へと過渡期もなく移行しうると考える限り、また自分の筋肉の直接性という幻影にしがみつく限り、認識の道における本当の進歩を実現できはしなかった。その意識はごく初歩的なものにとどまっていた。原住民はすでに見たごとく、情熱的に闘争に入ってゆく——とりわけそれが武装闘争である場合には——。農民は、それまで事実上、反植民地的な生活に立ってぴりぴりと神経をとがらせていただけに、熱狂して反乱にとびこんだ。ずっと以前から、さまざまな手管を弄し、手品師のみごとな技を思わせるように巧みに身の均衡をとりつづけてきたために、農民は植民地の強制から比較的その主観性を守りつづけていた。その結果、植民地主義は本当に勝利者ではないのだと考えるに至ったのだ。農民の誇り、町に降りてゆくことや異邦人の建設した世界に近づくことを拒む態度、植民地行政府の代表が接近するとたえず身をひこうとする動き、それらはコロンの善悪二分法に対して農民が自己の善悪二分法を対置させていることを、常に示していた。

反人種主義の人種主義（racisme anti-raciste）、植民地の抑圧に対してする原住民の回答を特徴づけるところの自己の皮膚を擁護する意志、これはもとより闘争に参加する十分な理由を示している。だが、憎しみないしは人種主義を勝利させるためにのみ、ひとつの戦争を支え、巨大な弾圧に堪え、自分の家族全員の死に立ち会うことはできない。人種主義、憎しみ、怨恨、「復讐の正当な欲望」は、解放戦争に糧を与えるわけにゆかない。これら意識をよぎる稲妻は、肉体を騒然たる道に投じ、準病理学的な夢幻状態に投げ入れる——この状態において、他者の顔は私を眩暈に誘い、私の血は他者の血を呼び求め、私の死は単なる惰性によって他者の死を呼ぶ——。だがこの当初の大いなる情熱は、それが自己の実体を糧として身を養おうとすれば解体する。なるほど植民地主義軍隊のたえざる暴虐は、闘争に再び感情的要素を導入し、活動家に新たな憎しみの動機、「うち倒すべきコロン」を求めにゆく新たな理由を与えはするが、しかし指導者は、憎悪がプログラムを構成しえぬものであることを日々理解してゆく。〔とはいえ、もとより〕人はよほどのへそまがりでない限り、敵を信頼することなどできるものでない――敵はむろんたえず巧みにその犯罪をつみ上げ、「溝」を深め、かくて民衆全体を反乱の側に追いやってゆく。だがいずれにしても、われわれが指摘したように、敵は住民のいくつかの集団、いくつかの地域、何人かの長老たちの共感を得ようとはつとめるのだ。闘争の過程で、コロンと治安警察に指令が下される。彼らの態度は微妙に和らげられ、「人間的になる。」コロンと原住民の関係に〈ムッシュ〉とか〈マダム〉とかいった表現すら導入されるようになるであろう。慇懃な言葉、親切な行為が、次々と重ねられよう。原住民はかくて具体的に、ひとつの変化に立ち会う印象を受けるのだ。

ただ単に飢えて死に瀕しているという理由や、自己の社会の崩壊に直面しているという理由だけではなく、同時にコロンに動物視され、動物のように扱われたという理由で武器をとった原住民は、このような処置にきわめて敏感に反応する。憎悪は、思いがけず見出したこれら心理によって、雷管をはずされる。技術専門家、社会学者は、植民地主義者の駆け引きに光を与え、「コンプレックス」にかんする多くの研究をつみ上げる。欲求不満のコンプレックス、好戦的コンプレックス、植民地化されやすいコンプレックス、などだ。現地人が抜擢され、心理面への働きかけとむろんいくばくかの金銭によってその武装解除が試みられる。このけちな処置、見せかけだけの――とはいえ巧妙に按排された――補修は、若干の成功を収めるに至る。原住民の飢えはあまりにもひどく、自己を人間化するいかなるものに対しても――たとえ割引きされた人間化であれ――まったく抑制のきかぬ渇望を抱いているために、これらのほどこしは地域的に原住民を動揺させることができるのだ。原住民の意識は非常に不安定であり、非常に不透明なものであるために、わずかばかりの輝きにあっても感動する。当初の無差別な光に対する大きな渇望は、たえず瞞着におびやかされる。大空に稲妻を走らせるような激しく全体的な要求は、後退し、つつましいものになる。すべてを食いつくそうとしていた獰猛な狼、真正の革命を実行しようとしていた疾風は、闘争が続くと（それは必ず続くのだ）、もとの形も見分けのつかぬものになりかねない。原住民は、どのような譲歩によってであれ、常に武装を解除される危険をはらんでいる。

　反乱の指導者は、この原住民の不安定さを見出して慄然とする。はじめは途方にくれているが、彼らはこの新たな角度から、説明の必要を、また埋没した意識を徹底的に引き上げてゆく作業の必要を、理解する。なぜなら戦争は継続するからだ。敵は組織を整え、強化され、原住民の戦略を見抜くからだ。民族解放戦争とは、ある空間的なもの、困難なものだ。人の堪える苦痛は、植民地時代のあらゆる苦痛を凌駕するものだ。下の町では、コロンが変化したように見える。われわれの仲間は以前よりも幸福になった。尊敬されているからだ。こうして日が過ぎてゆく。だが闘争に参加している原住民、支持を与えつづけるべき民衆が、ぐらついてはならないのだ。彼らが目的は達せられたなどと考えることがあってはならないのだ。闘争の真の目標を明確に示されたとき、それを不可能であると考えるようなことがあってはならないのだ。再び言おう、説明せねばならない、人間は、どこに行くのか、どのようにして行くのかを知らねばならない。戦いはひとつの戦闘ではなくて、多くの地域の戦闘の連続であり、実を言えば、その戦闘のどれひとつとして関ケ原ではないのだ。

　したがって、己れの戦力を按排して、一気にそれを天秤にかけてしまわぬ必要がある。植民地主義の持つ予備軍は、原住民のそれよりも豊富であり、優勢だ。戦争は継続する。敵は抵抗する。大規模な説明は、今日のためのものでも明日のためのものでもない。実を言えばそれは第一日目からはじめられており、それが終わるのは、もはや敵がいないからではなくて、ただ単に敵がさまざまな理由から、この闘争を終えて原住民民衆の主権を認めるのが自己の利益であることを悟るからだ。闘争の目標は、初めの日々のように何もかも混同された状態にとどまっていてはならない。その警戒を怠ると、敵がわずかばかりの譲歩をするたびに、民衆が戦争継続の理由を疑うのを、始終目にすることにもなりかねない。占領者に侮蔑を示され、何が何でも抑圧を継続するというその意志を表明されることに原住民はまったく慣れきっているので、一見寛大に見える処置が講ぜられるたびに、善意が示されるたびに、それは驚きと歓喜で迎えられるのだ。原住民は、そのとき〔喜びのあまり〕思わず歌いだしたくなる。〔だからこそ〕何度も説明をくり返し、活動家に、敵の譲歩で目が見えなくなってはならぬことを、理解させる必要がある。これら譲歩は単なる譲歩以外の何ものでもなく、本質とはかかわりがない。そして原住民側の展望からするならば、ひとつの譲歩は、それが植民地体制の本質的なものにふれぬ限り、けっして本質とかかわりがないと断言することができるのだ。

占領者の存在の凶暴な形態はまさしく完全に姿を消すこともありえよう。だが実のところこの形態が派手に消滅することは、占領者の出費の軽減であり、勢力分散を防ぐ積極的措置であることが明らかになる。しかもこの消滅は、たいへんな値で支払われる。ほかでもない、国の運命をより強制的な枠のなかに入れるという値で支払われるのである。歴史的ないくつかの例が引かれよう。その例によって、人民は納得することができるだろう——譲歩という仮面、何が何でも譲歩の原則を適用することが、ある国々にとって、目にはつかなくなったがより完全な隷従という結果をもたらしたことを。

人民が、活動家の全員が、ある種の譲歩は実のところ首に鉄輪をはめてつながれることであるという歴史的法則を知ってゆかねばならない。啓蒙の仕事が行なわれていないとき、ある種の政党の指導者が旧植民地とのあやしげな取引にやすやすと入りこんでゆくのを見て、人は一驚する。原住民は、植民地主義が自分にいかなるものもただでくれぬことを、納得すべきである。政治闘争ないしは武装闘争によって原住民が獲得するものは、コロンの善意や思いやりの結果ではない。それはコロンにとって、これ以上譲歩を遅延させることが不可能になったことを示しているのだ。それにもまして、原住民は知らねばならない――これは植民地主義の譲歩ではなくて、原住民の譲歩だということを。イギリス政府がケニア議会の議席のいくつかをアフリカ人に与えると決定するとき、これがイギリス政府の譲歩だと主張するには、よほどの厚顔無恥かよほどの頓馬でなければならない。これはケニア人民が譲歩したのだと、人は見ないであろうか？　植民地の民衆、すべてをはぎとられた民衆は、これまで彼らを特徴づけてきた精神的態度を棄てることが必要だ。ぎりぎりのところ、原住民は植民地主義との妥協（compromis）を受け入れることはできるが、自己の良心をごまかす危険な取引（compromission）を受け入れることは絶対にできない。

これらいっさいの説明、次々と意識にあてられる照明、さまざまな社会の歴史を認識する道へと進むこと、これらはひとつの組織の枠内で、また人民を掌握した限りにおいて、はじめて可能になる。この組織は、反乱当初に都市からやって来た革命的分子と、闘争の進展にしたがって徐々に農村地方に合流する者たちとを利用して、設立される。反乱の政治組織の萌芽を構成するのは、この核である。だが農民の側でも、経験に基づいてその知識を精緻なものとし、人民の闘争を指導する能力のあることを示してゆくだろう。戦闘態勢を整えた民族とその指導者とのあいだには、相互に教化しあい豊かにしあう潮流が確立される。伝統的な教育施設は強化され、深められ、ときには文字どおり変えられる。紛争の仲裁所、村の寄合いは、革命裁判所に、政治・軍事委員会に変貌する。戦闘集団の各々に、またひとつの村に、無数の政治委員が出現する。あちこちに顔を出している無理解の小島にぶつかりはじめた民衆は、政治委員によって光を与えられるであろう。このように、政治委員は怖れることなく問題に接近してゆく。その問題が明らかにされぬ場合には、人民を逆に迷わせることに寄与するからだ。じっさい多くの現地人が山岳地帯で起こっていることとは関係がないといったように、重大な動きの開始されたことを知らないかのように、相も変わらず都会での生活を続けているのを見て、武装した活動家は苛立つものだ。素知らぬ顔で沈黙する町、日常的なつまらぬことの継続、それらは農民に、民族の大きな部分が見物人としてスコアを数えるだけで満足しているという苦い印象を与える。この確認が農民をますます反抗にかり立て、都会の者を十把ひとからげに軽蔑弾劾する傾向を強化する。政治委員は、住民のある部分が特殊な利害を持っており、それは必ずしも民族の利害にそのまま対応するものではないことを意識させて、その立場を和らげるように仕向けねばなるまい。そのとき人民は、民族独立が多様な現実の存在をあばき出すこと、それら現実はしばしばまちまちのものであり、敵対的なものであることを理解する。まさにこの瞬間の説明は決定的だ。なぜならその説明が人民を、大ざっぱで無差別な民族主義から、社会的経済的意識へと移行させるからだ。当初はコロンの素朴なマニ教的善悪二元論を、つまり白人と黒人、アラブ人と欧州人という二元論をとり入れていた人民は、道を歩みながら気づくのである――黒人が白人より白人であるということも起こるのだ、将来ひとつの国旗を持ち、独立国家を形成する可能性があるとはいえ、それが住民のある層に自動的にその特権ないしその利益を放棄させるものではないのだ、と。人民は現地人のある者たちが、自分たちのように方角を見失うこともなく、己れの物質的状況と生まれつつある権力とを強化するために戦争を利用しているように見えることに気づくのである。これら現地人は、不正取引を行ない、人民の犠牲において文字どおり戦争から利益を引き出し、一方人民は例によって何から何まで自己を捧げ、その血によって民族の土地を潤している。原始的な手段を用いて植民地主義の戦争機関と相対する活動家は、植民地の抑圧を破壊すると同時に、間接的にもうひとつの搾取機構の建設に寄与していることを理解する。この発見は不快なものであり、苦渋に満ちたものであり、憤激をそそるものだ。ところが以前はすべてが単純だった——一方には悪人、他方には善人がいたのだ。当初のこの牧歌的で非現実的な明るさに、今や意識を解体する薄暗がりがとって代わる。人民は、搾取という不正な現象が、黒人ないしアラブ人の外観を呈することもありうるのを発見する。人民は、裏切りだ！　と叫ぶが、この叫びは訂正せねばならない。裏切りは民族的なものではなくて、社会的裏切りなのだ。人民に、泥棒！　と叫ぶことを教えねばならないのだ。合理的認識への困難な道のりを辿りつつ、人民は、支配者に対する彼の見方を特徴づけていた単純さをも、棄ててゆかねばならないだろう。彼の目の前で、種族は細分される。自分の周囲で、ある種のコロンは犯罪的なヒステリーに参加しておらず、コロンの種族と区別されることを彼は認める。人が無差別に異邦人の存在という一枚岩のなかに投げこんできたこれらの人間は、実は植民地戦争を弾劾しているのだ。これらコロンの種族の典型が、反対側につき、自己をニグロないしはアラブたらしめ、苦痛、拷問、死を受け入れるとき、まさしくスキャンダルが爆発するのだ。

このような例は、原住民が外国からやってきた植民に対して抱く十把ひとからげの憎悪を和らげる。原住民はこれら数人の人びとを熱い愛情でとりまき、一種感情的な過大評価で、彼らに絶対的な信頼を寄せる。仮借なき残忍な継母のごとくに見られていた本国においても、多数の声、ときには著名な人びとの声が上がり、立場を明らかにし、自分たちの政府の戦争政策を歯に衣きせずに弾劾し、また原住民の民族的意志を考慮せよと勧告する。兵士たちは植民地主義者の隊列から脱走し、他の兵士は、人民の自由に反対して戦うことを公然と拒否し、牢獄に入り、この人民の独立の権利の名において、人民が自ら自己の事業をつかさどる権利の名において、苦しみを甘受する。

コロンはもはやただ単純にうち倒すべき人間ではない。植民地主義者の構成員が、民族のある種の息子たちよりは、民族主義的闘争に近い、ずっと近い、ということが明らかになる。人種的かつ人種主義的段階は、二つの方向に向かってのり越えられる。もはやニグロまたは回教徒であれば、だれでも本物であることを示す免状を発行されるわけではない。またどんなコロンがあらわれても、直ぐに銃や蛮刀を手にとろうとするわけではない。〔しかし〕意識は、部分的な、限界のある、不安定な真実に、なかなか近づくものではない。したがってこういったことは、想像されるように、非常に困難なことである。〔だが〕人民を成人にするという仕事は、組織の厳格さと、その指導者のイデオロギー的水準との両者によって、容易なものとなるであろう。イデオロギーの力は、闘争の展開、敵の駆け引き、勝利と敗戦などを経験するにつれて、徐々に練り上げられ、強化されてゆく。指導部は誤りを告発し、意識が後退するごとにそれを利用して教訓を引き出し、新たな前進の条件を確保してゆくことによって、その力と権威を明らかにする。地域的逆流のひとつひとつは、すべての村落、すべての地下組織を含んだ次元の問題を再考すべく、利用されるであろう。反乱は、ひとつのことをきっかけにして人民の意識を前進させるそのたびに、自分自身にその合理性を証明し、またその成熟を表現する。ときとして指導部をとりまく人びとが、微妙なニュアンスは危険である、団結した民衆に断層を導き入れる、と考えることもあるが、それでも指導部は、民族闘争からひき出された原理、また人間が自己の解放のために行なう普遍的な闘争からひき出された原理に、確固たる信念を抱きつづける。微妙なちがいや個人的ケースを無視する粗暴さで、典型的に革命的なものがある。だがまたこれと驚くほど似かよった別の粗暴さ、しかも典型的に反革命的、冒険的、無政府的なものも存在するのだ。この純粋で全面的な粗暴さは、即座にこれと戦わぬ限り、間違いなく数週間後には運動の敗北をもたらすのである。

指導者の煽動的かつ改良主義的な駆け引きに傷つき、「政治」に失望して都市を逃れた民族主義の活動家は、具体的実践を通じて以前のものとはもはや似ても似つかぬ新たな政治を発見する。この政治とは、歴史のなかに挿入された責任者、指導者が、その筋肉、その頭脳によって、解放闘争の指導を引き受けてゆく政治である。この政治は、民族的、革命的、社会的な政治だ。原住民が今ようやくにして知ろうとしているこの新たな現実は、行動によってしか存在しないものだ。闘争こそが、古い植民地的現実を粉砕し、未知の面をあらわにし、新たな意味を出現させ、この古い現実によって隠されていた矛盾を明らかにする。闘う人民、闘争のおかげでこの新たな現実を整備し、それを知ることのできる人民は、植民地主義から解放され、いっさいの瞞着の試みや、いっさいの盲目的愛国心をあらかじめ警戒しつつ、前進してゆく。ただ人民によって行使される暴力、また指導部によって組織され光を与えられた暴力のみが、大衆をして社会的現実を見分けさせ、その現実の鍵を与える。この闘争、実践におけるこの認識なしには、ただお祭りと楽隊の響きが残るばかりだろう。わずかばかりの社会への再適応、上部での多少の改革、ひとつの国旗、そしてはるか下方では、混沌として常に「中世的」な大衆が、永遠にうごめきつづけることになるだろう。

3　民族意識の悲運

反植民地主義の闘いは、一気に民族主義《ナショナリスム》の展望《パースペクティヴ》のなかにあらわれるものではない。これは、まさしく歴史の教えるところである。長いあいだ植民地原住民は、強制労働、体刑、賃金差別、政治的権利の制限といった不正の撤廃に、その努力を傾けてきた。人間の抑圧に抵抗して民主主義《デモクラシー》を目指すこの闘いは、しだいに普遍主義のネオ・リベラリズム的混迷を脱し、しばしば難渋しながら民族の復権要求に進み出ようとしている。だが、エリートの準備不足、大衆とのあいだの有機的関係の欠如、エリートの怠惰さ、そして有体に言えば闘争の決定的瞬間における卑劣さが根源となって、さまざまの悲劇的な不幸がまさに生まれようとしているのだ。

民族意識は、民衆全体がその胸にふかく秘めた願望の整然たる結晶でもなく、民衆動員の生み出す最も具体的直接的成果でもなく、所詮は単なる内容空疎な、脆弱な、大ざっぱな一形態にとどまるであろう。そこに見出される断層の数々は、新興独立諸国において人が容易に民族《ナシオン》から種族《エトニー》へ、国家から部族へと移行する理由を、十二分に説明する。この亀裂こそ、幾多の逆行現象が、民族の飛躍的発展や民族の統一にとって、いかに痛ましく有害であるかを理解させるものだ。のちに見るごとく、これらの弱点とそこにひそむ重大な危険とは、後進国の民族ブルジョワジーが民衆の実践を理性化（rationaliser）する能力を、つまりそこから理性をひき出す能力を欠いていたということの、歴史的帰結である。

後進国における民族意識の典型的な、ほとんど先天的とも言えるこの弱点は、単に植民地体制に手足をもがれた原住民の不具化の結果ではない。それは、また民族ブルジョワジーの怠惰さと、貧しさと、極度に国際的《コスモポリット》な精神形成との所産でもあるのだ。

植民地体制の末期に権力をにぎる民族ブルジョワジーは、後進ブルジョワジーである。その経済力は無にひとしく、所詮、彼らがとって代わろうとする本国ブルジョワジーのそれとは、比べものにならない。主意的なナルシシスム（narcissisme volontariste）におちいった民族ブルジョワジーは、有利な立場で本国ブルジョワジーの後釜にすわれるものと、簡単に思いこんでしまう。けれども独立は民族ブルジョワジーを文字どおり窮地におとしいれ、今や彼らのうちに破局的な反応を誘発し、彼らはやむをえず旧本国に向かって苦悶に満ちた訴えの声をあげることになる。大学人や商人などからなる指導層は新しい国家の最も開花した部分を構成するが、まさしくその特徴は、彼らが少数であること、首都に集中していること、商業・農業経営・自由業がその活動の型であるということだ。この民族ブルジョワジー内部には、産業資本家も金融資本家も見当たらない。後進国民族ブルジョワジーは、生産・創造・建設・労働の方向に向けられていない。その全体がそっくり仲介型の活動に集中されているのだ。回路のなか、駆け引きのなかに身をおくこと、これが彼らの深い使命であるかに思われる。民族ブルジョワジーは産業指導者の心理ではなく、商売人〔仲介業者〕の心理を持っている。もっとも、コロンの貪欲さや植民地主義が設けた輸出禁止制度のゆえに、彼らにほとんど選択の余地がなかったこともたしかである。

植民地制度のもとでは、資本を蓄積する〔民族〕ブルジョワジーなどまったくあるわけがない。ところで、後進国における真正の民族ブルジョワジーの歴史的使命とは、まさしくブルジョワジーとしての自己を否定すること、資本の道具としての自己を否定すること、民衆という革命的資本の全面的な奴隷になりきること、であると思われる。

後進国における真正の民族ブルジョワジーは、彼らが向かうべく運命づけられていた天職を裏切ること、人民の学校に身をおくこと、つまり、コロンの大学に通っていた当時にもぎとった知的・技術的資本を民衆の自由な使命に委ねることを、その緊急の義務とせねばならない。だが不幸にしてわれわれは、民族ブルジョワジーが、英雄的で積極的《ポジティヴ》な、実り多くして正当なこの道をかなりしばしば踏みはずし、古典的ブルジョワジーの道、ブルジョワ的ブルジョワジーの、のっぺらぼうに愚劣に臆面もなくブルジョワ的であるブルジョワジーの道、反民族的であるがゆえに怖ろしい道へと心安らかにふみこんでゆくのを見るであろう。

さきに述べたとおり、民族主義諸政党の目標は、一定の時期から厳密に民族的なものとなる。これらの党は、独立というスローガンで民衆を動員するが、その他のことは将来に委ねてしまう。彼らが独立を要求する国家の、経済計画《プログラム》は何か、うちたてようとしている体制はどのようなものか、それを問うても彼らは答えることができない。というのも彼らはまさに自国の経済についてまったく無知だからだ。

この経済は、常に彼らと無関係に発展をつづけてきたものである。自国の土地にまた地下に、現にありまた潜在している資源について、彼らは本から仕入れた概略の知識しか持っていない。だから抽象的・一般的な次元でしかこれを語ることはできないのだ。独立達成後になると、数は限られ、資本も持たず、革命の道を拒否しているこの後進ブルジョワジーの、無残な停滞がはじまる。彼らはその天分を自由に発揮することもできない――以前は少々軽率にも、植民地主義の支配によってこの天分の発揮が妨げられているとうそぶくことができたのだが。資力の不安定と指導者の不足のために、彼らは幾年ものあいだ、家内工業型経済を余儀なくされる。国の経済は、その展望が不可避的にきわめて限定された、いわゆる地方特産物に基礎をおく経済となる。家内工業にかんする大演説が幾度もぶたれよう。国のためにも自分のためにもより利益のあがる工場の設立が不可能ななかにあって、ブルジョワジーは家内工業を、排他的愛国的な愛情でつつむことになる――この愛情は新たな民族的尊厳の線にそうものであり、そのうえ己れに実質的な利益をも得させることになるだろう。地方特産物へのこのような拝跪、新たな方向をうちだすことのこの不可能性は、これはまた民族ブルジョワジーが、植民地時代特有の農業生産に埋没してゆくこととなってあらわれる。

独立後の国の経済は、新たな方向づけを与えられはしないのだ。相も変わらず落花生の収穫、カカオの収穫、オリーヴの収穫が問題なのだ。同様に基礎的生産物の貿易にも何ら修正が加えられない。国内にいかなる工業もおこされない。相も変わらず原料を輸出し、相も変わらずヨーロッパの小農そのままに未加工生産物の専門家でありつづける。

にもかかわらず、民族ブルジョワジーは経済の国有化、商業部門の国有化を要求してやまない。それは彼らにとって国有化ということが、経済全体を国民《ナシオン》に奉仕させるという意味ではなく、つまり国民《ナシオン》の全要求を満足させるべく決意するという意味ではないからだ。彼らにとって国有化とは、新たな社会的諸関係——その開花を促進すべく決意した諸関係——にしたがって国家を整備することではない。彼らのいわゆる国有化とは、植民地時代からひきついだ不当な諸特典を、一部土着民に譲渡せよという、まさにそれだけの意味にすぎないのだ。

このブルジョワジーは、十分な物質的手段も知的手段（技師・専門家）も持たぬゆえに、その要求を、かつてコロンに占められていた代理店や商社の奪還に限定するであろう。民族ブルジョワジーは、かつてのヨーロッパ人コロンにとって代わる。すなわち医者、弁護士、商人、代理人、支配人、運送業者などの座を占める。祖国の威信と己れの保身のために、これらの地位《ポスト》をひとつ残らず占めるべきだと考えているのだ。今後は外国の大会社がこの国で地歩を維持したいと願うにせよ、新たにここへ侵出する意図を持つにせよ、民族ブルジョワジーはそれら大会社に、おれたちの手を通さなければならぬと要求することになる。民族ブルジョワジーは、仲介者の役割という自己の歴史的使命を発見するのだ。見られるごとくこれは国家《ナシオン》を変革する使命ではなく、ぱっとしない話だが、偽装を余儀なくされて今日新植民地主義の仮面をかぶっている資本主義への、橋渡し役をつとめるという使命だ。コンプレックスを持つこともなく、すっかりもったいぶった民族ブルジョワジーは、西欧ブルジョワジーの代理人の役割を得々とつとめようというのだ。このうまみのある役割、このしがない働き、この視野の狭さ、この野心の欠如は、民族ブルジョワジーがブルジョワジーの歴史的役割を果たす能力を持たぬことの象徴である。どの民族ブルジョワジーにも見られるダイナミックな開拓者の風貌、発明家にして世界の発見者たる風貌が、ここでは無残にも欠如しているのだ。植民地の民族ブルジョワジーのうちには、享楽者の精神が君臨している。それというのも彼らは、西欧ブルジョワジーから全知識を吸いとって、心理的次元において西欧ブルジョワジーと一体化しているからだ。当初の探検と発明の段階は西欧ブルジョワジーがともかくもかちえた経験であるが、彼らはこの段階を通過することもなしに西欧ブルジョワジーの否定的、頽廃的側面の後を追う。植民地の民族ブルジョワジーはその出発点において、西欧ブルジョワジーの終末と一体化している。いくつかの段階を省略したのだと考えてはならない。実際は、終わりからはじめているのだ。思春期や青年期時代の疾風怒濤も、大胆不敵も、主意主義も識らずに、はや老化現象を呈しているのだ。

民族ブルジョワジーはその頽廃面において、異国情緒や狩猟やカジノ好きの観光客として姿を現わす西欧ブルジョワジーにより、少なからぬ援助を与えられよう。民族ブルジョワジーは西欧ブルジョワジーのために、保養娯楽や歓楽の施設を設ける。この活動は観光事業の名でよばれ、当面、一種の国家産業として扱われるだろう。元植民地原住民たるブルジョワ分子は、西欧ブルジョワジーのための「レジャー」の組織者になりかわりかねない――その証拠が欲しければラテン・アメリカでの事態を思いおこすがよい。メキシコやハバナの賭博場《カジノ》(1)、リオの海水浴場、ブラジル娘、メキシコ娘、十三歳の混血娘たち、アカプルコ、コパカバーナ、すべて民族ブルジョワジーの頽廃の汚名である。民族ブルジョワジーは、思想を持たぬゆえに、自己に閉鎖しているゆえに、また民衆から遮断され、民族全体との関係において問題のすべてを考えることの先天的無能力に冒されているゆえに、西欧諸企業の管理人の役割を引き受け、実際には祖国をヨーロッパの淫売宿に作りかえてゆくのである。

いま一度、ラテン・アメリカのいくつかの共和国の無残な光景を思い浮かべねばならぬ。合衆国の実業家、大銀行家、テクノクラートは、ひと飛びで「熱帯地方に」降りたち、一週間か一〇日間、彼らのいわゆる「インディアンの地域」が提供するあまい頽廃にはまりこむのである。

民族農場主の振舞いは、実際上、都市ブルジョワジーのそれと軌を一にする。富裕な農民は、独立が宣言されるや否や、農場の民族化を強く要求してきた。彼らはさまざまな策を用いて、かつてコロンが所有していた農場を奪取することに成功し、かくてその地域一帯に彼らの支配を強化する。しかし農業を革新しようとはせず、その生産を高め、あるいは真に民族的な経済のなかにそれを統合しようとも試みはしない。

じっさい農場主は国家に対して、かつて外国人コロンが浴していた便益・特典を百倍にして与えよと要求するだろう。農業労働者の搾取は強化され、合法化されるだろう。これらの新コロンは、二、三のスローガンを操りながら、もちろん国をあげての努力という名において、農業労働者に重労働を課そうとしている。農業近代化は行なわれず、発展計画もなく、イニシアティーヴもとられはしないだろう。なぜならたとえ僅かなりとも危険を伴うイニシアティーヴは、この連中に恐慌を惹起し、逡巡する用心深い地主ブルジョワジーを混乱に陥れるからだ。彼らは、植民地主義によってしかれた回路のなかに、しだいに深く埋没してゆく。これら諸地域においては、イニシアティーヴは政府がとるべきものとされる。それを定め、促進し、それに融資するのは、政府であるとされる。農業ブルジョワジーはどんなに些細な危険もおかそうとしない。彼らは賭や冒険に対して敵意を抱いているのだ。砂上に楼閣を築くつもりなどさらさらない。堅牢なもの、素早く成就するものを要求するのだ。その懐にころげこむ利益は、国民所得を考慮すれば桁はずれの額にのぼるが、それもけっして再投資されることはない。へそくれるだけへそくろうという心理がこれら農場主を支配している。往々にして、なかんずく独立につづく幾年かのあいだ、ブルジョワジーは、祖国の土地から引き出した利益を外国銀行に預金することもためらわない。一方莫大な金額が、華美な消費に、車や別荘に、つまり経済学者によって後進ブルジョワジーの特徴として書き立てられたあらゆるものとなって用いられるのだ。

権力の座につく原住民ブルジョワジーが、以前は異邦人によって占められていた地位を残らず占めるべく、その階級の攻撃性を発揮することはすでにのべたとおりである。果たせるかな独立の翌日になると、彼らは植民地主義の一味——弁護士、商人、土地所有者、医師、高級官吏——と衝突する。「民族の尊厳を辱める」これらの人びとに、今や仮借ない闘いを挑むのだ。彼らは精神的に指導層の民族化、指導層のアフリカ化なる概念をふりかざす。だが実際には、彼らの行動はしだいに人種主義の色あいを濃くしてゆく。臆面もなく、彼らは政府に対して問題を直截に提起する。われわれにはこれらの地位《ポスト》が必要だ、と。そして、それを残らず占めてしまわぬ限り、その憤懣やるかたない声を弱めることもないだろう。

一方、都市のプロレタリアート、厖大な失業者、零細手工業者、通常世間で職人と呼ばれる人びとも、以上に述べた民族主義的態度に加担するが、彼らにも一理はあるだろう。彼らはブルジョワジーの態度をそっくり真似ているだけのことなのだから。民族ブルジョワジーがヨーロッパのブルジョワと競争関係に立つとすれば、手工業者と職人たちは他国者《よそもの》のアフリカ人に対して闘いを開始する。コートディヴォアールにおいてあらわれた、反ダホメ〔現在のベナン〕、反オートヴォルタの文字どおり人種主義的暴動がこれである。小売商人のなかに勢力をはっていたダホメ人とオートヴォルタ〔現在のブルキナファソ〕人は、独立の翌日、コートディヴォアール人側からの敵意のこもった示威行動にさらされる。問題は民族主義《ナショナリスム》から、ウルトラ・ナショナリスムに、排外的愛国主義《ショーヴィニスム》に、人種主義《ラシスム》にと、移行したのである。人びとはこれら他国人の退去を強要する。店を焼き払い、屋台をうちこわし、私刑《リンチ》をくわえる。と、果たせるかなコートディヴォアール政府は彼らに出発するよう督促し、かくて国民に満足を与えるのである。セネガルでは、それはかのスーダンに敵対する示威となり、ママドゥ・ディア氏をして次のごとく述べさせることとなる。(2)「実を言えば、セネガルの人民は、指導者《リーダー》たちへの敬愛の情からマリ連邦という神話を採用したにすぎない。マリ連邦への加入は、指導者の政策に対する新たな信頼の行為という以外に、何の意義もないものだ。だがセネガルの領土は、マリ連邦への加入によって生気を失ったわけではない。それどころか、ダカール〔セネガル首都〕にいたスーダン人があまり大っぴらにその存在を誇示したために、かえってこれがセネガル領であることを想起させる結果になったのである。このような事実こそマリ連邦の瓦壊が悔まれるどころか、逆に人民大衆のなかで安堵とともに迎えられたこと、連邦存続を支持する声がまったくどこからも上がらなかったことを、説明するものである。(原注二)」

若干の階層のセネガル人は、自らの指導者の差し出す機会にとびついて、商業部門であれ行政部門であれ、目の上の瘤であるスーダン人を厄介ばらいしようとした。一方コンゴ人は、ベルギー人の大量引き揚を不信の念を持って見守ったのちに、レオポルドヴィルやエリザベートヴィルに定住したセネガル人に圧力を加え、これを退去させようと決意を固めるのである。

見られるごとく、この二種類の現象においてメカニスムは同一である。新興国の知識人や商業ブルジョワジーの貪婪な欲望に制限を加えるのがヨーロッパ人であるとすれば、都市の群衆にとっては、主として他国のアフリカ人が商売敵の代表に見える。コートディヴォアールでは、それがダホメ人であり、ガーナではナイジェリア人、セネガルではスーダン人なのだ。

ブルジョワジーが提出する指導層のニグロ化あるいはアラブ化といった要求が、民族化の真正の意図から出たのではなく、単にそれまで外国人の掌中にあった権力を握らんがための顧慮に照応するものであるとき、大衆は大衆のレベルで同じ要求を表明するが、そのさいアラブ人ないし黒人の観念をただ国境の問題に限定してしまう。大陸はひとつ、という感動的な主張と、指導層から吹きこまれたこのような大衆の行動とのあいだに、さまざまな態度を描き出すことができる。しだいに消えゆくアフリカ統一の声と、この上もなく醜悪でこの上もなくとげとげしい排外的愛国主義《ショーヴィニスム》への絶望的な復帰とのあいだに、不断の往復運動が見られるのである。

「セネガル人の側では、アフリカ統一の主要な理論家であった指導者《リーダー》たち、またこの思想のために自己の地方的政治組織と個人的立場をいくども犠牲にしてきた指導者《リーダー》たちが、たしかに善意から出たものではあれ、否定できない責任を負うている。彼らの誤謬、われわれの誤謬は、バルカン化と闘うという口実のもとに、領土拡張主義《テリトリアリスム》というこの植民地主義以前の事実を考慮に入れなかったことである。われわれの誤謬は、分析にさいして、この現象に十分な注意を払わなかったことだ——この現象は、植民地主義の産物であるとともに社会学的事実でもあって、いかに賞讃すべき統一の理論、いかに共感を呼ぶ統一の理論も、これを根絶することはできない——。われわれは建設という、精神にとって実に甘美な蜃気楼に、ただうっとりと魅せられていた。そして理想を現実と思いこみ、領土拡張主義とその当然の所産たる小型民族主義《ミクロ・ナショナリスム》をただ口で非難しさえすれば、これを克服することもでき、また夢のようなわれわれの企ての成功を保証することもできると考えたのである。(原注二)」

セネガル人の排外的愛国主義《ショーヴィニスム》からウォロフ族(3)の部族主義に至るまで、その道のりの遠かろうはずはない。そして実際、民族ブルジョワジーが、そのさもしい振舞いと理論的立場の曖昧さのために、民衆全体の啓蒙に成功しなかったすべてのところ、問題をまず第一に民衆との関連において提起することに成功しなかったすべてのところにおいて、さらにこの民族ブルジョワジーがその世界観を十二分に拡げる能力のないことを露呈したあらゆるところにおいて、人は部族主義的立場への逆流を目撃する。激しい怒りにかられながら、種族《エトニー》の荒れ狂う勝利に立ちあうのである。ブルジョワジーの唯一のスローガンが「外国人にとって代わろう」である以上、また彼らがあらゆる部門で自分の権利を認め、他人の地位を奪うことを急いでいる以上、小民族主義者たち、たとえばタクシーの運転手、菓子売子、靴みがきなども、同様に、ダホメ人が国に帰ることを要求することになる。いやそればかりか、フールべ人とプル人(4)に、自分の未開墾地ないしは山岳地帯に戻れと要求することになる。

新興独立諸国において、あちこちで連邦制度が勝利しているという事実は、こういう全体的視野《パースペクティヴ》において解明されねばならない。周知のように植民地支配は、若干の地域のみに恩恵を与えた。植民地の経済は国家《ナシオン》の全体に統合されるものではない。それは常にそれぞれの本国に対する補完関係におかれている。植民地主義はけっしてと言ってよいほど一国全体を開発することはない。植民地主義は天然資源を明るみに出し、それを採掘し、本国の工業に向けて輸出し、かくしてこれが植民地の一部に相対的富裕を可能ならしめることで満足する——一方植民地の残余の部分は、後進性と窮乏にあえぎつづけ、あるいは少なくともそれをいっそう深めるのである。

独立を達成するや否や、繁栄した地域に住む国民は己れの幸運を自覚し、無意識の第一次反射作用によって、他の地域の国民を扶養することを拒むものだ。落花生、カカオ、ダイヤモンドを豊富に産する地域は国《ナシオン》の残りの部分で構成される空っぽのパノラマの前に、くっきりとたちあらわれる。これら富める地域の国民は、他地域の国民を憎々しげに眺めやり、そこに羨望、貪欲、殺人の衝動を発見する。植民地化以前の古い敵対意識が、種族《エトニー》相互間の昔の憎悪が、よみがえる。バルバ族はルルア族を養うことを拒む。カタンガ州は一つの国家となり、アルベール・カロンジは南カサイの王位に即くのである。(5)

アフリカの統一——曖昧なスローガンではあるが、これはアフリカの男たち女たちを熱狂的に惹きつけ、また植民地主義の頭上にすさまじい圧力を加えるという戦術的意義を有していた。しかしこのスローガンは今やその素顔をあらわし、同一の民族的現実の内部において数々の地方分立主義《レジオナリスム》に細分化される。民族ブルジョワジーは己れの直接的利益の追求を焦るあまりに、いわば爪先より遠くが見えないために、単なる民族的統一すら実現する力もなく、堅牢かつ豊饒な基盤の上に国家《ナシオン》を築きあげる力もないことを暴露する。かつて植民地主義を後退させた民族戦線は解体し、その敗北をなめつくす。

諸種族・諸部族が交える仮借なき闘い、外人の退去で空席になった地位《ポスト》を占めようとするあの攻撃的配慮は、また同様に宗教的対立をも生み出すことになる。地方で、未開墾地、もろもろの小教団、地方宗教、回教の祭祀が息をふきかえし、破門につぐ破門のサイクルを再び開始するであろう。大都市における行政府首脳のレヴェルでは、二大天啓宗教、すなわち回教対カトリックの対決が見られるであろう。

統一アフリカの生誕をつきつけられて土台をゆさぶられた植民地主義は、今やその勢力《ディマンシオン》をとりもどし、運動のあらゆる弱点を利用しつつこの統一の意志を粉砕しようと試みる。植民地主義は「宗教的《スピリチュエル》」な反目の存在を暴露することにより、アフリカ諸国の民衆を動員しようとする。セネガルでは『新しいアフリカ』紙が、毎週イスラム教とアラブ人への憎しみをふりまくであろう。西海岸で小売商人の大半を握っているレバノン人は、民族的制裁の的にされる。宣教師たちはこのときとばかり、黒人の大帝国がヨーロッパ植民地主義到来のはるか以前に、アラブ人の侵略によって崩壊したということを大衆に想起させる。ヨーロッパ植民地主義の地盤を準備したのはアラブ人の占領である、と人は公言する。アラブ帝国主義が論じられ、イスラムの文化侵略が告発される。回教徒は一般に、指導的地位から遠ざけられる。また別の地域においては逆の現象が生じ、キリスト教徒となった土着民が、民族独立の客観的かつ意識的な敵対者と見なされる。

植民地主義は破廉恥にも、こうしたあらゆる策を弄し、昨日は植民地主義に抗して同盟を結んでいたアフリカの人民を、今は得意満面で相互に反目させる。ある人びとは聖バルテルミーの虐殺〔フランスで一五七二年八月二十三日夜から二十四日にかけて行なわれた新教徒虐殺事件〕のことをはっきりと思い描く。そしてアフリカ統一のはなばなしい声明を耳にするとき、植民地主義は静かに冷笑を浮かべる。同一国家《ナシオン》の内部において宗教は民衆を分割し、植民地主義とその手先によって養われ強化されたさまざまの宗教的共同体を相互に対立させる。まるで思いもよらぬ事件が、そこここに勃発する。カトリックないしはプロテスタントの優勢な国においては、少数派の回教徒が、異常なまでの信心にとびこんでゆくのを人は見る。イスラムの祭祀が再び活発に行なわれ、回教はカトリックの暴力的専制から少しずつ身をまもる。そのような人びとに向かって大臣たちが、不満ならカイロに行けばよかろう、と言うのが聞こえてくる。アメリカのプロテスタンティスムは往々にして、カトリックへの偏見をアフリカの土壌に移植し、宗教を通して部族間の反目を養うのである。

大陸的規模においては、この宗教的緊張が最も卑しい人種主義の衣をまといかねない。アフリカは白い部分と黒い部分に区分される。サハラ以南のアフリカ、以北のアフリカ、といった別名も、この潜在的人種主義を隠しおおせるものではない。こちら側では人は主張する、白いアフリカは千年もの文化的伝統を有し、地中海世界に属し、ヨーロッパの延長であり、ギリシャ・ラテン文化を共有する、と。黒いアメリカは、無気力で、粗暴で、未開の地域……野蛮な地帯であると見なされる。あちら側では女性のヴェールについて、一夫多妻について、アラブ人がきっと女性を蔑視しているだろうことについて、朝から晩まで聞くにたえない言葉が耳に入る。こうした言葉はどれもこれも、その攻撃的な性格のために、あれほどしばしば伝えられるコロンによるかげ口を想起させる。これら二大地域の民族ブルジョワジー、植民地主義思想の最も腐敗した根源までをも同化した民族ブルジョワジーは、ヨーロッパ人のあとをつぎ、アフリカの未来にとって怖ろしく有害な人種主義の哲学を大陸にうちたてる。その怠惰と猿真似とによって、民族ブルジョワジーは、植民地時代の特徴をなす人種主義をここに扶植し、それを強化することに力をかす。したがって、アフリカの国と称する或る国で、まさしく人種主義にほかならぬ言葉を耳にし、パリやブリュッセルあるいはロンドンにいるかのような苦い印象を残す温情主義的行動の存在を認めたところで、何ら驚くにはあたらない。

アフリカの一部の地域には、黒人にかんして苦情を並べたてる温情主義《パテルナリスム》が、また黒人は論理や科学をうけつけないという西欧文化に由来する卑猥な思想が、むきだしのまま君臨している。ときには黒人少数派が半奴隷状態に閉じこめられていることさえ認められ、このことは、黒いアフリカ諸国が白いアフリカ諸国に対して抱いているあのような慎重さ、つまりは不信の念を正当化するものである。黒いアフリカの一市民が白いアフリカの大都市を散歩していて、子供たちから「ニグロ」呼ばわりされたり、役人たちからニグロ・フランス語〔片言のフランス語〕で話しかけられたりするのも、稀なことではない。

サハラ以北の中学に学ぶ黒いアフリカの生徒たちが、同級生から、きみの国には家があるのか、電気というものを識っているか、家庭では人肉を食う習慣があるか、などとたずねられることも、不幸にして稀ではない。サハラ以北の一部の地域において、サハラ以南の国々から来たアフリカ人が、「どこでもいい、ただしニグロといっしょのところに」連れてってくれ、と懇願する同国人に行き会うことも、不幸にして稀ではない。同様に黒いアフリカの一部新興国では、議員たち、いや大臣までが大真面目で、危険なのは、植民地主義によって国が再び占領されることではなく、「北方出の狂暴なアラブ人ども」が攻めこんで来かねないことだ、と断言するありさまである。

見られるごとく、ブルジョワジーの任務不履行は、単に経済の分野にのみ現われるのではない。狭隘な民族主義《ナショナリスム》の名において、また人種の名において、権力の座についたブルジョワジーは、形式上は実にみごとな言明にもかかわらず——もっともそれは、およそ内容空疎で、ヨーロッパの道徳論あるいは政治哲学論から直輸入の文章を完全な無責任さにおいて操る代物だが——ヒューマニズムの最も初歩的な教理すら勝利させえぬ無力さを立証せんとしている。ブルジョワジーが強力で、己れの力のままに世界を動かしているとき、それはためらうことなく、普遍化を自負する民主主義思想を公言する。経済的に堅牢なこのブルジョワジーが、そのヒューマニズムのイデオロギーをも尊重しなくなるほどに追いつめられるには、よほど異常な条件が必要だ。西欧ブルジョワジーは、根底からの人種差別主義者であるにもかかわらず、通常この人種主義にさまざまなニュアンスを重ねてこれを偽装することに成功する。その結果、彼らは人間の高い尊厳にかんするその宣言を、無疵のまま保持しうるのだ。

　西欧ブルジョワジーは、己れが搾取し侮蔑している者との対立を、現実に恐れなくともよいほどに、十分に柵や垣を作り上げた。ニグロと「ビコ」〔前出。アラブ人の蔑称〕に対する西欧ブルジョワジーの人種主義は、侮蔑の人種主義である。相手をないがしろにする人種主義である。しかしながらブルジョワ・イデオロギーは人間の本質的平等の宣言でもあって、自分が体現する西欧的人間性の典型を通して半人間の人間化を促すことにより、どうにか自分自身と辻つまをあわせるのである。

　新興民族ブルジョワジーの人種主義は防御の人種主義、恐怖にもとづく人種主義だ。それは本質的に、卑俗な部族主義と異なるものでなく、ましてや徒党や教団間の対立抗争と異なるものではない。世界各国の烱眼な観察者たちが、アフリカ統一の高らかな叫びを真に受けなかったことは理解できる。というのも、一見して分かる亀裂の数は大変なものであり、アフリカ統一の日の到来以前にまずこれらすべての矛盾の解決されねばならぬことが、はっきり予感されているからだ。

　近年アフリカ諸国の民衆は自己を発見し、アフリカ大陸の名において、植民地体制を徹底的に圧迫する決意を固めた。だがあちらこちらの地域で慌てて自分の身代を築き、搾取の国家的体系を設立するにいそがしい民族ブルジョワジーは、この「ユートピア」の実現を阻む障害を増大させている。己れの目標を知悉している民族ブルジョワジーは、この統一を阻止しよう、愚鈍と飢えと非人間性とに同時にうちかつための二億五千万の人びとの協同の努力を阻止しよう、と決意を固めている。だからこそわれわれは、アフリカの統一が、人民の圧力と人民の指導のもとにのみ、すなわちブルジョワジーの利害を無視することにおいてのみ、達成されることを知らねばならぬ。

内政の見地からしても、制度的に見ても、民族ブルジョワジーは同じくその無能ぶりを立証しようとしている。いくつかの後進国において、議会活動は根本的にペテンである。経済的に無力であり、階級としての支配の原則に基づく首尾一貫した社会関係を作り上げることもできぬブルジョワジーは、最も安易と思われる解決法、単一政党という解決法を選択する。ただ経済力と国家機構の掌握のみが与えうるあの安らかな良心とあの平穏さとを、彼らはいまだにわがものにしてはいない。彼らは国民を安心させるような国家を創るのではなく、不安を与える国家を創るのだ。

その堅牢さと慎重さとによって国民に信頼を与えるべき国家、民心を和らげ、これを安眠させるべき国家が、逆にこれみよがしに幅をきかせ、権力を誇示し、混乱におとしいれ、暴力をふるい、かくして国民に対し、彼らがたえず危険にさらされていることを告げ知らせている。一党制とは、仮面をぬぎ、粉飾をかなぐりすて、なに憚るところのない、破廉恥なブルジョワ独裁の近代的形態である。

この独裁は、実のところ、あまり進展するものではない。それはそれ自体の矛盾をたえまなく分泌しつづける。ブルジョワジーが、その支配を確保して国民全体にパン屑をばらまくための経済力を持たぬゆえに、そのうえ、できるだけすばやく、しかもこの上もなくあさましく、私腹を肥やすことに没頭するゆえに、国はますます沈滞に陥ってゆく。またこの沈滞を覆いかくし、この退行を糊塗し、自分を安心させ、ふんぞり返る口実を持つために、ブルジョワジーは、首都に壮大な建造物を建てること、いわゆる威信保持の消費をなすこと以外に、何の策も持っていないのである。

民族ブルジョワジーはしだいに国内問題に背を向け、未開発の国の現実に背を向けて、旧本国の方へ、外国の資本家の方へと眼をはせる。外国の資本家は、かくて民族ブルジョワジーの奉仕を確保するのだ。民族ブルジョワジーは、そのもうけを民衆に分配することもなく、また外国の大会社から払いこまれる利権料をいささかも民衆に利用させはしないのであるから、体制を安定させかつブルジョワ支配を永続させるという二重の役割を負うた大衆的指導者《リーダー》が必要になる。後進国のブルジョワ独裁は、一人の指導者《リーダー》の存在からその堅牢さを引き出しているのだ。周知のごとく先進国では、ブルジョワ独裁はブルジョワジーの経済力の所産である。これに反して後進国では、指導者《リーダー》が道徳的な力をあらわしており、ひょろひょろした無一物の新興国ブルジョワジーは、そのかげにかくれて私腹を肥やそうと決意するのだ。

長年のあいだ、指導者《リーダー》の語る姿を眺め、あるいはその言葉に耳を傾け、遠くから、いわば夢みるように、植民地宗主国と指導者《リーダー》との確執を見まもってきた民衆は、いつの間にかこの愛国者に信頼を寄せるようになる。独立前には一般に、指導者《リーダー》は民衆の熱い願いを、すなわち独立、政治的解放、民族の尊厳といった祈願を、一身に具現していた。だが独立達成の翌日には、指導者は民衆の要求を具体的に体現するどころか、また民衆の真の尊厳――パンと、土地と、民衆の聖なる手に国を委ねることとからくる尊厳――の推進者たらんとするどころか、今やそのひそかな機能を明らかにすることとなる。すなわち民族ブルジョワジーによって構成されるところの、享楽に目のない便乗者どもの会社の会頭という機能である。

指導者《リーダー》は、多くの場合、誠実で、その声明は心からのものであるが、にもかかわらず客観的に言えば、今日結合した民族ブルジョワジーと旧植民地諸会社の利益の熱心な擁護者だ。しかもその誠実さとは純粋な心的傾向にすぎず、時がたつにつれて風化してゆく。大衆との接触があまりに非現実的であるゆえに、指導者《リーダー》は、人が自分の権威を恨んでいる、祖国へのさまざまな奉仕を疑っている、と確信するにいたる。指導者《リーダー》は大衆の忘恩をきびしく批判し、日ごとに少しずつ心を固めて搾取者の陣列に加わってゆく。そのとき彼は、すべてを十分承知のうえで、腐敗と享楽のうちにたちさわぐ新興ブルジョワジーの共犯者に変身するのだ。

新興国の経済回路は、新植民地主義的構造のなかに不可逆的にはまりこむ。国の経済は、かつては保護されていたものだが、今日では文字どおり指導されている。予算は借款によって、また贈与によって、まかなわれる。四半期ごとに、首相自らが、あるいは政府代表団が、旧本国その他に赴いて資本を漁るのである。

旧植民地宗主国はつぎつぎと要求を発し、譲歩と保証をかき集め、しだいに警戒をといて、民族国家《ナシオン》の権力が自己の隷属下にあることを隠そうともしなくなる。民衆は、無残にも耐えがたい窮乏にあえぎつづけ、やがてのろのろと、指導者たちの言語道断な裏切りに気づく。この目ざめは、ブルジョワジーが階級として構成されることができぬだけに、それだけ鋭いものだ。ブルジョワジーが行なう富の分配は、さまざまの異なった部門に広げられもせず、諸階層に及ぼされることもなく、少しずつ階級間格差を埋めるものでもない。新しい特権層《カースト》の出現は、人口の十分の九にあたる圧倒的多数が飢えで死につづけるがゆえに、いっそう侮辱的であり、いっそう人を憤激させるものだ。この特権層《カースト》の破廉恥な、迅速な、容赦なき富裕化は、民衆の決定的覚醒を、暴力の明日を約束する意識の目ざめを伴っている。ブルジョワ特権層《カースト》、すなわち祖国の富全体を自己の儲けにしてしまうこの国民《ナシオン》の一部は、今や一種の論理、それも思いがけぬ論理により、他のニグロたちあるいは他のアラブ人たちに対して、種々の点でかつての植民地宗主国を代表する者どもの人種主義を思わせるような軽蔑的な判断を下そうとしている。今や〔民衆の〕反省や態度を硬化させるものは、民衆の窮乏であるとともに、ブルジョワ特権層《カースト》の常規を逸した富裕化であり、また同時に国民《ナシオン》の残余の部分に対する特権層のおおっぴらな侮蔑である。

しかしこうして生まれる脅威は、権威の強化と独裁の出現を導くであろう。指導者《リーダー》は、活動家でありまた献身的愛国者であった過去を背後に持っているが、この特権層《カースト》のたくらみを保証し、これらブルジョワの厚顔や凡庸、心底までの背徳性に目を閉じるために、今や自ら民衆と貪婪なブルジョワジーをへだてる衝立となる。彼は民衆の自覚を遅らせることに貢献する。この特権層《カースト》を救いにかけつけ、民衆の目から彼らの策略を隠蔽し、かくて大衆を瞞着し大衆を眠りこませる仕事の熱烈な職人となる。民衆に呼びかけるたびごとに、彼は自己の生涯を——それはしばしば英雄的生涯であった——、人民の名において彼が行なった戦闘を、人民の名において彼が収めた勝利を想起させ、かくして大衆に向かい、諸君はわたしに信頼を寄せつづけねばならぬと告げる。先輩たちの用心深い政治闘争のなかに、民族主義的性格を持つ或る決定的なスタイルを導入したアフリカの愛国者たちの例は、枚挙にいとまがない。この人びとは未開墾地の出身である。支配者を大いに顰蹙させ、また都会に住む同国民を大いに恥じ入らせながら、彼らは自分たちがあの未開墾地の出であり、ニグロの名において語っているのだと公言したのである。ところが、己れの人種を謳歌し、そのあらゆる過去——退化と食人の風習——を引き受けたこの人びとが、今日では何と、未開墾地に背をむける連中の先頭に、人民の使命は今もまたいつまでも自分のあとについてくることだと公言する連中の先頭に立っているのだ！

指導者《リーダー》は民衆を鎮撫する。独立後幾年もたつというのに、民衆を具体的な事業に誘うこともできず、民衆のために真に未来を開くこともできず、民衆をして国家《ナシオン》建設の道に、つまりは民衆自らの建設の道に歩み出させることもできぬ指導者《リーダー》が、独立の歴史をくどくどとくりかえし、解放闘争の聖なる団結を想起させるさまが見られるのである。指導者《リーダー》は、民族ブルジョワジーを粉砕することを拒むがゆえに、民衆にむかって、過去にひきかえせ、独立をもたらした叙事詩に陶酔せよ、と求める。指導者《リーダー》は──客観的には──民衆の歩みを停止させ、あるいはひたすら民衆を歴史から追放し、あるいは執拗に、民衆が歴史に強固な地歩を占めるのを妨害する。解放闘争の期間中、指導者《リーダー》は民衆をゆり動かし、民衆に英雄的で徹底的な進撃を約束していた。今日では、彼は民衆を眠りこませるためにさまざまな努力を傾け、一年に三度か四度、人民に向かって、植民地時代のことを思い出せ、踏破した長い道のりをはかれ、と求めるのだ。

ところで言っておかねばならないが、踏破した道のりをはかることにかけては、大衆は完全な無能ぶりを示すのだ。相も変わらず土地を引掻きつづける農夫、いつまでも職にありつけぬ失業者は、たとえ祝典が行なわれようとも、旗が新しくなろうとも、生活のなかで何かが真に変化したと納得するにはいたらない。権力の座にあるブルジョワジーがさまざまな証明をしてみせたところで、大衆は、幻想を抱くに至らないのである。大衆は飢えている。そのうえ警視たちは──今日ではアフリカ人がその職についているとはいえ──大衆をやたらと安心させるわけではないのだ。大衆はふくれっ面をしはじめ、そっぽをむき、いかなる場も与えてくれぬこのような国家《ナシオン》に無関心になりはじめる。

しかしながら、ときおり指導者《リーダー》は自ら腰を上げ、ラジオで語りかけ、遊説に出かけて、民衆を鎮撫し、平穏にし、瞞着する。党が存在しないだけに、指導者《リーダー》はそれだけいっそう必要な存在である。独立闘争の時代には、現在の指導者《リーダー》の指導していた党が、まさしく存在していた。しかしその後、この党は無残にも瓦解した。残存するのはただ形式的な党のみである。名称と紋章とスローガンのみである。大衆の現実の諸要求に発して念入りに作り上げられた思想、その思想を自由に伝え広げる有機的な党は、個人の利益を擁護する組合に変貌した。独立以来、党はもはや、民衆が要求をまとめるのに手をかすことはない。民衆にその要求をいっそう自覚させ、民衆の権力の基礎を固めるために、手をかすこともない。党は今日では、上部から発せられる指令を民衆に伝達することを任務としている。党内民主主義の基礎となり、それを保証するところの、あの下部から上部へ、上部から下部への実りゆたかな往復運動は、もはや存在しない。それどころか、党は自ら大衆と指導部のあいだの衝立となったのだ。もはや党には生命がない。植民地時代に設置された細胞は、今日、全面的な動員解除の状態にある。

活動家は歯をくいしばる。解放闘争のあいだに一部の活動家のとった態度の正しさが分かるのはこのときだ。実を言えば闘いのさいに、少なからぬ活動家たちは指導的機関に対して、ひとつの指針を綿密に作り上げよ、目標を明確にせよ、プログラムを提示せよ、と求めたのであった。しかし指導者たちは、民族の統一を守るという口実のもとに、この課題にとりくむことをにべもなく拒絶したのである。指針とは、植民地主義に反対する民族の団結である、と彼らはくりかえした。そこで人びとは、指針とされた激烈なスローガンを武器にすすんでゆき、いっさいのイデオロギー活動は、民族自決権にかんする、また植民地主義を不可逆的に一掃するであろう歴史の大勢にかんする、一連の言いかえ《ヴァリアント》に限定される。活動家たちが歴史の大勢をもう少し正確に分析せよと求めるとき、指導者たちがこれに対してもちだすのは、希望、必然にして不可避の非植民地化、といった言葉にすぎないのであった。独立達成後、党の陥る昏睡状態は実に見物である。活動家が動員されるのは、もはやいわゆる大衆集会、国際会議、独立祭典の場合にすぎない。党の地方幹部は行政職につけられ、党は行政機関に変わり、活動家は野に下って市民という空虚な肩書を得るのである。

ブルジョワジーを権力につけるという歴史的使命を果たしたいま、活動家たちは、ブルジョワジーが安んじてその固有の使命を遂行しうるように、断固退場を求められるのである。ところですでに見たごとく、後進国の民族ブルジョワジーはなんの使命も果しえない。数年もすれば、党の風化は明白となり、いかに皮相な観察者といえども、昔日の党が今日残骸となり果て、人民を停滞させることにのみ役立っているのを理解することができる。かつて闘いのあいだ民族全体をひきつけていた党は、今や解体する。独立前夜に党の戦列に加わった知識人も、その現在の行動によって、この参加が単に独立の与える菓子の配分にあずからんがためでしかなかったことを立証する。党は個人的成功の一手段となってしまう。

しかしながら新しい体制の内部には、不均等な富裕化と富の独占が存在する。ある者は二股三股をかけて、日和見主義の名うての専門家ぶりを発揮している。依怙贔屓が増加し、汚職が横行し、風俗は紊乱する。国中の獲物の乏しさを考慮すれば、カラスどもは今日、あまりに数が多すぎ、あまりに貪欲すぎる。党は正真正銘ブルジョワジーの手にある権力の道具として、国家機構を強化し、そしていっそう明確に民衆を枠に閉じこめ、金しばりにする。党は権力による人民支配に手をかす。それはますます強制の道具となり、また明らかに反民主主義的なものになってゆく。党は客観的に、またときには主観的にも、強欲なブルジョワジーの共犯者となる。民族ブルジョワジーは、建設の段階を隠蔽して享楽に耽り、かつ制度上からしても、議会制の段階をとびこえて国家社会主義型独裁を選ぶ。今日われわれにはよく分かっている――半世紀のあいだラテン・アメリカを制圧したあの七日天下のファシズムは、独立期の半植民地国家の弁証法的帰結なのである。

これら貧しい後進国において――そこでは法則どおり、非常な富と非常な窮乏とが肩を並べている――軍隊と警察は体制の支柱をなす。軍隊と警察――ここでまた一つの法則を思い出さねばならないが――、それらは外国人顧問らの助言を受けているのだ。この警察力や兵力は、民族《ナシオン》の残余の部分が陥っている沈滞に比例する。民族ブルジョワジーはますます公然と外国の大会社に身売りする。名誉職の威力で、種々の譲歩が外国にかすめとられ、汚職が続出し、大臣は身代を築き、その女たちは娼婦になり変わり、代議士は要領よくたちまわり、警官や税関吏にいたるまで、この腐敗汚職の隊商《キャラバン》に加わらぬ者はない。だが反対勢力は攻撃的になり、民衆はみなまで言わせずにそのプロパガンダを理解する。ブルジョワジーに対する敵意は、爾後明白な形をとる。若くしてはや老いに見舞われたらしい新興ブルジョワジーは、ふんだんに寄せられる忠告にも耳をかさず、その搾取を少しでも覆いかくすのが自分の利益になるということさえ理解できない無能ぶりを暴露する。

信仰篤いクリスチャンの新聞であるブラザヴィルの『週刊アフリカ』紙は、体制の寵児たちに向かってこう書いた。「要職にある名士およびその夫人たちよ、あなたがたは今日、快適な生活を満喫し、おそらくは教育があり、美しい家を持ち、友人・縁者に恵まれている。さまざまな天職があなたがたに授けられており、あなたがたのために新しい地平を開いてもいる。けれどもこれらすべての富が甲殻《から》をなして、あなたたちは周囲の貧困が見えなくなっている。注意したまえ。」ユール氏の手先どもに向けられた『週刊アフリカ』のこの警告は、推察されるごとく、何ら革命的なものではない。(6)『週刊アフリカ』が、コンゴ人民を飢えさせる張本人たちに伝えようとしたのは、神が彼らの行為を罰したもうであろうということだ。「あなたがたの心に下々《しもじも》を思いやる場がないならば、神の家にあなたがたの場は存在しないであろう。」

民族ブルジョワジーがこうした弾劾をほとんど気にもかけないのは明らかだ。ヨーロッパにつながる彼らは、あくまでその状況を利用しようという腹である。彼らが民衆の搾取から得る巨万の利益は、外国にもち出される。新興民族ブルジョワジーは、きわめてしばしば、自ら創設した体制に対して、外国の大会社以上の不信を抱いている。彼らは祖国の土地に投資することを拒み、自分を保護し養ってくれる国家に対して、特筆に値するほどのみごとな忘恩の振舞いで応える。彼らはヨーロッパの取引所で外国の株を手に入れ、パリかハンブルグへ週末を過ごしにゆく。一部後進国の民族ブルジョワジーはその振舞いにより、襲撃《ホールド・アップ》のたびごとに自分の分け前をこっそり仲間の目から隠して、賢明にも隠退の準備をするギャングの一味を想起させる。このような振舞いが示すのは、民族ブルジョワジーが長期的には勝ち目のないことを多少とも意識しながら、勝負に手を出しているということだ。彼らはこの状況が際限なくつづくものではないと察しつつも、最大限にこれを利用するつもりなのである。しかしかかる搾取、かかる国家不信は、不可避的に大衆レベルでの不満を爆発させる。体制が硬化するのはこうした条件においてである。このとき、軍隊は組織的抑圧の不可欠な担い手となる。

議会の存在しないところでは、仲裁者となるのは軍隊である。だがおそかれはやかれ軍隊は、己れの重要性に気づくであろうし、常にクーデターへの危険をはらんで政府を圧迫することとなろう。

見られるごとく、一部後進国の民族ブルジョワジーは、何ひとつ書物から学びはしなかった。もしも彼らがラテン・アメリカ諸国により以上の注意を払っていたならば、いかなる危険が自分を待ち受けているかを見てとったことであろうに。われわれはそれゆえ、鳴物入りのこのミクロ・ブルジョワジーが足踏みをする運命にあるという結論に達する。後進国においては、ブルジョワ的段階など不可能だ。なるほど警察の独裁、成金どもの特権層《カースト》は、出現するであろうが、ブルジョワ社会の念入りな形成が挫折を約束されていることは明らかだ。飾りたてた成金の徒党は、今や貧乏国の資金から紙幣を奪いあっているが、早晩彼らは、外国人顧問団に巧みに操られた軍隊の手中の一本のわらしべとなるであろう。かくして旧本国は、それが飼育するブルジョワジーの手を通して、また同時に、その顧問団にひきいられる一国の軍隊、しかも民衆を固定し、金しばりにし、戦慄させる一国の軍隊の手を通して、間接支配を実行する。

以上民族ブルジョワジーにかんして行ないえた若干の考察は、ひとつの結論へとわれわれを導くが、それはさして驚くほどのものでもない。すなわち後進国においては、ブルジョワジーはその存在と開花の条件を見出せるはずがないのである。換言すれば、党に編入された大衆と、意識の高い、革命の原理で武装した知識人との協同の努力によって、無益にして有害なこのブルジョワジーの行手をはばむべきなのである。

後進国の歴史ととりくむ人びとが五〇年来提起してきた理論的問題、すなわちブルジョワ的段階は果たして飛びこえうるか否かという問題は、革命的行動の面から解決されるべきであって、推論によるべきではない。後進国におけるブルジョワ的段階が正当と認められるのは、民族ブルジョワジーが経済的技術的に十分に強力であって、ブルジョワ社会を築きあげ、有力なプロレタリアートの発展のための諸条件を創り出し、農業を工業化し、さらには真の民族文化を可能にしうる限りにおいてであろう。

ヨーロッパに発展したようなブルジョワジーは、自分自身の力を強化しつつひとつのイデオロギーを作り上げることができた。このダイナミックな、教養のある、非宗教的なブルジョワジーは、その資本蓄積のこころみに完全に成功し、国に対して最低限の繁栄は与えたのである。だが後進国にあっては、すでに見たごとく真のブルジョワジーは存在せず、存在するのはガツガツした強欲貪婪な、けちな根性にとりつかれた、しかも旧植民地権力から保証されるおこぼれに甘んじている、一種の小型特権層《カースト》である。この近視眼のブルジョワジーは、壮大な思想や創意の能力におよそ欠けていることを露呈する。彼らは、西欧の教科書で読んだことを思い出し、少しずつもはやヨーロッパの模写ではなくてその戯画に変貌する。

後進国のブルジョワジーに対する闘争は、単なる理論的立場とはほど遠い。問題は、歴史の裁きが彼らに下す有罪判決を判読することではない。後進国の民族ブルジョワジーが、国家《ナシオン》の総体的かつ調和的な発展にブレーキをかける危険があるという理由で、これと闘わねばならぬのではない。文字どおり彼らが何の役にもたたないからこそ、断固としてこれに反対せねばならないのだ。儲けにおいて、実現した成果において、思想において凡庸なこのブルジョワジーは、個人的レヴェルでの威光を作り上げることによって、ピカピカ光ったアメリカ車、リヴィエラでの休暇、ネオン輝くナイトクラブでの週末によって、この凡庸さを糊塗しようと努めるのである。

民衆全体にますます背を向けてゆくこのブルジョワジーは、国の経済に有利な投資や若干の産業の設置など、人眼をひく譲歩を西欧からひき出すことさえできない。それどころか組立工場が増加し、かくして新植民地主義のタイプが確立され、そのなかで国の経済はじたばたする。それゆえ民族ブルジョワジーが国の発展を遅らせるとか、時を空費させるとか、あるいは国家《ナシオン》を袋小路に導く危険がある、などと言ってはならない。実際に、後進国の歴史におけるブルジョワ的段階は、無用の段階なのだ。この特権層《カースト》が自らの矛盾に食い尽くされて絶滅したとき、人は気づくであろう、独立以来何事も起こりはしなかったのだ、すべてをやりなおさねばならない、ゼロから出直さねばならない、と。この再転換が、ブルジョワ支配の過程においてブルジョワジーの手で設けられたさまざまな構造のレヴェルで行なわれることはありえまい――この特権層《カースト》は、植民地時代の経済、思想、制度を、改変もせずただ受けついだだけのことなのだから。

既述のごとく、このブルジョワ階級が数的・知的・経済的に弱体であるだけに、これを無害なものにするのは容易である。植民地が独立すると、ブルジョワ特権層《カースト》は、もっぱら旧植民地権力との間に結ばれた諸協定からその力をひき出す。民族ブルジョワジーは旧植民地権力との差し向かいをつづける余裕を与えられるだけに、いっそう植民地主義的圧制者のあとをつぐ機会に恵まれるであろう。だが深刻な矛盾がこのブルジョワジーの隊列を乱しており、それは注意深い観察者の眼に、不安定さの印象を与える。特権層《カースト》としての同質性はいまだに存在していない。たとえば多数の知識人は、寡頭支配に基づくこの体制を糾弾する。後進国には、経済の計画化、不当利得者の追放、瞞着《ミスティフィカシオン》の厳しい禁止、といったものの必要性を感じている真摯なエリートたち、知識人や官吏たちが存在する。そのうえ、この人たちはある程度、人民を大挙して公けの事業管理に参与させようと闘ってもいるのだ。

およそ独立に近づく後進国においては、あまり明確な政治思想は持たぬが廉直な知識人の存在するのが常であり、彼らは、植民地独立当初の症状たるあの地位や役得あさりを、本能的に警戒するものだ。これらの人びとの特殊な状況（扶養家族が多い）、あるいはその経歴（つらい体験、厳格な道徳形成）は、世故にたけた連中や便乗者どもへの、そのあからさまな侮辱を説明する。国に健全な方向を与えるべく企てられる決定的な戦いにおいて、この人びとを役立てるすべを知らねばならない。民族ブルジョワジーの行く手を阻むとは、言うまでもなく、独立直後に突発する悲劇的な事件を遠ざけることであり、民族統一の営める悲運、風俗の頽廃、国中を襲う汚職、経済的後退、そして短期間のこととしては暴力と恐喝に基づく反民主主義的体制といったものを斥けることである。だがこれはまた、前進のための唯一の手段を選択することでもあるのだ。

決断をおくらせ、新興国のきわめて民主主義的かつ進歩的な分子を逡巡させるもの、それは一見確固たるブルジョワジーの姿である。新たに独立した後進国においては、植民地主義によって建設された諸都市のなかに、指導層全体がうごめいている。総人口の分析の欠如は、観察者をして、強力でみごとに組織されたブルジョワジーが存在していると思いこませる。実際には、今日周知のごとく、後進国にブルジョワジーは存在していないのだ。ブルジョワジーを作り出すのは精神ではない、好みや態度でもない。希望ですらない。ブルジョワジーとは何よりもまず、明確な経済的現実の直接的所産である。

だが、植民地における経済的現実とは、外国ブルジョワジーの現実である。その代理人どもを通して植民地諸都市に現に存在するのは、本国のブルジョワジーだ。独立前の植民地のブルジョワジーとは、一種の西欧ブルジョワジーだ。つまり本国ブルジョワジーの文字どおりの出店であり、しかもこの本国ブルジョワジーから、その正当性、その力、その安定性をひき出しているブルジョワジーだ。独立に先立つ激動の時期、この輸入ブルジョワジーに囲まれた原住民の知識人および商人層は、これと一体になろうと努力する。原住民知識人および商人には、本国の代理人たるこのブルジョワたちと一体化する不断の意志が存在するのである。

本国特有の思考のメカニスムを、全面的に、かつ熱狂のうちに受けいれたこのブルジョワジー、自分自身の思考をみごとに他人に譲り渡し、完全に他国の基盤の上に自己の意識を確立したこのブルジョワジーは、のどをからからにしながら今や気づくであろう。ブルジョワジーをつくるもの、つまり金がかれらには欠けている、ということに。後進国のブルジョワジーは精神《ディナミスム》のブルジョワジーだ。ブルジョワジーたるの資格を彼らに保証するのは、その経済力でも、指導層の活動力でも、考え方の幅の広さでもない。だからこそ彼らは出発点において、また長期間にわたって、役人ブルジョワジーなのだ。彼らに静謐と堅牢さとを付与することになるものは、彼らが新たな国家行政のなかに占める地位《ポスト》である。もし権力がこのブルジョワジーにその時間と可能性を与えるならば、彼らはやがて小銭を貯えるに至るだろうし、それが彼らの支配を強化することになるだろう。しかし彼らは依然として、正統的ブルジョワ社会を、それが予想させる経済上・工業上のあらゆる結果ともども出現させる能力がないことを、露呈するであろう。

民族ブルジョワジーは当初から、仲介型の活動へと方向づけられている。彼らの力の基礎は、貿易・商取引の感覚にあり、コミッションをかっさらう能力にある。仕事をする〔利息を生む〕のは、彼らの金ではなくて、その事業の感覚だ。彼らは投資しない、正統ブルジョワジーの誕生と開花に必要なあの資本の蓄積を実現することができない。このテンポでゆけば、産業化の胎児を準備するまでに何世紀もかかるにちがいない。いずれにせよ彼らは、旧本国の執拗な妨害にぶつかるだろう。そしてこのときすでに旧本国は、新植民地主義的協約の枠内で、万全の予防措置を講じ終えているだろう。

もし権力が国を停滞から引き出し、大股に発展と進歩に向かって国を導きたいと思うなら、まず何よりも先に第三次産業を国有化せねばならぬ。ブルジョワジーは、儲けと享楽を追う精神、大衆に対するその侮蔑的態度、窃盗ともいうべき破廉恥な形態の利益をはびこらせようと望みつつ、第三次産業部門にまさしく大量の投資を行なう。かつてコロンが君臨した第三次産業の分野に、新興民族ブルジョワジーがなだれこむであろう。植民地経済においては、第三次産業部門は類を絶した重要性を帯びている。もし前進することを望むなら、早い時期にこの部門の国有化にふみ切らねばならない。しかしこの国有化が厳格な国家統制の形をとるべきでないことは明らかだ。問題は、政治的に未形成な市民たちを諸業務の責任者にすえることではない。このような措置がとられるたびごとに、人は、権力が実際上、官僚専制の勝利に寄与したことに気づくのであった。それは旧本国の手で形成され、しかもたちまちにして国民全体を考える能力のないことを露呈する官僚たちである。これら官僚は見る見る国の経済活動をサボタージュし、諸機構を解体しはじめ、こうして汚職、背任、横領、闇取引が根をはる。〔ところが本来〕第三次産業の国有化とは、販売購入協同組合を民主的に組織することなのだ。大衆を公務管理に協力させることにより、これら協同組合の集中化を排除することなのだ。こうしたことのすべては、周知のごとく民衆を政治化（politiser）してはじめて成果をあげることができる。以前には、最重要問題を決定的に明確化することの必要性が理解されていたようである。また今日でも、なるほど大衆を政治化するという原則は、一般に後進国において維持されている。しかしこの根源的な仕事が真正な形で追求されているとは思われない。民衆を政治化する必要性を認めたとき、人は同時に、自分の企てる行動に民衆の支持を得たいときっぱり言明する決意を固めるはずだ。民衆の政治化を欲すると宣言する政府は、民衆と共にまた民衆のために統治するという願いを表明しているはずだ。これが、ブルジョワ指導部の存在を偽装せんがための言葉であってはならない。資本主義国のブルジョワ政府は、権力のこのような小児的段階をとっくの昔に越えている。彼らは冷ややかに、自らの法と経済力と警察とをテコに統治する。権力がゆるぎなく確立された今、彼らは民衆《デマ》煽動的《ゴジック》な態度で時を空費するにも及ばない。彼らは己れのために統治し、昂然とその権力を行使する。彼らは合法性なるものを創出し、自己の正当な権利からその力を得ているのだ。

新たに独立した国のブルジョワ特権層《カースト》は、いまだに老ブルジョワジーの強大な力にもとづく破廉恥も静謐も獲得してはいない。そこから彼らにおいては、心の底で信じていることを隠蔽しよう、人をたぶらかそう、一口で言えば人民のためにあるかのごとくに見せようという、一定の配慮が生まれる。

大衆の政治化とは、幾万、幾十万の男女を、年に三度か四度動員することではない。このような大衆集会、このような見世物的大会は、民衆を獲得していることを自他に証明せんがために動員力を誇示するという、独立以前の古くさい戦術に類似している。大衆の政治化とは、大衆を小児化することではなくて、これを大人にしようとはかることだ。

このことは、後進国における政党の役割の考察へとわれわれを導く。先にも見たごとく、しばしば一面的な精神の持ち主、しかも生まれたばかりのブルジョワジーに属する人たちは、強大な権力による国の管理、まさしく独裁こそが、後進国における必然であるとたえずくり返してやまない。このような展望《パースペクティヴ》のもとに、党は大衆を監視する任務を負わされる。党は、大衆を国の仕事に現実に参与させるためではなく、権力が大衆の服従と規律を期待していることをたえず想起させるために、行政と警察を一手に掌握して大衆を統制する。自ら歴史に動かされていると信じこみ、自ら独立当初に不可欠の存在と考えるこの独裁は、実にブルジョワ特権層《カースト》の決意——最初は民衆の支持を得て、だがやがて民衆に抗して後進国を指導せんとする決意——を象徴する。党が徐々に情報機関に変貌するということは、権力がますます守勢に立ちつつあることの指標である。雑然とした塊を成している民衆は、あるいは瞞着《ミスティフィカシオン》によって、あるいは警察力がよびおこす恐怖によって、たえずつなぎとめておくべき盲目の力と見なされている。党は気圧計《バロメーター》の役目、情報機関の役目を果たすのだ。活動家は密告者に変えられる。そして村々を処罰する使命が託される。反対党は胎児のうちに、棍棒と石でもって粛清される。対立候補は、家を焼き払われる。警察は挑発に挑発を重ねる。かかる情況にあって、もちろん党はただひとつであり、投票の九九・九九パーセントが政府系候補に投じられる。アフリカでは、いくつかの政府がこの型どおりに動いていると言わねばならぬ。あらゆる野党、それも概して進歩的で、公けの問題の運営に大衆の影響力を増大させるべく活動していた党、驕慢かつ貪欲なブルジョワジーの服従を願っていた党は、警棒と牢獄に強制されて、沈黙を、ついで地下活動を余儀なくされる。

今日独立国たるアフリカの多くの地域の政党は、おそろしく重大な権威の膨張《インフレーション》を経験している。一人の党員がいれば民衆は沈黙し、羊のようになり、そして政府と指導者《リーダー》に対する讃辞をふりまく。だが街頭で、夕暮れの村のはずれで、喫茶店や河のほとりで、民衆のあの苦い幻滅に、あの絶望に、だがまたあの怒りをじっと押し殺した声にも、耳を傾けねばならぬ。党は、民衆が苦情を述べるのを助けることもなく、民衆の意見が自由に指導部へ伝わることをその基本的使命とすることもなく、逆に衝立を形作ってそれを禁止する。党の指導者たちは、特務曹長のごとくに振舞って、たえず人民に「列中静粛」をまもらねばならぬと注意を与える。人民の公僕であると断言していた党、人民の十全なる開花のために活動するのだと主張していたあの党が、植民地権力から国を委ねられるや否や、大いそぎで民衆をその洞窟に送り返すのである。民族統一という点においても、党は同様に、次々と誤謬を重ねようとしている。かくて民族主義を標榜する党が種族の党として行動するのだ。これは、党として構成されたまぎれもない一部族である。好んで民族の《ナショナル》党と自称する党、民衆全体の名において語ると宣言するこの党が、ひそかに、またときには公然と、まがうかたなき種族独裁を組織しているのだ。われわれが目撃するものは、もはやブルジョワ独裁ではなく部族の独裁である。大臣も、官房長官も、大使も、知事も、指導者《リーダー》の種族《エトニー》から選ばれ、ときには直接その一家から選ばれることさえある。こうした血縁型社会は、古い族内婚の掟をとり戻すように見え、そして人は、かかる愚行、かかる詐欺《ペテン》、かかる知的精神的貧困を前にして、怒りというよりは屈辱感を抱く。これら政府首脳は正真正銘アフリカに対する裏切者だ。アフリカを、その敵のうちでも最も怖るべき敵——愚行——に売り渡しているのだから。かかる権力の部族化は、予想どおり地方分立主義的風潮、すなわち分離主義をもらたす。地方分権化の傾向が表面化し、支配的となり、国家《ナシオン》は崩壊し、ばらばらになる。「アフリカの統一」と叫びながら自分の狭い一族のことばかりを考えていた指導者《リーダー》が、ある朝ふと目ざめてみると、五つの部族がこれまた彼らの大使と彼らの大臣を持とうとしているではないか。そして、相も変わらず無責任な、相も変わらず無自覚な、相も変わらずお粗末な彼は、告発する、「裏切りだ」と。

われわれは、指導者《リーダー》の演ずる役割が、きわめてしばしば有害なものであることをくり返し指摘してきた。それというのも党は若干の地域において、最も冷酷な人物が頭《かしら》の地位につく暴力団《ギャング》同然に組織されているからだ。人びとはこの首魁《リーダー》の先祖や彼の力のことを好んで語り、また、なれあいといささかの讃嘆をこめた口調で、彼は側近を震え上がらせる、などとすすんで噂する。こうした多種多様な暗礁を避けるためには、党が絶対に一指導者《リーダー》の手に握られた従順な道具と化することのないよう、頑強に戦わねばならない。指導者《リーダー》とは、導く（conduire）という意味の英語の動詞に由来する。人民の導き手などというものは、今や存在しない、諸民族はもはや羊の群ではなく、導かれることを必要としていない。もし指導者《リーダー》が私を導くのなら、同時に私も彼を導いているということを彼に知ってもらいたいものだ。国は一人の大立者によって指導される事業であってはならない。したがって、これら指導者《リーダー》の一人が病に倒れるごとに首脳陣《トップ・グループ》を襲うあのパニックも理解される。それは彼らを悩ましているのが、後継の問題だからだ。指導者《リーダー》が死ねば国はどうなるのか？ 指導者《リーダー》の前に兜をぬいできた、無責任な、無自覚な、首脳陣《トップ・グループ》、何にもまして優雅な暮らしやカクテル・パーティや招待旅行、それに駆け引きから上がる利益などに心奪われてきた彼らは、時おりふと、国の心臓部にあけられた精神の空隙に気づくのである。

歴史が提起する諸問題に真に応えようとする国、都市と住民の頭脳とを発展させようとする国は、真実の党を持たねばならぬ。党は政府の手に握られた道具ではない。それどころか、党は人民の手に握られた道具なのだ。政策を決定するのは党であり、それを政府が実施するのだ。党は、単に全閣僚や国の要人がのんびりくつろげるような政治局だけを指すのではない。絶対にそうであってはならない。だが遺憾ながら政治局は、あまりにしばしばそれだけで党全体を構成し、また政治局員は、首都に常住するという始末だ。後進国においては、党幹部は首都を厄病神《ペスト》のように忌み嫌うべきである。彼らは一部を除いて農村地域に住むべきだ。すべてを大都会に集中することは避けねばならない。行政上のいかなる言訳をしようとも、国土の十分の九に比してすでにあまりに人口過剰であり、かつ開発の進みすぎた首都が、このように沸き立つことは正当化できない。党は極度に地方分権化されるべきだ。これこそが、死んだ地域、いまだ生命への目ざめを知らぬ地域を活気づける唯一の手段である。

実際には、各地域に少なくも一人の政治局員をおき、しかも彼をその地域の長に任命することは避けるべきであろう。彼は行政権を掌握してはならない。地方の政治局員がその地方の行政機構に最高の地位を占めるには及ばない。必ずしも彼が権力と一体をなす必要はないのだ。人民にとって、党は権威ではなく、それを通じて人民が人民としての権威と意志を行使する組織である。権限の混同、その二重性が少なければ少ないほど、党はいっそうよく案内人の役割を演じ、人民のために決定的な保証となるであろう。もし党が権力と混同されるなら、そのとき党の活動家であることは、利己的な目的を達成するための最短距離を歩むこと、すなわち行政府に地位《ポスト》を得ること、官等をのぼり、等級を変え、キャリアを作ることとなる。

後進国にあっては、活動的《ダイナミック》な地方指導部の設置こそが、頭でっかちな都市化の進行を停止させ、農民大衆が先を争って都市部に殺到するのを阻止することになる。一地域を覚醒させ、これを生かし、住民の自覚を促進するために、独立当初からその地域に全権を有する地方指導部を設置することは、前進しようとする国にとって避けることのできない必要事である。それを怠れば、指導者《リーダー》の周囲に党の責任者たちと国の要人たちが群がることになる。行政機関は膨張する。それらが発展し分化するからではなく、新顔の従兄弟《いとこ》や新参の活動家が空席を待ち、体制の歯車にもぐりこもうとするからだ。その場合、市民一人一人の抱く夢は、元手を稼ぐこと、うまい汁を吸うこと、となる。村々は見棄てられる。指導もなく、教育もなく、孤立無縁の農民大衆は、耕作のゆき届かない土地を去って都市近郊に向かい、ルンペン・プロレタリアートを過度に膨張させる。

〔こうなれば〕新たな民族的危機の訪れるときも遠くない。だがわれわれは反対に、奥地、すなわち後背地こそ、特典を与えられるべきであろうと考える。そのうえ極論するならば、現在の首都と別な場所に政府がおかれたところで、何ら不都合もないだろう。首都を神聖視することをやめ、恵まれぬ大衆のためにこそ仕事をしようと決意していることを、彼らに示さねばならない。これはある意味で、ブラジル政府がブラジリアを作ることによって行なおうと試みたことである。リオ・デ・ジャネイロの尊大さは、ブラジルの民衆にとってひとつの侮辱であった。しかし不幸にしてブラジリアは、またもリオ同様に醜悪な新首都となった。この新都市を作り上げた唯一の利益は、今日、未開墾地を横ぎる一本の道路が存在するということにすぎない。別の首都の選定、荒廃しきった一地域への全政府機関の移転、これに反対できる重大な論拠は何もない。後進国の首都とは、植民地時代から相続した商業的概念である。後進国においては、われわれは逆に農民大衆との接触を増大させねばならない。われわれは民族的政治を、すなわち何にもまして大衆のための政治を行なわねばならない。われわれは、独立と具体的な生活改善とのために戦ってきた民衆との接触を、けっして失うべきではない。

土着民の官吏および技術者は、図表と統計のなかに埋没するのではなく、民衆そのもののうちに没入すべきだ。もはや、「奥地」への転勤が問題となるたびに色をなすべきではない。後進国の若い妻が夫に向かって、もし地方への転勤をうまく免れないなら離婚するなどと脅かすことはもはや見られてはならないのだ。だからこそ党政治局は、恵まれぬ地域に特典を与えるべきであり、また首都の生活——人工的で浅薄で、異物のように民族的現実の上に鍍金された生活——を、それこそ根源的で聖なるものたる民族《ナシオン》の生活のなかで、できる限り小さな場所に限定すべきである。

後進国において、党は、ただ大衆との接触のみに甘んじないような形で組織されねばならない。党は大衆の直接的表現でなければならない。党は政府の命令を伝達すべく委託された行政府ではないのだ。党は大衆の精力的な代弁者であり、廉潔な守護者である。党をこのようなものと考えるためには、何よりも、大衆が己れを導きえないというきわめて西欧的な、きわめてブルジョワ的な、したがってきわめて侮蔑的な思想を、清算せねばならない。経験は実際に立証している、大衆がこの上なく複雑な問題をも完全に理解するということを。アルジェリアの知識人をして民衆と接触せしめ、ぎりぎりの筆舌につくせぬ民衆の悲惨を見ることを許し、また同時に、民衆の叡知の目ざめに、その意識の成長に立ち会わせたことこそ、アルジェリア革命がアルジェリア知識人のためになした最大の寄与のひとつとなるであろう。アルジェリアの民衆、この飢えたる者と文盲の集団、幾世紀ものあいだ凄絶な闇の奥に沈んでいたこの男たち女たちは、戦車と飛行機に抗し、ナパームと「心理作戦科」に抗し、わけても買収と洗脳、裏切者たちとベルーニ将軍(7)の「民族的」軍隊に抗して、耐えぬいたのであった。この民衆は、弱者たち、躊躇する者たち、見習い中の独裁者の卵どもの存在にもかかわらず、耐えぬいたのである。この民衆は、七年にわたるその闘いが、彼らにいくつかの領域を――彼らにはその存在など思いもよらなかった領域を――切り開いたがために、耐えぬいたのである。今日、兵器工場は山中の地下幾メートルかのところで稼動している。今日、人民の法廷はあらゆるレヴェルで開かれ、各地の計画委員会は、大土地所有を組織的に解体し、周到に明日のアルジェリアを準備している。なるほど孤立した一個人がある問題を理解しまいとすることはありうるが、集団は、村は、呆気にとられるほどのスピードで事を理解する。なるほどもし勿体をつけて法学士あるいは経済学士のみが理解しうる言葉を用いるならば、大衆は指導されねばならないなどということも容易に証明されるだろう。しかし、もし具体的な言葉を語るならば、もし問題を複雑化しようとしたり民衆を厄介ばらいしようとしたりする邪悪な意志にとりつかれていなければ、そのとき人は大衆が、あらゆるニュアンス、あらゆる駆け引きを把握することに気づくだろう。専門語に頼ることは、大衆を門外漢と見なす決意を固めているという意味だ。かかる言語は、民衆を欺いてやろう、やつらをつんぼさじきにおいておこう、と考える弁士たちの願望を、透けて見せている。言語を晦渋にする企てはひとつの仮面であって、その背後にはより大がかりな掠奪の企てが浮かんでいる。すなわち民衆からその財産も主権も剝奪しようというのだ。しかし真に民衆の理解を望む限りにおいて、人はすべてを民衆に説明しうるのである。もちろん、もし民衆など必要ではない、それどころか、多くの民間会社・有限会社——その目的は民衆をいっそう惨めにすることにある——の順調な伸びが、民衆によって妨害される怖れがある、と考えるならば、問答は無用である。

もし民衆が嘴を入れずとも国を立派に導きうると考えるなら、もし民衆がいあわせるということだけで、彼らがゲームをおくらせたり、生来の無自覚によってそれをサボタージュしたりして、混乱を招くと考えるなら、そのときはいかなる逡巡も許されない。すなわち民衆を却けねばならない。だが国の指導に参加すべく招かれるとき、民衆はその動きをおくらせるのではなくて、逆にそれを促進するのだ。われわれアルジェリア人は、この戦争の過程において、幸いにも機会に恵まれ、かなりの数の事例に直接ふれることができた。じっさい若干の農村地域において、革命軍政担当委員たちの直面した事態は、ラディカルな解決を必要とした。以下にこれら事態のいくつかをとり上げよう。

一九五六年から一九五七年にかけて、フランス植民地主義は若干の地帯を封鎖し、これら地域の住民の往来は厳重に規制された。農民たちはしたがって、もはや自由に町に赴いて新たな買い置きをする可能性も失った。この期間、食料品屋は莫大な利益を積み上げた。茶、コーヒー、砂糖、煙草、塩は、法外な高値に達していた。闇取引が奇妙な尊大さをもって横行していた。現金で支払えぬ農民たちは、その収穫物を、さらには土地までも抵当に入れ、あるいは一家の世襲財産を少しずつ手放し、そして次の段階では食料品屋のために雇われて、その同じ土地で働く始末であった。政治委員たちは、この危険を意識するや否や即座に反応した。かくして合理的な食糧供給制度が設けられた。すなわち町に赴く食料品屋は民族主義者の卸売商の店で買い付ける義務があり、この卸売商は商品の価格を明確に記した納品書を彼に手渡すのである。村に帰ると小売商人は、真っ先に政治委員のもとに出頭せねばならずその政治委員は納品書を検査し、利益金を指定して、売価を決めるのである。課せられた価格が店内に掲示され、村の委員が一人、いわば監査役として立ちあい、商品の売られるべき価格を農民《フェラー》に教える。けれども小売商人はたちまち抜け道を発見して、三日か四日後には品切れだと宣言する。そして裏口から取引を再開し、闇で販売を続ける。軍政当局の反応は徹底していた。違犯者への重罰が決定された。徴収されて村の金庫に払いこまれた罰金は、社会事業に、村全体に役立つ工事にと使われた。往々にして、営業を一定期間停止するという決定が下された。ついで累犯の場合には、在庫品が直ちに差し押えられ、選出された管理委員会が、もとの店主に月々一定額を払うということで、新たにその経営に当たるのであった。

これらの経験から、人は主要な経済法則の働きを具体例に基づいて民衆に説明した。資本の蓄積はもはや単なる理論ではなく、きわめて現実的な、眼前に展開される動きとなった。民衆はある商売から出発し、いかにして産をなし商売を拡張しうるかを理解した。そのときはじめて農民たちは、あの食料品屋は高利でわれわれに金を貸している、と語るのであった。他方、いかにして食料品屋が自分たちを土地から追い立て、いかにして自分たちが土地所有者から労働者になったかを回想する者もいた。民衆は、理解が進むにつれてしだいに警戒を増し、結局のところすべてが自分たちにかかっていること、救済は民衆の統一のうちにあり、また己れの利害を識り己れの敵を識別するにあることを、いっそうよく意識するようになる。民衆は、富とは労働の結実ではなく、組織され保護された盗みの結果であることを理解する。金持は尊敬すべき人間たることをやめる。彼らはもはや、人民の血のなかにのうのうと寝そべった肉食獣、山犬、大鴉にすぎない。また政治委員たちは、別な展望《パースペクティヴ》に立って、もはや何ぴとも他人のために働くのではないということをはっきりさせねばならなかった。土地は、それを耕す人びとのものである。これはひとつの原則であり、この原則は説明説得により、アルジェリア革命内部における基本的な法則となった。これまで農業労働者を使っていた農民たちも、もとの被雇傭者に対して土地の分配を余儀なくされたのである。

この処置がなされたとき、一ヘクタール当たりの収穫が三倍になることに人は気がついた。しかもフランス軍のたび重なる急襲・空爆や、肥料補給の困難にもかかわらずそうなったのである。収穫時に収穫物の検査秤量を行なった農民《フェラー》たちは、どうしてこのような現象が起きたのかを理解しようとした。彼らは、労働が単純な観念ではないこと、奴隷状態にあっては労働しえぬこと、労働は自由と責任と意識を前提とすることを、やすやすと発見したのであった。

これら有益な経験をみごとに遂行しえた地域、革命機関による人間建設の目撃された地域においては、農民たちは、明晰な意識で努力すべくとびこんでゆけばそれだけ仕事は楽しくなるはずだという原理をきわめて的確に把握した。労働が単なるエネルギーの消費ないしは一部筋肉のはたらきではないこと、労働するとは筋肉と汗とで仕事する以上に頭脳と心で仕事するのだということを、人は大衆に理解させえたのである。また解放と同時にこれまでの商業回路から排除されてしまったこれら地域にあっては、従来もっぱら都市と輸出に向けられていた生産を修正せねばならなかった。民衆のために、また民族解放軍のために、消費物資の生産が開始された。レンズ豆の生産が四倍にされ、木炭製造が組織された。新鮮な野菜と木炭とが、北方地域から南方へと山々を越えて運ばれる一方、南方地帯は肉を北方へと送るのだった。このような調整を行ない、流通制度を確立したのは、FLNである。われわれには専門家がいなかった。西欧の最高学府出の計画立案者もいなかった。それでもこれら解放地域においては、一人一日当たりの食糧配給量は三二〇〇カロリーという、それまで経験したことのない数字に達していた。〔しかし〕民衆は、かかる試みの結果を喜ぶだけで満足しなかった。彼らは理論的な問題を自らに提起したのである。たとえば、年間数千トンものオレンジを外国に発送していたというのに、なぜ解放戦争勃発以前にいくつかの地域ではけっしてオレンジを見ることができなかったのか？　何百万房もの葡萄がヨーロッパ諸国の人びとを楽しませていたのに、なぜ大多数のアルジェリア人は葡萄を食べたこともなかったのか？　今日民衆は、彼らの所有物についてきわめて明確な観念を持っている。アルジェリアの民衆は、今日、彼ら以外に彼らの国の土地および地下資源の所有者はないことを知っている。FLNは、この所有権に対するいかなる侵害をも頑として許容せず、また原則にかんするいかなる妥協もきっぱりと拒絶する意志を固めているが、それを理解せぬ者があるとすれば、彼らはアルジェリア人民が今日成年に達した人民であり、責任を負うた、目ざめた人民であることを思い出さねばならぬ。要するにアルジェリア人民とは、土地の所有者たる人民なのだ。

事柄を明らかにするために、私は今アルジェリアを例にとったが、それはわが民族を讃美するためではなくて、ただ単にアルジェリア人民の闘いが、その自覚の過程において重要な役割を演じたことを示そうとしたからにすぎない。もとより他の諸民族は、同一の結果に到達するのにさまざまに異なった道を経たのである。今日ではいよいよ明らかだが、アルジェリアにおいて、力の対決は不可避であった。だが他の地域では、党は政治闘争と説得活動を試みることによって、人民を同一の結果に導いた。アルジェリアにおいては、大衆が己れの直面する課題に十分対決しうる能力を備えていることをわれわれは理解した。後進国において重要なのは、三〇〇人の人間が考え決定することではない、たとえ二倍三倍の時間をかけようとも、全体が理解し決定することが大切であるということを、経験は証明している。じっさい、説明に要した時間、働く者を人間化する (humaniser) のに「失われた」時間は、ことを遂行する過程でとり戻されるはずだ。人びとは、どこに行くのか、なぜそこへ行くのかを、知らねばならぬ。政治家は、民衆の意識が初歩的で単純で、不透明である限り、未来は閉ざされたままであることを知っていなければならぬ。われわれアフリカの政治家は、民衆の状況についてきわめて明確な観念を持たねばならぬ。だがまたこの明晰さは、常に深く弁証法的なものでなければならぬ。民衆全体の覚醒は、一気になしとげられはしないであろう。民族建設事業への民衆の理性的参加の道は、細く長く続くものであるだろう。第一に、コミュニケーションの道や伝達の手段が未発達だからであり、第二に、時間性が瞬間的なもの、あるいは次の収穫時までのものではなくなって、世界の時間性となるべきだからであり、最後に植民地支配によって脳裏に深く刻みこまれた失望が、何かにつけてたちまちあらわれてくるからだ。しかしわれわれは、いかに小さな障害であっても物質的精神的な植民地支配の遺産である以上、それにうちかつことが必要であり、いかなる政府もこの必要性を回避できぬことを忘れるべきでない。植民地体制下の労働を例にとってみよう。コロンは現地人がのろのろしていると断言してやまなかった。〔ところが〕今日では、独立を達成したいくつかの国において、指導層が同じ非難をとばしはじめているのを耳にする。事実コロンは、奴隷が仕事に熱中することを望んでいたのだ。コロンは、疎外の極致をなすところの一種の瞞着によって、奴隷を説得しようとしていたのだ——お前が耕す土地はお前のものだ、お前の健康を失わせる炭坑はお前の所有だ、と。コロンは奇妙にも、自分が奴隷の断末魔の苦悶によって腹を肥やしていることを忘れていたのだ。実際には、コロンは植民地原住民にこう命じていたのである、「くたばるがよい、しかしわしは金持にならねばならぬ」と。今日われわれは異なった方法をとるべきだ。われわれは民衆に向かって、「くたばるがよい、しかし祖国は富まねばならぬ」などと言うべきでない。もし国民所得を高め、無益なばかりか有害な若干の製品の輸入を減らし、農業生産を高め、文盲と闘おうと欲するなら、われわれは説明せねばならない。民衆は、賭けられているものの重大さを理解せねばならない。国家（chose publique）は万人のもの（chose du public）であるべきだ。それゆえ、底辺に党細胞を増殖することが必要になる。じっさい頂点に、それも相も変わらず首都に、全国組織を設立してこと足れりとする場合があまりに多すぎる。曰く、〈婦人同盟〉、〈青年同盟〉、〈組合〉等々……。だがもし首都に設置された事務局の背後を探ってみる気になるならば、もし記録でも保管されていてしかるべき奥の部屋に入ってみるならば、その空洞、その虚無、そのこけおどしに、人は呆然とするだろう。底辺が必要だ、まさしく内容と活力《ディナミスム》を与える細胞が必要だ。大衆は、集会に集まり、討議し、提案し、指針を受けとることができなければならぬ。市民たちは、語り、意見を述べ、創意を発揮する可能性を持たねばならぬ。細胞の会議、委員会の会議は、儀式的な行為である。聞いたりしゃべったりすることは、人に与えられた特権的な機会である。集まりのたびごとに、頭脳は結集の道をふやし、目はますます人間化してゆく全体図《パノラマ》を発見するのである。

後進国における青年人口の高い比率は、政府に特殊な諸問題を提起しており、政府は明晰な判断でこれに取り組むことが肝要である。都会の青年、のらくらした、読み書きのできない者も少なくない青年たちは、人を堕落させるあらゆる種類の経験にさらされている。後進国の青年の前には、しばしば先進工業国の楽しみが提供されている。じっさい普通ならば、一社会の成員の精神的物質的水準とその社会が自らに与える歓楽とのあいだには、均質性が存在するものだ。だが後進国の青年は、資本主義国の青年のために考え出された楽しみをわがものにする。すなわち探偵小説、スロットマシーン、エロ写真、ポルノ小説、十六歳未満入場お断りの映画、そしてとくにアルコール……。西欧においては、家庭の枠や学校教育、勤労者大衆の比較的高度な生活水準が、これら楽しみの有害な作用に対する砦の役を果たしている。しかしアフリカの国——精神的発達が不均等で、二つの世界の激突が古い伝統を大きくゆさぶり、知覚の世界を解体させた国——においては、アフリカ青年の感情や感受性は、西欧文化に含まれたさまざまな侵略の好餌となっている。青年の家庭は、しばしばこれら暴力に対して、安定や均衡を対置することもできぬ無力さを露呈するのだ。

この領域において、政府は濾過装置、安定装置の役を果たすべきだ。後進国の青少年問題委員たちは、頻々と同じ誤謬を犯している。すなわち彼らは己れの役割を、先進国の青少年問題委員の流儀で考えてしまうのだ。彼らは、精神を鍛え、肉体を発達させ、スポーツの素質向上をはかると言う。われわれの見解ではこんな考え方は慎むべきだ。後進国の青年は多くぶらぶらしている青年である。まず仕事を与えねばならぬ。したがって青少年問題委員は、制度上、労働省に所属すべきだ。後進国に不可欠の労働省は、後進国におけるもうひとつの不可欠なもの、計画省との、緊密な協同のもとに機能する。アフリカの青年は競技場《スタディアム》へではなく畑へ、そして学校へ、と導かれるべきだ。競技場は、都市に設立されたあの見世物を演ずる場所ではなく、彼らが開墾し、耕作し、そして国家にささげるところの土地のなかの一画である。資本主義的なスポーツの概念は、後進国に存在すべき概念とは根本的に異なっている。アフリカの政治家は、スポーツマンの養成に専念してはならず、自覚的な人間、たまたまその上にスポーツマンでもある人間の養成につとめるべきだ。もしスポーツが民族の生活のなかに、すなわち民族建設の仕事に、統合されていないなら、もし民族のスポーツマンだけが作られて、自覚的な人間が作られないならば、そのときたちまちにしてスポーツが、職業選手養成《プロフェッショナリスム》と商業主義とで腐敗するのを人は見るだろう。スポーツは、都市のブルジョワが自らに提供する遊びや気晴らしであってはならない。最大の課題は、国に何が起こっているかをたえず理解することだ。われわれは例外的なものを育成すべきでない。指導者《リーダー》の別形態たる英雄を求めるべきではない。われわれは民衆を高揚させ、民衆の考えを広げ、それを豊かにし、分化させ、人間化すべきだ。

われわれはひとつの執念に——アフリカの政治家全体に是非とも分かち持ってほしいと考えるあの執念に——再び落ちこんでゆく。すなわち民衆の努力を明らかにし、その労働を照らし出し、そこから歴史的不透明さをとり除く必要がある、という考えだ。後進国において責任者たることは、大衆の教育、その思想の向上、人があまりに性急にも政治化（politisation）と呼んでいるものに、結局はすべてが依拠していると知ることである。

じっさい人はしばしば犯罪的なまでに軽々しく、こう信じこむものだ――大衆を政治化するとは、たまに彼らに向かって政治的大演説をぶつことだ、と。大衆の政治化というこの緊急の義務を果たすのに、指導者《リーダー》または一首脳が現代の主要な情勢を勿体ぶった口調で語りさえすればこと足りる、と考えているのだ。ところで政治化とは、精神を開かせることだ、精神を目ざめさせることだ、精神を産み出すことだ。セゼールが述べたように「魂を作り出す」ことだ。大衆を政治化するとは、政治的演説をぶつことではない。そのようなことではありえない。それは激しく熱烈に、大衆に理解させようとすることだ――いっさいが大衆の肩にかかっていることを、われわれが停滞するのも大衆の責任であり、前進するのも大衆の責任であることを、造物主は存在せぬことを、すべてに責を負うべき知名の士は存在せぬことを、そうではなくて造物主は民衆であり、魔法の手とはすなわち民衆の手にほかならぬことを。これらのことを実現し、真にそれを具体化するためには、くり返して言おう、集中化を極度に排さねばならない。上部から底辺へ、底辺から上部への循環は、厳しい原則であるべきだ。それは形式主義的配慮によってではなく、ただ単にこの原則の尊重こそが救いの保証であるからだ。上部を動的《ダイナミック》にし、弁証法的に上部に新たな飛躍を可能にする力、これが湧きあがるのは底辺からである。いま一度言おう、われわれアルジェリア人は、これらのことを瞬く間に理解した。それというのも、いかなる上部のいかなる幹部も、何らかの救済の使命を負っているなどと鼻にかけることなどできはしなかったからだ。アルジェリアにおいて闘っているのは底辺であり、そしてこの底辺は、彼らの日々の英雄的で困難な闘いがなければ上部はもちこたえられぬであろうということを、見逃してはいないのだ。それはあたかも底辺が、上部も指導もない場合に、自分たちは不統一と無秩序《アナーキー》のなかに解体するだろうことを知っているのと同様である。上部はただ、闘う人民の存在からのみ、その価値と堅牢さを引き出しているのであって、人民が自由に上部を自らに与えているのであって、上部が人民の存在を許容するのではない。

大衆は、政府と党とが自分たちのためにあることを知るべきだ。誇りを持った人民、すなわち自己の尊厳を意識する人民とは、これら自明の理をけっして忘れぬ人民である。植民地主義の占領時代、人民は、自己の尊厳の勝利のために生命を捧げねばならぬと言われた。しかしアフリカの民衆は、彼らの尊厳が単に占領者のみに否認されているのではないことを、たちまちに理解した。アフリカの民衆は、尊厳と主権とのあいだに絶対的な等価関係があることを、急速に理解したのである。事実、誇りを持った自由な人民とは、主権を持つ人民だ。誇りを持った人民とは、責任を負うている人民だ。アフリカ諸国の民衆が子供じみているとか虚弱であるとか「指摘」したところで、何の役にも立ちはしない。ひとつの政府、ひとつの党は、それにふさわしい人民を有している。そして人民の方でも、遅かれ早かれ己れにふさわしい政府を持つことになるのだ。

若干の地域の具体的な経験は、こうした立場の正しさを立証している。集会の席でときたま活動家が、「なすべきことはただ……」という公式によって、困難な問題を解決しようとすることがある。この主意的な要約はしきりに横行し、そこでは危険なことに、緻密な知的努力ではなくて、自然発生性と十把ひとからげの単純化とが頂点に達しているのである。このような活動家の責任放棄に出会うとき、そのたびに君は間違っていると言ってやるだけでは不十分だ。彼をして責任を負わしめ、その論理をどこまでも追求させ、あの「なすべきことはただ」が、しばしば残酷な、非人間的な、つまりは不毛な性質を持っていることを、じかに悟らせねばならない。何びとも真理を保持してはいないのだ、指導者も、また活動家も。さまざまの地方的状況における真理の探求は、集団的になすべきことである。ある者は、他人よりも豊富な経験を持ち、速やかにその見解を作り上げ、過去において多くの精神的な関係を確立してきた。しかしそのような人びとは、民衆を踏みつけにせぬよう注意すべきである。それというのも、採用された決定の成否は、民衆全体の整然たる意識的参加にかかっているからだ。だれ一人巧妙に窮地を脱することはできない。皆が殺されるか拷問されるのであり、また独立国の内部では皆が飢え、かつ沈滞を共にすることになるだろう。集団的な闘いは、底辺における集団的責任と、上部における合議責任を前提とする。そうだ、共同の救いをめざす闘いに、すべての者を巻きこまねばならない。汚れない手など存在しない、無辜の人間などはなく、傍観者もいはしない。わが国土の沼地のなかで、われわれの頭脳のすさまじい空虚のなかで、われわれはみな手を汚しつつある。傍観者は一人残らず卑怯者か裏切者だ。

指導部に課せられた義務は大衆を獲得することである。ところで入党には、果たすべき任務の意識が、その理解が前提となる。ひと口に言えば、たとえ萌芽的なものにせよ、知性化（intellectualisation）が前提となる。民衆を呪縛してはならない、情緒や混迷のなかに溶解させてはならない。民衆のなかから立ち現われた革命のエリートによって指導される後進国のみが、今日、大衆を歴史の舞台に登場させることができるのだ。だが、くり返して言おう、民族ブルジョワジーの誕生、特権者のカーストの出現には、頑強に決然と反対せねばならぬ。大衆の政治化とは、一人一人の市民に、常に民族全体を意識させることだ。民族の体験を、市民一人一人の体験たらしめることだ。第二回アフリカ作家会議に寄せたメッセージのなかで、セク・トゥーレ大統領[8]がきわめて的確に指摘したのはこのことである。「思考の領域において、人間は己れこそ世界の頭脳であると自負することもできる。だが、いっさいの〔外部からの〕干渉が肉体的精神的存在に影響を与えるところの具体的な生の見地よりすれば、世界こそ常に人間の頭脳なのだ。なぜならここ〔世界〕にこそ、思考力と思考する諸単位の全体[9]があり、発展と完成のダイナミックな力が見出されるからだ。ここにおいてこそ、さまざまなエネルギーが融合し、ここにこそ最終的に人間の知的価値の総体が刻みこまれるからだ。」個人的体験は、それが民族の体験であり、民族の生の一環であるゆえに、もはや限定され狭められた個人の体験であることをやめ、民族と世界の真理に通じることができる。戦闘の段階において、戦士の一人一人が祖国を双の腕《かいな》で捧げ持っていたように、民族の建設期にあっても、市民の一人一人は日々の具体的な行動によって、やはり民族全体に結びつき、常に弁証法的な民族の真理を体現し、今ここに全的人間の勝利を意欲しつづけるべきなのだ。ひとつの橋の建設がもしそこに働く人びとの意識を豊かにしないものならば、橋は建設されぬがよい、市民は従前どおり、泳ぐか渡し船に乗るかして、川を渡っていればよい。橋は、空から降って湧くものであってはならない、社会の全景《パノラマ》にデウス・エクス・マキーナ〔救いの神〕によって押しつけられるものであってはならない。そうではなくて、市民の筋肉と頭脳とから生まれるべきものだ。なるほどおそらくは技師や建設家が必要になるだろう——それもときには一人残らず外国人であるかもしれない。だがその場合も党の地区委員がそこにいて、市民の砂漠のごとき頭脳のなかに技術が浸透し、この橋が細部においても全体としても市民によって考え直され、計画され、引き受けられるようにすべきなのだ。市民は橋をわがものにせねばならない。このときはじめて、いっさいが可能となるのである。

民族的政府と自称する政府は、民族全体を引き受けるべきであるが、後進国においてはとりわけ青年が最も重要な一部門を示している。青年たちの意識を高め、それを導かねばならない。われわれが自国の軍隊のなかに再び見出すのは、これら青年である。もし青年たちのレベルで説明の仕事が行なわれていたならば、もし青年民族同盟が、青年を民族に統合するというその課題を遂行していたならば、そのとき、ラテン・アメリカ諸共和国の未来を抵当に入れ台なしにしてしまった誤謬は、避けることができるだろう。軍隊はけっして戦争の学校ではなく、市民精神を学ぶ学校であり、政治学校である。成年に達した一国において、兵士は傭兵ではなく、武器を持って国を防衛する市民である。それゆえ根本的に重要なことは、兵士は国に仕えるのであって、いかに光輝に包まれていようとも一人の士官に仕えるものではないということを、兵士自身が知ることである。民族意識を高め、部族を解体し、国の統一をはかるために、兵役ならびに文官勤務を活用せねばならない。後進国においてはできる限り速やかに、男女を動員すべくつとめるべきだろう。後進国は、男性の女性に対する優位を確立した封建的伝統を永続させぬよう、警戒すべきである。女性は、憲法の条文においてではなく、日常生活において、工場で、学校で、集会で、男性と同一の地位を受けるべきであろう。たとえ西欧諸国において軍人が兵営に収容されるにせよ、これが常に最上の方式であるとは限らない。新しく徴募に応じた者を必ずしも軍隊に編入するには及ばない。兵役であっても文官勤務であってもよい、いずれにしても、健全な身体を有する市民のめいめいが、ひとつの戦闘部隊に常に統合されうること、民族的社会的に達成したものを常に防衛しうることこそが求められているのである。

集団的利益のための大規模な事業は、新たに戦列に加わる者の手で実施されるのでなければならない。それは、生気のない地域に活を与え、またより多数の市民に国の現実を知らせるための、絶好の手段である。軍隊を自立的集団に変えるごときは避けねばならない。このような集団は、早晩、行動も任務もないままに「政治に口を出」しはじめ、権力の座を脅かしはじめるにちがいない。サロンの将軍たちは、権力者の次の間にあまりに足繁く通いつめたために、いつかクーデターを夢見るようになる。これを回避する唯一の方法は、軍隊を政治化すること、つまりは軍隊を国民のものたらしめること（nationaliser）だ。同様に、民兵組織を増設することも緊急事である。戦争の場合に戦うのは、あるいは働くのは、民族全体である。職業的兵士がいてはならない、職業的士官の数はぎりぎりまで削限されねばならない。第一に、士官はしばしば大学〔出の〕幹部のあいだから選ばれるが、彼らは他の部門におかれた方がはるかに有用でありうるからだ。たとえば技師は民族にとって、士官より千倍も必要な存在だ。第二に、特権階級意識の結晶を避けねばならぬからだ。先に見たごとく、民族主義、すなわち大衆を圧制者に抗して立ち上がらせたあの壮麗な歌は、独立の翌日に解体する。民族主義は政治理論ではない。プログラムではない。もし自分の国に、あのさまざまな逆行現象、あの停滞、あの断層を本当に回避させたいと欲するならば、民族意識から政治的かつ社会的意識へと急速に移行することが必要だ。民族というものは、革命指導部の手で周到に準備されたプログラム、そして大衆によって明晰かつ熱狂的にひきつがれたプログラムのなかに存在するのでなければ、どこにも存在しないのである。一民族のかたむける努力を、後進諸国の総体的な枠のなかに不断に位置づけねばならぬ。飢えと闇の戦線、悲惨と萌芽的意識の戦線を、男たち女たちの精神に、また筋肉に、たえず存在させねばならぬ。大衆の営為、また幾世紀にもわたって人知の歴史から排除されたという災禍に打ち克とうとする大衆の意志、それらは、後進国のすべての人民の営為、意志と、連結されねばならない。後進国の人びとには、一種の集団的努力、共通の運命がある。第三世界の民衆の関心をひくニュースは、ボードゥアン国王〔ベルギー国王〕の結婚やイタリア・ブルジョワジーのスキャンダルではない。われわれが知りたいと思うのは、文盲に対する闘いや指導者の独裁的傾向に対する闘いの場において、アルゼンチンあるいはビルマの人びとが行なった体験である。それらはわれわれを強化し、われわれを教育し、われわれの〔努力の〕有効性を一〇倍にもする要因である。見られるごとく、民衆を政治的かつ社会的に真に解放しようとする政府にとっては、ひとつのプログラムが必要だ——それはすなわち経済上のプログラムであるが、また同時に富の分配および社会的諸関係についての理論でもある。じっさい、ひとつの人間観を、人類の未来にかんするひとつの構想を、持つことが必要だ。その意味は、いかなる煽動的公式も、かつての占領者とのいかなる共謀も、プログラムに代わるものでないということだ。はじめは意識を持たないが、しだいに明晰な理解力を備えてゆく民衆は、力ずくでこのプログラムを要求するであろう。アフリカ諸国の民族、後進国の民衆は、世間の通念とは反対に、急速にその政治的社会的意識を築きあげる。〔だが〕重大な結果を導きかねないことは、彼らがきわめてしばしば、民族意識の段階以前に、かかる社会的意識に到達することである。それゆえ後進国における社会正義への激しい要求が、逆説的に、部族主義——それも多くの場合、原始的な部族主義——と結びつくのが見られるのである。後進国の民衆は、飢えた人びと特有の振舞いを有している。それはアフリカで勝手に楽しんでいる連中の命数が、はっきり定まっているということを意味する。つまり、彼らの権力が無限に続くことはあるまいという意味だ。大衆にただ民族主義という糧のみを与えるブルジョワジーは、己れの使命を怠り、次から次へと必然的に災難にまきこまれる。民族主義は、もしそれが明白にされず、豊かにされず、深められぬとしたら、もしそれが急速に政治的・社会的意識に、人間主義《ヒューマニズム》にと転化しないなら、袋小路へと人を導くことになる。後進国のブルジョワ指導層は、民族意識を不毛な形式主義のなかに閉じこめる。ただひとつ、明確化された実り豊かな諸課題へと男たち女たちが大挙して参加することのみが、民族意識に内容と密度を与える。そのとき、国旗と豪華な宮殿は、民族の象徴たることをやめる。民族は、これら光輝く人工の場所を見すてて、地方に避難し、そこにおいて生命と活力《ディナミスム》とを得る。民族の生きた表現とは、民衆全体の動きつつある意識だ。それは男たち女たちの、一貫した、明晰な実践《プラクシス》だ。ひとつの運命の集団的建設、それは歴史の次元においてひとつの責任を引き受けることだ。さもなければ、無秩序《アナーキー》、抑圧、部族化した党の出現、連邦主義の出現などがやってくる。民族的政府は、もし民族的であろうとするならば、人民による人民のための統治、恵まれぬ者のための恵まれぬ者による統治をなすべきだ。いかなる傑出した指導者といえども、人民の意志に代わることはできない。したがって民族的政府は、国際的な威信を身につけようと心をくだく前に、一人一人の市民に尊厳を回復させ、その頭脳を豊かにし、その両の眼を人間的なもので満たし、目ざめかつ主権を有する人びとが住むゆえに人間的と言えるひとつの全景《パノラマ》を、展開させるべきである。

4 民族文化について

「アフリカ革命に参加するには、ひとつの革命的な歌を書くだけでは十分でない。この革命を民衆とともに遂行することが必要だ。民衆とともにである。そうすれば、歌は自ら生まれるだろう。

真正の行動をなすためには、自分自身がアフリカとアフリカ思想との、生き生きとした一部分になることが必要だ。アフリカの解放、進歩、幸福のために、全面的に動員されたあの民衆のエネルギーの、一分子となることが必要だ。芸術家にせよ知識人にせよ、アフリカならびに苦悩する人類の偉大な戦闘に自ら参加していない者、民衆とともに全面的に動員されていない者にとって、この唯一の戦闘の外部に占めるべき座はひとつもない。」

セク・トゥーレ(原注一)

各世代は、相対的な不透明さのなかにおいてそれぞれ自己の使命を発見し、その使命を果たし、ないしはそれを裏切ることになるはずである。後進国においては、先立つ世代の者たちが、植民地主義の遂行する腐蝕作用に抵抗すると同時に、現に見られる闘争の成熟を準備してきた。われわれは、戦闘のまっただなかにある現在、父親たちの世代の行動を過小評価したり、彼らの沈黙やその受け身な態度に無理解を装ったりする習慣を、棄てさらなければならない。われわれの父親たちは、彼らがその頃所有していた武器をとって、戦えるだけ戦ったのであり、彼らの闘争の反響が国際的舞台に鳴りわたらなかったとしても、それは英雄的な勇気が彼らに欠けていたためではなくて、現在とは根本的に異なった国際情勢にその理由を求めねばならない。今日われわれがこのように勝利を確信して抵抗することができるのは、これまでに多くの原住民が「もうたくさんだ」と叫んだからだ、多くの部族が蜂起したからだ、多くの反乱が打ち負かされ、多くのデモが鎮圧されたからだ。

われわれの歴史的使命、植民地主義の屋台骨をうち砕こうと決意したわれわれの歴史的使命は、あらゆる反抗、あらゆる絶望的な行為、地のなかについえ去り没し去ったあらゆる企てに、秩序を与えることだ。

本章においてわれわれは、根本的なものと思われる問題、すなわち民族の復権要求の正当性の問題を分析するであろう。民衆を動員する政党が、この正当性の問題にほとんど関心を払っていないということを、まずわれわれは認めねばならない。政党は体験的現実から出発し、この現実《レエル》の名において、男たち女たちの現在と未来に重くのしかかるこの現実性《アクチユアリテ》の名において、行動を呼びかけるべきである。なるほど政党は感動的な言葉で民族を語ることもできようが、政党の関心事は、その言葉に耳を傾ける民衆に、ただ単に生存することを渇望するだけでも闘いに参加する必要があるということを、理解させることなのだ。

今日周知のごとく、植民地主義は民族闘争の第一段階において、経済主義の実施により民族的な要求を停止しようと試みる。要求の最初の声が上がるや否や、植民地主義はいかにももの分かりよい風を装いながら、これ見よがしにへり下り、その領土が深刻な後進性に苦しんでいること、その後進性は巨大な経済的社会的努力を必要とするものであることを認めてみせる。

そして事実、耳目を惹くような若干の措置がとられ、あちこちで操業を中止していた作業場が再開され、それらが民族意識の結晶を数年も遅らせるといったことが起こるのだ。しかし原住民大衆の渇望を満たすような経済・社会的な改革計画など、とても実現不可能であるということに植民地主義は早晩気づくのである。〔つまり〕胃袋の点においてさえ、植民地主義はその先天的無力さを立証する。〔かくて〕植民地主義国家は、厳密に経済的な領域において民族政党を武装解除しようと欲することが、所詮、本土では行なうつもりのなかった(1)ものを植民地で行なう結果になるのだということに、たちまち気づくのである。カルティエ主義の教義が今日あちこちで栄えているとしても、それは偶然ではない。

多数のフランス人が生活に困窮しているというのに、養ってゆかねばならぬ人びとを引きつけておこうと執拗につとめるフランス——この執拗さに直面して夢からさめたカルティエの苦渋は、植民地主義が利害を超越した援助や支援のプログラムに変化しえないという事実を物語っている。だからこそいま一度言うならば、「隷属のなかのパンよりは尊厳のなかの飢餓を」などと、空言をくり返すことに時を浪費してはならない。そうではなくて、植民地の民衆に尊厳を欲する心を忘れさせるだけの物質的条件を与える能力が、植民地主義にはないのだということを納得する必要がある。植民地主義はその社会改良の戦術によってどこに導かれるのか、そのことをひとたび理解した植民地主義は、たちまち昔の反射作用をとり戻し、警察力を強化し、軍隊を急派し、その利害とその心理状態にいっそうふさわしい恐怖政治をしいてゆくのである。

政党の内部に、また多くの場合そのかたわらに、原住民文化人が出現する。この人びとにとっては、民族文化の復権要求、この文化の存在確認が、特権的なひとつの戦場となる。政治家が現実のなかにその行動を記すのに対して、文化人は歴史の場に身をおくのだ。植民地化以前は野蛮な時代であったという植民地主義の理論に、原住民知識人は断乎として反撃を加える決意をするが、これを前にして植民地主義は、ほとんど反応を示そうともしない。若い原住民インテリゲンチャの展開する思想が、本国の専門家たちによって広く主張されているものであるだけに、植民地主義の反応はいっそう弱まることになるだろう。じっさいごく平凡な確認だが、数十年来ヨーロッパの多くの研究者が、アフリカ、メキシコ、ないしはペルーの文明を、ほぼ復権させてきたのである。人は原住民知識人が民族文化の存在を守るために注ぐ情熱に一驚した。だがこの激しい情熱を非難する人びとは、奇妙なことに、自分たちの精神、自分たちの自我が、すでに存在を証明してだれも異議を申し立てることのないフランス文化またはドイツ文化の背後に、のうのうと身を寄せていることを忘れている。

私は認めよう、生活面より見て、過去のアステカ文明が存在したという事実が、今日のメキシコ農民の食生活に大した変化をもたらすものでないことを。私は認めよう、驚異的なソンガイ文明の存在のあらゆる証拠がもたらされたところで、今日のソンガイ人が栄養不良であり、文盲であり、空ろな頭と空ろな目で空と水のあいだに投げ出されているという事実を変更するものではないことを。だがくり返し言われてきたごとく、植民地時代以前の民族文化をこのように情熱的に求めることは、西欧文化――そこに自分が埋没しかねない西欧文化――から身を引き離そうとする原住民知識人共通の配慮によって、その正当性を与えられているのだ。これらの人びとは、自分が道に迷いつつあり、したがって民衆にとって失われた存在になりつつあることを悟るがゆえに、いきり立ちわれを忘れて、彼らの民衆の最古の樹液、あくまで植民地以前の樹液と、接触を回復すべく熱中するのである。(2)

さらに先へ進もう。おそらくこれらの情熱は、またこの激怒は、現在のこの悲惨、自分自身へのこの侮蔑、この放棄と否認のかなたに、われわれ自身に対しても他に対してもともにわれわれを復権せしめるところのきわめて美しくきわめて輝かしい一時代を発見したいという、ひそやかな希望によって維持されており、あるいは少なくともそれによって方向づけられているのであろう。私はさらに先へ進む決意をしたと述べた。原住民知識人はおそらく無意識のうちに、虐げられた彼らの民衆の目前の歴史と同衾することもできず、彼らの現在の野蛮の歴史に感嘆することもできず、さらに先へ進もう、さらに深く降りてゆこうと決意したのであって、彼らは疑いもなく異常な歓喜に浸りながら、過去がけっして恥辱ではなくて尊厳であり、栄光であり、盛儀であることを発見したのである。過ぎ去った民族文化の復権要求は、単に未来の民族文化を復権させ、それを正当化するのみではない。精神的・感情的な平衡という点から見て、それは根本的に重大な変化を原住民のうちに誘発する。おそらくこれまで十分に指摘されることもなかったであろうが、植民地主義は被統治国の現在と未来に自己の掟を押しつけるだけでは満足しないものだ。植民地主義は、その鉄鎖で民衆をしめつけ、原住民の頭脳からいっさいの形態、いっさいの内容をとり去ることで満足するものではない。一種の論理の逸脱頽廃によって、植民地主義は被抑圧民族の過去へと向かい、それをねじ曲げ、歪め、これを絶滅するのだ。植民地化以前の歴史の価値を貶めようとするかかる企ては、今日その弁証法的な意味を帯びているのである。

文化的疎外——植民地時代の大きな特徴であるこの文化的疎外——の実現のためにこれまで展開されてきた努力を考察するとき、人は何ごとも偶然になされはしなかったことを理解する。また植民地支配が求めた総体的な結果は、まさしく現地人に向かって、植民地主義は君たちを闇から引き出してやるのだと説得することであったのを人は理解する。植民地主義が意識的に追求したその結果とは、コロンの退去が現地人にとって、野蛮への復帰、堕落、動物化を意味するということを、彼らの頭にたたきこむことであった。つまり無意識の次元において、植民地主義は現地人に、敵対的環境から子供を守るやさしく慈み深い母親のように見なされようとしたのではなく、根っから邪悪な子がついに自殺してしまったり、不吉な本能をほしいままに発揮したりすることのないよう、まさしく不断にそれを妨げる母親という姿で見られることを求めていたのだ。植民地の母親は、その子供を子供自身から、その自我から、その生理的現実、その生物的現実、その存在論的不幸から、守っているのだ。

このような状況にあって、原住民知識人の要求は、贅沢な願いではなくて首尾一貫したプログラムの要求となる。自己の闘争を正当性の観点に位置づけ、その証拠をもたらそうと欲し、自己の肉体の歴史をよりよく示すためにすすんで裸になることを受け入れる原住民知識人は、その民衆の臓腑のなかに沈潜することを余儀なくされているのだ。

この沈潜は、特定の民族のものではない。植民地主義の欺瞞と闘いを交える決意をした原住民知識人は、大陸的規模においてこれを行なうことになるのだ。過去には価値が付与される。文化、過去からひき離されてその燦然たる光輝のうちに示される文化は、彼の国だけの文化ではない。植民地主義はこれまで手きびしく、ニグロは野蛮人だとたえず主張してきたが、その言うところのニグロとは、アンゴラ人でもナイジェリア人でもなかったのである。植民地主義は大文字の〈ニグロ〉を語っていた。植民地主義にとって、この広大な大陸は野蛮人の巣窟であり、迷信と狂信のはびこる土地、侮蔑さるべき運命の神の呪いを負った土地、食人種の地、ニグロたちの地であった。植民地主義の弾劾は大陸全土にわたっている。植民地化に先立つ時代が人間の住む闇によって特徴づけられたとする植民地主義の主張は、アフリカ大陸全体に及ぶものだ。自らの名誉を回復し、植民地主義の残した傷痕を逃れようとする原住民の努力は、当然のことながら、植民地主義と同一の展望《パースペクティヴ》の上に記載される。遠く西欧文化の方へと旅立った原住民知識人、そして今はひとつの文化の存在を高らかに宣言しようともくろむ原住民知識人は、けっしてそれをアンゴラの、あるいはダホメの名において行ないはしない。主張される文化は、アフリカの文化である。ニグロは、白人に支配されるようになってから、かつてなくニグロとなったのであり、今や文化の存在を証明し、文化を作り出そうと決意するとき、彼は歴史が自分に明確なひとつの場を課していること、歴史が明確な道を指示していること、つまり黒人文化を明らかにせねばならぬことに気づくのである。

思考のこのような人種化（racialisation）、あるいは少なくとも思考態度の人種化の、主たる責任者が、これまで白人文化をたえず他のもろもろの非文化と対置してきたヨーロッパ人であり、また今なおそうであるということは、まぎれもない真実だ。植民地主義は、さまざまな民族の文化を個別にひとつずつ否認して時を空費するにも及ばないと考えたのである。だからこそ、原住民の回答も、一挙に大陸全土を覆うものとなるだろう。アフリカにおけるここ二〇年間の原住民文学は、民族文学ではなくて、ニグロの文学だ。たとえばネグリチュードという概念は、白人が人類に対して行なったあの侮辱に対する、論理的とはいえぬにしても感情的なアンチ・テーゼであった。白人による侮蔑に対抗して打ち出されたこのネグリチュードは、ある種の部門において、禁止と呪いを排除しうる唯一のものであることを示したのである。ギニアの、あるいはケニアの知識人は、何にもまして支配による全面的追放、その十把ひとからげの侮蔑に相対していたゆえに、その反応は自己を称讃し、自己を歌うことであったのだ。西欧文化の無条件の肯定につづいて、アフリカ文化の無条件の肯定がやってきた。全体としてネグリチュードの歌い手たちは、老いたるヨーロッパを若きアフリカに、退屈きわまりない理性を詩に、圧制の論理をはやり立つ自然にと対比させることになる——一方には硬直、儀式、儀礼、懐疑を見、他方には無邪気、血気、自由を、また豊富さを、さらにはまた無責任を見ることになる。

ネグリチュードの歌い手たちは、大陸の境界を越えることもためらいはしない。アメリカからは黒い声が、声量を増しつつこの讃歌を引きつごうとしている。「黒人世界」が誕生する。そしてガーナのブシア、セネガルのビラゴ・ディオップ、スーダンのアンパテ・バ、シカゴのセント・クレア・ドレイク(3)は、共通の絆の存在、同一勢力の戦列の存在を、ためらうことなく肯定するだろう。

アラブ世界の例もまた、ここに提起することができるだろう。アラブ領土の大半が植民地支配に屈したものであることは、周知のとおりである。植民地主義はこれら地域においても同じ努力をくり拡げ、原住民の頭に、植民地化以前の彼らの歴史が野蛮の君臨する歴史であったことを定着させようと試みた。〔ところで〕民族解放闘争は、イスラムの覚醒という名で知られる文化現象を伴った。アラブの現代作家たちが、アラブ史の偉大なページを祖国の民衆に想起させるべく注ぎこむ情熱は、占領者の欺瞞に対する回答である。アラブ文学の偉大な名がリストに書きこまれ、アラブ文明の過去は、アフリカ文明の過去に対するのと同じ激しさ、情熱でふりかざされた。アラブの指導者たちは十二、十三、十四世紀にいとも輝かしく光芒を放ったかの有名なダル・エル・イスラム(4)を再度駆り出そうと試みたのである。

今日、政治的にはアラブ連盟《リーグ》が、過去の遺産をひきつぎそれを絶頂にまで高めようとするこの意志を具体化している。今日、アラブの医者や詩人たちは国境を越えて声をかけあい、新しいアラブ文化、新しいアラブ文明を興そうとつとめている。この人びとが結集するのはアラブ主義の名においてであり、彼らはまた、この名において思考すべく努力している。しかしながらアラブ世界においては、植民地支配のもとでさえ、ナショナルな感情がアフリカでは見出されない活気を保持してきたのである。

それゆえアラブ連盟《リーグ》においては、各人と万人との自然な一致は見出されない。それどころか逆説的に、めいめいが自己の民族の実現したものを歌おうとする始末だ。〔このように〕その文化現象は、アフリカ世界の文化現象を特徴づけてきた未分化の状態を脱してはいるけれども、それでも、アラブ人であることが必ずしもその対象の前から消え去るには至らない。文化的体験はナショナルなものではなくて、やはりアラブ的なものだ。問題はまだ、ナショナルな文化を確立することではなく、各民族《ナシオン》の動きを把握することでもない。支配者が下す全体的な弾劾に対抗して、アラブ文化あるいはアフリカ文化を引き受けることである。〔かくて〕アフリカという面においてもアラブの面においても、植民地文化人の復権要求はさまざまなものを統合しており、大陸的であり、アラブ人の場合は世界的なものであることが見てとれる。

アフリカの文化人がおかれているこの歴史的責務、すなわちその要求を人種化し、民族文化を語るよりもアフリカ文化についていっそう多く語るというその責務は、彼らを袋小路に追いこむことになる。アフリカ文化協会の場合を例に引こう。この協会は、自らを識り、相互の経験と探求を交換したいと願うアフリカの知識人によって創設された。それゆえこの協会の目的はアフリカ文化の存在を主張することであり、一定の国々の範囲内でこの文化の財産目録を作成することであり、ナショナルな文化の内的ディナミスムを明示することであった。しかし同時に、この協会は、もうひとつの要求に応えるものであった。すなわち、全世界文化協会になりかねなかったヨーロッパ文化協会に対して、それと並ぶものになるという要求である。したがってこの決定の根底には、ありとあらゆる武器をとって、アフリカ大陸の臓腑そのものからほとばしり出たひとつの文化をもって、全世界的な出会いの場にいあわせるべきだとの顧慮がはたらいた。だがたちまちにしてこの協会は、これらさまざまな課題を引き受けるのに不適格であることを露呈し、単なる露出症的デモンストレーションに終わってゆく。言いかえれば、アフリカ文化が存在することをヨーロッパ人に証明すること、これ見よがしのナルシス的なヨーロッパ人に対抗すること、以上がこの協会メンバーの習慣的な態度になってゆく。われわれはこの態度が正常なものであること、西欧文化人が欺瞞をふりまくゆえに正当なものとなることを、すでに示しておいた。しかしこの協会の目標の荒廃は、ネグリチュードの概念が洗練されてゆくにつれてますます深まってゆくだろう。アフリカ協会は、今や黒人世界の文化協会になろうとしており、やがてニグロのディアスポラ(5)、つまりアメリカ大陸に分散した幾千万人の黒人を包含するに至るであろう。

合衆国、中央アメリカあるいはラテン・アメリカにいるニグロは、まさしく文化的母胎にすがりつくことを必要としていた。彼らに提起されていた問題は、アフリカ人が直面していた問題と根本的に異なるものではなかった。彼らに対してアメリカの白人は、アフリカを支配していた連中と異なる振舞いをしたわけではなかった。白人がニグロを一切合財ひとつ袋に投げ入れるのに慣れていたことは、すでに見たところである。一九五六年パリで開催されたアフリカ文化協会第一回会議において、アメリカのニグロはごく自然に、自分たちの問題をアフリカに住む同類の問題と同一平面上で考えたのである。アフリカの文化人は、アフリカ文明を語るにあたって、もとの奴隷たち〔アメリカの黒人たち〕にもっとも公な身分を賦与していた。だが、徐々にアメリカのニグロは気づいたのである――彼らに提起されている実存的諸問題は、アフリカのニグロが直面している問題に合致するものではないということに。シカゴのニグロがナイジェリア人やタンガニーカ人〔現在のタンザニアの大部分にあたる〕に類似していたのは、単に彼らがいずれも白人と対比して自己を定義するという、まさにその限りにおいてであった。だが当初の対決が終わり、主観性が静められるや否や、アメリカのニグロは客観的諸問題が根本的に異質であることに気づいたのである。アメリカの黒人と白人が人種差別を後退させようと試みる自由のバス(6)は、その原理と目標とにおいて、いまわしいポルトガルの植民地主義に抗するアンゴラ人民の英雄的闘争とはほとんど無関係である。だからアフリカ文化協会の第二回会議のさい、アメリカのニグロは、アメリカ黒人文化人協会の創設を決定したのであった。

かくてネグリチュードは、人間の歴史化を説明するさまざまな現象のうちに、その最初の限界を見出した。ニグロ文化、ニグロ・アフリカ文化は分割されていたのだった。なぜなら、この文化を体現しようとした人びとが、いかなる文化もまず民族的《ナショナル》なものであること、したがってリチャード・ライトやラングストン・ヒューズをたえず緊張させる問題は、レオポルド・サンゴールやヨモ・ケニヤッタの直面する問題と根本的に異なるものであることを、理解したからである。一部アラブ諸国も同様である。彼らはすでにアラブ復興の幻惑的な歌を歌いはじめていたのであったが、にもかかわらず、そのよみがえらせようとする過去よりも、その地理的位置、その地域の経済的相互依存性の方が強力であることに気づかねばならなかった。かくてわれわれは今日、アラブ諸国家が、地中海文化圏に有機的につながっていることを見出すのだ。それはこれら諸国家が、近代の圧力に、新たな商業回路に、左右されているからであり、他方アラブの栄光の時代に支配していた商業網が消失したからである。だが何よりも一部アラブ国家の政治体制が相互に非常に異質なもの、無縁なものになった結果、これら国家間の邂逅は、たとえ文化的なものであっても無意味《ナンセンス》になったという事実が存在しているのである。

見られるごとく、植民地においてときに提起されるような文化的問題は、重大な曖昧性を生むおそれがある。植民地主義が公言するところのニグロの非文化、アラブ人の先天的野蛮は、当然のことながら文化現象の高揚を導くものであったが、それはもはやナショナルなものではなくて大陸的な文化であり、また奇妙に人種化された文化である。アフリカでは、文化人の歩みはニグロ・アフリカの、あるいはアラブ・回教の歩みである。それは特定のナショナルなものではない。〔かくて〕文化はしだいに現実《アクチュアリテ》との断絶を深めてゆく。それは、情熱的に燃え上がる炉辺に難を避け、具体的な道を切り開くのは困難になる——しかしながらこの具体的な道のみが、豊饒な、均質な、稠密な性質を文化に獲得させうる唯一のものであろう。

原住民知識人の企てが、歴史的に見て限界のあるものにせよ、それはやはり大幅に、政治家の行動を支持し正当化することに寄与している。なるほど原住民知識人の態度は、しばしば崇拝の様相、信仰の様相を帯びることもあるだろう。だがこれを正確に分析しようとすれば、この態度は原住民〔知識人〕が、民衆との最後の錨索もたち切りかねない危険に遭遇していることを意識した、その表現であることに人は気づくのだ。民族文化の存在に対するこの信仰告白は、実は熱烈に、絶望的に、手当たりしだいのものに復帰することだ。自己の救済を確保するために、白人文化の覇権から逃れるために、原住民〔知識人〕はこれまで知らなかった根にたちかえる必要を感じる、何事が起ころうとも、この野蛮な民衆のなかに自己を失う必要を感じるのである。原住民〔知識人〕は、自分が疎外されてゆくと感じるゆえに、言いかえれば、克服しえないかもしれぬ矛盾の生ける場所になることを感じるがゆえに、自分が埋没しかねない沼地から身を引きはなし、必死で、無我夢中で、承諾し、引き受けることを決意し、確認する。原住民〔知識人〕は、自分がすべてについて、またすべての人びとについて、責任を負わなければならぬことを発見する。彼は擁護者となるだけではなく、他人とともにあることを受諾する。そしてそれ以来、自分の過去の怯懦をもあえて冷笑することができるのである。

しかしながらこの苦渋に満ちた脱皮は必要だ。それが実現されぬ場合は、極度に重大な心理的‐感情的損傷が見られることになるであろうから。寄る辺のない、限界を知らぬ、青ざめた者たち、無国籍者、根をもたぬ者、天使たちが見られることになるであろうから。同様に、次のように公言する原住民〔知識人〕がいても驚くには当たらない、「私が今語るのは、セネガル人ならびにフランス人としてであり……、アルジェリア人ならびにフランス人としてであり……。」真実であろうとする限り、二重の国籍、二重の限定を引き受けねばならぬ必要にぶつかった知識人、アラブ人であってフランス人、ナイジェリア人であって英国人である知識人は、この限定の一方を否認することを選ぶ。〔ところが〕多くの場合これら知識人は、選ぶことを欲せず、あるいは選ぶこともできず、自己を条件づけたあらゆる歴史的な限定を寄せ集めて、「普遍的観点」のなかに徹底的に身を置くのである。

それは原住民知識人が、貪婪に西欧文化のなかに飛びこんだからだ。養子にされた子供が、安全を保証する最小限の核がその心のうちに結晶するときまで、たえず新しい家庭の環境を穿鑿してやまないように、原住民知識人はヨーロッパ文化をわがものとすべく努めるであろう。ラブレーやディドロ、シェークスピアやエドガー・ポオを識るだけでは満足できず、彼はこの人びととの最も極端な共犯に至るまでに、その頭脳に目かくしをほどこすであろう。

「女は独りぼっちではなかった
夫がいたのだ
完全無欠の夫であって
ラシーヌやコルネーユを引用した
またヴォルテールやルソーを
またユゴーおやじや若いミュッセを
またジードやヴァレリイを
まだまだ多くの人たちを(原注二)」

しかし民族主義政党が民族独立の名において民衆を動員するとき、原住民知識人は突如として、かかる教養が自己を疎外するものだと感じ、往々にしてこれを足蹴にすることもありうるのだ。ただし実際にこれを投げ棄てるよりは、投げ棄てると公言する方が容易である。文化を介して西欧文明のなかに浸透してしまったこの知識人、ついにはヨーロッパ文明と一体をなすまでに、つまりは肉体を代えるまでに至ったこの知識人は、彼が独創性を発揮すべく引き受けようとする文化的母胎が、多様で魅惑的な占領者文明との比較に堪えうる相貌をほとんど示してくれぬことに気づいてゆく。歴史——もちろん西欧人によって西欧人のために書かれた歴史——は、アフリカの過去のある時代にたまたま価値を賦与することもありえよう。だが知識人は、祖国の現在の前に立ち、自分の大陸たらしめようと欲するこの大陸の現実《アクチュアリテ》を、明晰に「客観的に」観察するとき、その空虚、その愚鈍、その野蛮に愕然とする。ところが彼は、あの白人文化から脱出せねばならぬ、どこでもいいから他の場所を探さねばならぬ、と感じているのだ。そして、支配者の広げてみせる輝かしい全景《パノラマ》に匹敵するだけの文化的糧を見出せないために、原住民知識人はきわめてしばしば情念的な立場にたち返り、やがて異常な感受性、異常な感覚、異常な敏感さに支配されたひとつの精神状態を発展させることになる。この後退は、その内的メカニスムと外貌とにおいて、未証明の論点を先取りするところから生じるものであり、それはとりわけひとつの反射作用を、筋肉の収縮を喚起するのである。(7)

自らを解放しつつある意識のこの局面、これを表現しようと決意する原住民知識人の文体は、こうして十分に説明される。それはゴツゴツした、甚だしくイマージュに富んだ文体だ――というのもイマージュは、無意識のエネルギーを周囲の草原に散乱させる跳ね橋であるのだから。それはきびきびした、リズムの躍動する文体、噴出する生命に貫かれた文体だ。また生き生きとした色の文体だ、陽焼けした、晴れやかな、そして激越な文体だ。この文体は、かつて西欧人を驚かせたものであったが、人に指摘されたごとき人種的性格のものではなく、何よりもまずひとつの白兵戦を表現するものであり、知識人が自己を傷つけ、現実に赤い血を流し、すでに腐敗の芽を含んでいたその存在の一部から自己を解放する必要に迫られていたことを示すものだ。これは苦痛に満ちた、急速な戦闘であり、そこでは必然的に筋肉が概念にとって代わらねばならなかったのだ。

詩の世界においてこの歩みが異例の高みに到達するとしても、存在のレベルにおいては、知識人は依然としてしばしば袋小路にはまりこむ。知識人は、その民衆がかつていかにあり現在いかにあるかにかかわらず、その民衆に対する発情の極に達して日常性の道を再発見しようと決意するが、そのとき彼が自分の冒険から持ちかえるものは、おそろしく不毛な公式にすぎない。彼は慣習、伝統、外観に特典を与えるが、彼が余儀なく行なう苦渋に満ちた探索は、異国情緒を追うというありふれた行為を思わせるばかりだ。この時期には、知識人は、現地人の全景《パノラマ》を決定するどんなとるに足らぬものでも称揚する。ブーブー〔アラブ人の着る白いシャツの一種〕は神聖化され、パリないしはイタリア製の靴はアラブ式スリッパのためにうち棄てられる。支配者の言語が突如発音困難となる。自己の民衆を再発見するということは、この時期には往々にして、ニグロたらんと欲することだ。他のニグロと同じようなニグロになるのではなく、真のニグロ、白人が望むままの下種《げす》のニグロたらんと欲することだ。自国の民衆を再発見するということは、自らをビコ〔前出。アラブ人の蔑称〕たらしめること、可能な限り現地人たらしめること、完全に見分けがたいほどの現地人たらしめることだ。肩に生やした自分の翼を切りおとすことだ。

原住民知識人は、植民地世界から引き出した悪習のリスト作りにとりかかることを決意し、また大わらわで民衆の良風を思い出しはじめる——この民衆は、あらゆる真実を保持していることにされたのである。このような態度は、その地に腰をすえた植民地主義者のあいだに顰蹙をまきおこし、それが原住民〔知識人〕の決意をいっそう強化する。これら同化した者たちに対する勝利を悠々と味わっていた植民地主義者たちが、救ってやったと思っていた連中がニグロ性のなかに溶けこんでゆくのに気づくとき、そのとき制度全体がゆらぎ出す。征服された原住民の各々が、臣下たる誓いをたてた原住民の各々が、その自分を棄てる決意を固めるとき、それはただ単に植民地化の企ての挫折であるのみならず、なしとげられた事業の空しさと根の浅さを象徴してもいるのだ。境界線を再びふみこえてゆく原住民の一人一人は、これまでの方法と体制とに対する根底的《ラディカル》な有罪判決であり、原住民知識人は彼がひきおこしたスキャンダルのなかに、その辞任〔植民地主義の与えた役割への辞任〕に対する正当化を、また〔彼の決意を〕執拗に続けよというはげましを見出すのである。

このような進展を特徴づけるさまざまな局面を、原住民作家の作品を通して見出そうとするならば、三段階のパノラマがわれわれの眼前に浮かぶであろう。第一段階において原住民知識人は、彼が占領者の文化を同化したことを証明する。彼の作品は、本国作家の作品にまさに正確に符合する。発想はヨーロッパ的であり、人はこれらの作品を、本国文学の明確な一潮流へと容易に結びつけることができる。これは完全な同化の時期である。この原住民文学には、高踏派《パルナシアン》が、象徴主義者《サンボリスト》が、超現実主義《シュールレアリ》者《スト》が見出されるであろう。

第二段階においては、原住民〔知識人〕は動揺し、過去を想起しようと決意する。この創造の時期は、われわれがさきに述べた再沈潜〔の時期〕におよそ一致する。しかし原住民〔知識人〕は、その民衆のなかに組みこまれているわけではなく、民衆に対して外在的な関係を保っているために、過去を想起するだけで満足する。幼年時代の古いエピソードが記憶の底からつれ戻され、古い伝説が、借り物の美学や他国の空の下で発見された世界観に応じて、解釈し直されるであろう。ときにはユーモアと寓意《アレゴリー》が、この闘争前夜の文学の主調となることもあろう。苦悩の、不快の時期、死の体験、また嘔吐の体験。彼らは自分自身を吐き出してしまう。しかしすでにその下に、笑いが開始されている。

第三の時期、いわゆる闘争の時期が来ると、それまで民衆のなかに埋没し、民衆と共に自己を失おうと試みていた原住民〔知識人〕は、今や逆に民衆をゆり動かそうとする。民衆の惰眠に特典を与えるのではなく、自ら民衆の覚醒者になり変わるのだ。闘いの文学、革命的文学、民族的文学だ。この段階において、かつては文学作品を作ることなど考えもしなかったであろう多数の男たち女たちが、今や異常な状況のなかに、牢獄に、マキに、死刑執行の前夜にあって、民族を語り、民衆を表現する文章を作り、顕在化した新たな現実の代弁者となる必要を感じるのだ。

しかし原住民知識人は早晩理解するだろう――人は文化を出発点として民族を証明するのではなく、占領軍に抗して民衆の行なう闘いのなかで文化を表明するのだ、ということを。いかなる植民地主義も、それが支配する国土に文化が存在していなかったからとて、正当化されるわけではない。知られざる文化財を鼻先につきつけたところで、けっして植民地主義を恥じ入らせることはできないであろう。原住民知識人は、文化的な仕事をしようなどと腐心しているまさにその瞬間には、自分が占領者から借り物の技術と言語を使用しているのだということが分からない。彼はこれらの道具に、民族的であろうとするのだが奇妙にエグゾティスムを思わせる刻印を与えるだけで満足する。文化的作品を通じて民衆のもとに復帰する原住民知識人は、実際には、異邦人のごとくに振舞っているのだ。ときおり彼は、民衆にできるだけ接近しようとする意志を表明するために、あえて方言を用いることもあるだろう。だが、彼が表現する思想、彼につきまとう関心事は、祖国の男たち女たちの識る具体的状況と共通するものを持っていない。知識人は文化に向かって身をのり出してゆくが、その文化はきわめてしばしば、特殊主義《パルティキュラリスム》の在庫品《ストック》でしかない。彼は民衆に密着することを欲しながら、目に見える外被に密着する。ところがこの外被は、地下にひそむ、稠密な、たえず更新されつつある生の、ひとつの反映にすぎないのである。この客観性は人目を惹き、民衆の特徴を示しているかに思われるが、実際にはより根本的な実体、まったく新たになりつつある実体の、多様な、必ずしも一貫していない適応がもたらした結果にすぎない――無生気な、すでに否認された結果にすぎない。文化人は、この実体の探求にのり出す代わりに、これらぼろぼろのミイラと化したものに、たちまち目が眩んでしまうだろう――それらは膠着して、逆に否定、超越、架空の作りごとを意味している。文化はけっして慣習のような透明性を持っていない。文化は完全にあらゆる単純化を逃れてしまう。その本質において、文化は慣習の対極にあり、慣習こそは常に文化の頽廃なのである。伝統にすがりつき、またはき去りにされた伝統を再びアクチュアルなものにしようとすることは、単に歴史に逆行するのみか、民衆の意志にも反するものだ。民衆が、不倶戴天の植民地主義に対抗する武装闘争――あるいは政治闘争でもよい――を支持するとき、伝統はその意味を変える。かつて受け身の抵抗の技術であったものが、この時期には、徹底的に断罪されることも起こりうる。闘争の段階にある後進国にあっては、伝統は根本的に不安定であり、遠心的な傾向に貫かれている。だからこそ知識人はしばしば時宜に適さぬ存在と化する危険があるのだ。闘争を遂行してきた民衆は、少しずつ煽動《デマゴジー》を通さなくなる。そしてあまりに民衆の尻のあとばかり追いかけようとする者は、卑俗な日和見主義者、つまりは遅れて来た者にすぎぬことが明らかになるのだ。

たとえば造形美術の分野において、何が何でも民族的作品を作ろうとする原住民芸術家は、細部のステレオタイプ化した複製に没頭する。これら芸術家たちは、それでも近代的な手法を深く窮め、絵画あるいは現代建築の主な潮流に加わってきた連中だが、今やくるりと背を向けて、外国の文化を否認し、民族の真なるものを求めつつ、彼らが民族美術の不変的原理と考えるところのものに特典を与える。しかしこれらの人びとは、思考の諸形態、食料、情報・言語・衣服の近代的技術などが、民衆の頭脳を弁証法的に組織し直したこと、そしてまた植民地時代には歯止めになっていた不変的原理がすさまじいまでに徹底的《ラディカル》な改変を蒙りつつあるということを、忘れ去っているのだ。

民族的真理を描こうと決意するこの創造者は、逆説的に過去へ、現実的《アクチュエル》でないものへと向かってゆく。彼がその深い志向において目指すところのもの、それは思考の排泄物であり、外側であり、死骸であり、決定的に膠着した知識である。だが真正の仕事をしようと欲する原住民知識人は、民族的真理とはまず民族的現実であることを知るべきだ。彼は、知識があらかじめ示されるところの沸騰しつつある地点にまで、進み出ねばならない。

独立以前には、原住民画家は民族の全景《パノラマ》に無感覚であった。それゆえ彼は抽象絵画をしきりともち上げるか、あるいはより多く、静物画を専門に描いていた。独立後になると、民衆に合流するという彼の顧慮は、彼をして民族的現実のまさに正確な描写に没頭させることとなる。これはリズムのない、静まりかえった、不動の、生命ではなく死を喚起する描写である。教養のある階層は、みごとに表現されたこの真実の前で恍惚となる。だが人は自分に問うてみる権利を持っている――いったいここに表現された真実（vérité）は現実的なもの（réelle）かどうか、実のところそれはのり越えられ、否認され、民衆が歴史に向かって道をきりひらいてゆく叙事詩によって再び疑問視されてはいないのか、と。

詩においてもわれわれは同じことを確認できよう。韻文詩による同化の段階を経て、タムタム詩のリズムが炸裂する。これは反抗の詩だ、だが分析的叙述的な詩だ。しかしながら詩人は、武装した民衆のかたわらでの理性的で逆行不能なアンガージュマンに代わりうるものが何ひとつないことを、理解せねばならない。いま一度、デペストルを引用しよう。

「女はひとりぼっちではなかった
夫がいたのだ
すべてを知る夫であったが
率直にいって何ひとつ知らなかった
なぜなら文化はつねに譲渡をともなうからだ
わが肉とわが血の譲渡
他人に対するわが身の譲渡
譲渡によって与えられるものは
古典主義と浪漫主義
われわれの心をうるおすすべてのもの（原注三）」

民族的な仕事をしようと心をくだく原住民詩人、あくまでその民衆を描こうとする原住民詩人は、的を射損うものだ。それというのも、デペストルの言うこの根本的な譲渡を行なう準備が、うたう以前にできていないからだ。フランスの詩人ルネ・シャールは、このことをはっきり理解していた。彼はこう指摘している。「詩は主観的強制と客観的選択から生まれ出る。詩は独創的決定的な諸価値の動きつつある集合であり、この状況が真っ先に作り出すある人物との同時代的諸関係のうちにある集合である。」(原注四)

しかり、原住民詩人の第一の義務は、自己の創造の主題・民衆を明確に決定することにある。まず自己の疎外を意識せぬ限り、決然と前進することはできない。われわれはすべてを向こう側でとらえた。だが向こう側は、われわれに何かを与えるとき、必ず千の迂回路を設けて望む方向にわれわれを曲らせ、必ず万の手管、十万の術策を用いて、われわれを惹きつけ、籠絡し、とりこにしてしまうものだ。とらえること、それはまた、さまざまな面においてとらえられることである。それゆえ声明や否認をつみ重ねることによって自由になろうと試みるだけでは十分でない。あの過去のなかで民衆に合流するだけでは十分でない――そこにはもはや民衆は存在していないのだ。民衆が端緒をひらき、しかもそこから発して突如すべてが問われようとしているあの揺れうごく運動のなかで、民衆に合流することが必要なのだ。民衆が身をおいているあの神秘な平衡欠如の場所にこそ、われわれは赴かねばならない。なぜなら疑いもなく、民衆の魂が細かな樹氷におおわれ、民衆の知覚と民衆の呼吸とが輝きを発するのは、まさにその場所においてであるのだから。

今日ギニア共和国内務大臣であるケイタ・フォデバ(8)は、アフリカ・バレエの団長であったころ、ギニア民衆が彼に提示していた現実をごまかしはしなかった。革命的展望のもとに、彼はその国のあらゆるリズムのイメージに新たな解釈を与えた。いや、それ以上のことを行なった。ほとんど知られていない彼の詩作品中には、闘争の歴史的契機を明確にし行動の展開する場を確定し、思想――その周辺にやがて民衆の意志が結晶してゆく思想――を明らかにしようという、不断の配慮が見出される。

以下はケイタ・フォデバの詩、反省へ、覚醒へ、闘いへの、真正の招待である。

アフリカの夜明け

（ギターの音楽）

夜明けであった。タムタムにのせて夜の大半を踊りつづけた小さな村は、徐々に目をさましていった。羊飼いたちはボロをまとい、笛を吹きつつ、谷あいへ羊の群を追ってゆく。乙女らは、カナリヤに守られ、泉への曲りくねった小径を一列につながってゆく。回教寺院の中庭では、一群の子供らが、小声でコーランを唱和している。

（ギターの音楽）

夜明けであった。昼と夜とのたたかいであった。だが夜は精魂つきはてて、今ゆっくりと息をひきとるのであった。この昼の勝利の前兆として、数条の日の光が、まだおずおずと青白く地平線にただよい、最後に残った星たちが、花咲ける火焔木《フランボワイヤン》に似た雲魂の下に、そっとすべりこんでゆくのであった。

（ギターの音楽）

夜明けであった。そしてかなた、紅紫にふちどられた広大な平原の奥に、一人の男のシルエットが、身を曲げて畑を耕していた。農夫ナマンのシルエットだ。その鍬の一打ちごとに、驚いた鳥どもが飛び立ち、羽ばたきして、ニジェルの大河ジョリバののどかな岸辺に戻っていった。ナマンの灰色をした木綿のズボンは、露にぬれて、あたりの草を打っていた。汗をかきながら、倦むこともなく、終始身をかがめて、ナマンは器用に農具を扱っていた。次の雨期がくる前に、種子を埋めておかねばならなかったから。

（コラの音楽）

夜明けであった。なおも夜明けであった。雀たちが木の葉の間を急旋回し、一日のはじまりをつげていた。平野を走るぬれた小道を、小さな矢袋をななめに背負って、一人の子供がナマンの方へ、息せききって駆けてきた。子供は呼ばわった、「ナマン兄さん、村長さんが寄り合いの木の下でお呼びだよ。」

（コラの音楽）

早朝の呼び出しにおどろいて、農夫は農具をそこにおき、今や上りゆく太陽の光に輝いている村に向かって歩いた。すでに長老衆が、かつてなく重大な面持ちで座についていた。そのかたわらに一人の軍服の男、地区《セルクル》警備兵が、無表情に、悠々とパイプをくゆらせていた。

（コラの音楽）

ナマンは羊の毛皮の上に座を占めた。村長のグリオ(9)が、長老衆の意向を一同に伝えるべく立ち上がった。「白人がたは地区《セルクル》警備兵をつかわされ、部落の者が一人、白人の国の戦争に行くよう求めておられる。主だった衆には、熟慮の末、常にわがマンディング帝国〔西アフリカの一人種。過去に強大な帝国をなした〕の特質であった勇気をば、白人がたの戦《いくさ》において証し示さんがため、わが一族を代表する最良の若者を指名することに決められたのじゃ。」

（ギターの音楽）

ナマン、その堂々たる体躯と隆々たる筋肉を、夜ごと乙女らが妙なる唄の調べにのせて称讃していたそのナマンが、公けに指名された。優しいカディア、その若い妻は、この知らせに気も顚倒し、粉挽く手をとめ、穀物倉の下に臼を片づけ、ものも言わずに小屋にとじこもって、声をころしてわが身の不幸を泣いた。最初の夫を死に奪われた彼女には、ナマンを、すべての新たな希望の柱たるそのひとを、白人にさらわれようとは思いもよらぬことだった。

（ギターの音楽）

翌日、彼女の涙と悲嘆の声をよそに、戦を告げるタムタムの重々しい音はナマンを村の小さな港に送り、そこから彼は地区庁のある町に向かう艀《はしけ》に乗りこんだ。その夜乙女らは、いつものように広場で踊ろうともせず、夜っぴてナマンの家の土間に集い、焚火をかこんで朝まで語りあかした。

（ギターの音楽）

ナマンから村に絶えて便りもとどかぬままに、数ヵ月が流れた。かわいそうなカディアは心痛のあまり、隣村の祈禱師にすがった。長老衆もこのことで、短い秘密会議をひらいたが、何を話し合ったのか、まったく漏れてはこなかった。

（コラの音楽）

ある日ようやくカディアに宛てたナマンの手紙が村に届いた。夫の身を案じるカディアは、その夜幾時間もつらい道のりを歩いて、地区庁のある町に行き、翻訳師にその手紙を読んでもらった。

ナマンは元気で北アフリカにおり、収穫のことや、沼の祭りのこと、踊りのこと、寄り合いの木のこと、村のことなどを、知らせてほしいと書いていた……

（バラフォン）

その夜、長母らは若いカディアに、最長母の家の庭で催される恒例の夜の寄り合いの席につらなる恩恵を与えた。村の首長はナマンの便りをいたく喜び、近郷近在の乞食を集めて大盤振舞いをした。

（バラフォン）

さらに数ヵ月が流れ、だれもがまたしても不安に陥っていた。ナマンのことがもう何ひとつ分からなかったから。カディアがいま一度、祈禱師にみてもらおうと考えていたときに、彼女は二通目の手紙を受けとった。ナマンはコルシカとイタリアを経て、今はドイツにおり、もう勲章をもらったと得意になっていた。

（バラフォン）

別なおり、一枚の簡単な葉書が、ナマンがドイツ軍の捕虜となったことを知らせてきた。この通知は村中に、その全重圧をもってのしかかった。長老衆は会議を開き、以後ナマンはドゥガを踊ることを許される旨決定した。輝かしい功績をたてたもののみが踊りうるあの禿鷹の聖なる踊り、ひとつひとつのステップがそのままマリの歴史の一段階たる、かのマランケ〔セネガル、ガンビア、ギニアなどの黒人種〕の皇帝たちの踊りであった。夫が国の英雄の列に加えられることは、カディアにとって、まさしくひとつの慰めであった。

（ギターの音楽）

時がすぎた……　二年が流れた……　ナマンはまだドイツにいた。もう手紙はよこさなかった。

（ギターの音楽）

ある日、村の首長はダカールから、ナマンの到着の近いことを知らせる簡単な通告を受けとった。ただちにタムタムがとどろいた。村びとは夜の白むまで踊り、歌った。乙女らは彼を迎える新しい曲を作った。彼にささげられていた昔の曲は、マンディングのかの名高い踊り、ドゥガのことを、何ひとつ語ってはいなかったから。

（タムタム）

だがひと月のち、ナマンの親しい友ムッサ伍長から、カディアにあてて悲痛な手紙が送られた。「夜明けでした。ぼくらはティアロワ＝シュル＝メールにいました。ダカールの白人士官とぼくらのあいだに大喧嘩がおこったとき、一発の弾丸がナマンにあたりました。彼はセネガルの地に眠っています。」

（ギターの音楽）

まさしく、それは夜明けであった。数条の曙光がようやく海面すれすれをかすめて、白いさざ波を金色に染めていた。微風が吹いて、棕櫚の木々は、この朝まだきの戦闘に心を痛めたかのように、海原にそっと幹を傾けていた。そうぞうしく群をなした烏どもが、かあかあと啼きながら、ティアロアの黎明をあけに染めた悲劇を近隣に告げにきた……。そして、ナマンの死体の真上、蒼天は火に燃えて、一羽の巨大な禿鷹が重く舞っていた。それは語りかけているかのようだ、「ナマンよ！　おまえはわたしの名をもつあの踊りを、ついに踊りはしなかった。他の者たちがこれを踊るであろう。」

（コラの音楽）

私がこの長い詩を選んだのは、その争う余地なき教育的価値のためである。ここでは、ことは明瞭だ。これはきっぱりした前進的な叙述である。詩の理解は、単に知的な歩みであるばかりではなく、政治的な歩みでもある。この詩を理解することは、演ずべき役割を理解することであり、自己の歩みを見きわめること、武器を研ぐことだ。この詩に含まれたメッセージを受けようとせぬ原住民は一人もない。ヨーロッパの戦場の英雄であるナマン、植民地本国に力と永続性とを保証しつづけたナマン、故郷の土を踏もうとするそのときに警官に撃ち殺されたナマン、これは一九四五年のセティフであり、フォール＝ド＝フランス、サイゴン、ダカール、ラゴスである。フランスの自由を守るべく、イギリスの文明を防衛すべく戦った、あのニグロたち、あのビコたち、彼らすべてがケイタ・フォデバのこの詩のなかに再び見出されるのだ。

だがケイタ・フォデバは、さらに先を見とおしている。植民地において、植民地主義は土着民を戦場で利用したのちに、独立運動を粉砕すべく彼らを在郷軍人として利用する。在郷軍人の組織は、植民地において、民族主義に最も敵対する勢力のひとつである。詩人ケイタ・フォデバは、〔将来の〕ギニア共和国内務大臣〔フォデバ〕をして、フランス植民地主義が組織する陰謀の裏をかかせる準備をしていたのだ。じじつフランスの秘密機関は、ほかならぬ在郷軍人の力をかりて、とりわけ若き独立ギニアを粉砕しようとたくらんだのであった。

自国の民衆のために書く原住民〔作家〕は、過去を利用するさいにも、未来をきり開き、人を行動に誘ない、希望の基礎をうちたてることをめざして、それを行なうべきである。しかし希望を確固たるものにし、それに密度を与えるためには、行動に参加し、心も身体も民族闘争のなかに投入することが必要だ。人はすべてを語りうる。だが一人の人間の生涯における唯一のもの――視界をきり開き、自己のうちに光をもたらし、自分自身と民衆とを立ち上がらせること――を語ろうと決意するなら、そのときは筋肉そのものによって協力せねばならぬ。

原住民文化人の責任とは、民族文化に対する責任ではなく、民族全体にかんする全体的責任である――文化とは、所詮、民族の一局面にすぎない。原住民文化人は、どの水準で闘うか、どの部門で民族闘争を遂行しようと決意するかを、あれこれと選ぶことに腐心すべきではない。民族文化のために闘うとは、まず民族の解放のために、すなわち文化を可能ならしめる物質的母胎の解放のために闘うことだ。民衆の闘いの横の方で展開される文化闘争など、存在しないのだ。たとえばアルジェリアにおいて、フランス植民地主義に対抗して素手で闘うあのすべての男たちすべての女たちは、アルジェリアの民族文化と無縁ではない。アルジェリアの民族文化は、あの戦闘のさなかで、牢獄で、ギロチンの前で、攻囲され破壊されるフランス軍哨所で、形をなし、固まるのだ。

それゆえ、植民地主義の詐欺的で軽蔑的な活動に対する首尾一貫した要素を見出すべく、民衆の過去に沈潜するだけで満足してはならない。未来を明確にし、たくましい若芽がすでに身をおこしつつある土壌を準備するには、民衆と同一のテンポで働き、闘わねばならない。民族文化とは、抽象的民衆主義《ポピュリスム》がそこに民衆の真実を発見したと思いこんだあの民間伝承《フォークロア》ではない。それは単なる見せかけのあの沈澱物ではない。すなわち今日の民衆の現実《レアリテ》からますます乖離してゆくあの沈澱物ではない。民族文化とは、民衆が自己を形成した行動、自己を維持した行動を、描き、正当化し、歌いあげるために、民衆によって思考の領域においてなされる努力の総体である。民族文化はしたがって、後進国においては、その国が行なっている解放闘争の中核に位置づけられねばならない。今なおニグロ・アフリカ文化の名において戦っているアフリカの文化人たち、この文化の統一の名のもとに会議をくり返している文化人たちは、今日彼らの活動が、作品をつきあわせ、古代の石棺を比較するような始末になっていることを理解せねばならない。

セネガル民族文化とギニア民族文化の運命に共通性はない。あるのは同じフランス植民地主義によって支配されたギニア民族とセネガル民族との、運命の共通性である。たとえ二つの民族の指導者たちが、セネガル民族文化とギニア民族文化とを似たものにしたいと望んでも、近似した展望のもとに問題を——解放の問題、組合の問題、経済的問題を——提起しようと決意するだけでは十分でない。そのような問題においてさえ、絶対的一致は得られないであろう。それというのも、民衆のテンポと指導者たちのそれとは一様でないからだ。

隅々まで同一な文化というものは存在しようはずもない。黒人文化が創造されるであろうと考えることは、ニグロを作りあげた者たちがその経済的文化的覇権の崩壊に立ち会いつつあるゆえに、ニグロも今や消失しつつあるという事実を、奇妙にも忘れてしまうことだ。(原注五) 黒人文化は存在せぬだろう。なぜならいかなる政治家も、黒人共和国を誕生させる使命を持っているなどとは思いもしないからだ。問題は、この政治家たちがその民衆にどんな場所をとっておくつもりか、いかなる型の社会的関係をうちたてようと決意したか、人類の未来にどんな概念を抱いているかを知ることだ。重要なのはこのことだ。そのほかのものはことごとく文学であり、瞞着である。

一九五九年、ローマに会したアフリカの文化人は、たえず統一を語ってやまなかった。だがこの文化的統一の最大の歌い手の一人、ジャック・ラブマナンジャラ(10)は、今日マダガスカル政府の閣僚であり、この資格において、その政府同様に、国際連合総会でアルジェリア人民に反対の立場をとることを決定したのである。もしラブが自己に忠実であるならば、このような政府を辞職し、マダガスカル人民の意志を体現すると自称する人間どもを告発していたはずだ。マダガスカルの九万の死者は、国際連合総会においてアルジェリア人民の熱望に反対するなどという使命を、ラブに与えはしなかったのだ。

ニグロ・アフリカ文化は、民衆の闘争の周辺において密度を高めるのであって、歌や詩や民間伝承《フォークロア》の周辺においてではない。サンゴール、同じくアフリカ文化協会の一員であり、このアフリカ文化の問題をめぐってわれわれとともに活動したサンゴールもまた、アルジェリアにかんするフランスの主張を支持するよう、自国代表団に訓令して憚らなかった。ニグロ・アフリカ文化への加担、アフリカの文化的統一への加担は、何よりもまず民族の解放闘争に対する無条件の支持によってはじまる。アフリカ文化に必要な条件を作り出すこと、すなわちアフリカ大陸の解放、このことに具体的に寄与せぬ限り、人はアフリカ文化の栄光を欲することはできない。

私は言いたい、文化にかんするいかなる卓説も、いかなる声明も、われわれの基本的な仕事、すなわち祖国の解放、植民地主義の新たな形態に対する不断の闘争、上の方の者が互いに感心しお世辞を言いあう状態への頑強な拒否から、われわれを逸脱させることはないのだ、と。

〔付〕民族文化と解放闘争との相互基盤

植民地支配は、全面的でありかつ単純化するものであるために、たちまちもののみごとに従属民族の文化的生命を解体した。民族的現実の否定、占領国によって導入された新たな法的関係、コロン社会によって周辺に追放された現地人とその慣習、土地収用、男たち女たちの系統だった奴隷化、こうしたものによって文化は磨滅する。

三年前、私は第一回会議の席で指摘した、植民地状況のもとにあっては、実体化した態度がたちまちディナミスムにとってかわるものである、と。このとき文化の領域は、多くの歯止めや道標によって限定される。これらはすべて、最も初歩的な防御装置であり、さまざまな理由で、生存本能にも比せられるものである。この時期にあって興味をそそるのは、圧制者が、抑圧された民族と文化を客観的に存在せぬものと見なすだけでは満足しえなくなるということだ。原住民をして、自己の文化――本能的行動にすぎぬとされてしまった文化――の劣等性を告白し、自己の民族の非現実性を、はては自分自身の生物学的構造がばらばらで完結していない性格のものであることを、承認させるために、〔抑圧者は〕あらゆる努力を払うのである。

かかる状況に直面した原住民の反応は、一様ではない。大衆は、植民地の状況とおよそ異質な伝統をそのまま維持し、また職人的様式はますますステレオタイプ化する形式主義にこり固まってゆくが、これに対して知識人はその民族文化を卑しめて描き出すことに意を用いつつ、占領者の文化の獲得に夢中になって、狂信的にそこへとびこむか、あるいは民族文化の詳細な、整然とした、熱情的な、そして急速に不毛化する羅列のなかに閉じこもってしまう。

この二つの試みに共通の特徴は、いずれもが、どうしようもない矛盾に陥ってゆくことだ。変節者であれ実体論者であれ、原住民〔知識人〕の努力は無効である。なぜならまさに植民地状況の厳密な分析が行なわれていないからだ。植民地の状況は、民族文化をほぼ全面的に停止させる。植民地支配の枠内では、民族文化、民族の文化的生命、民族の文化的創意あるいは文化的変容は、存在しておらず、また存在すべくもあるまい。あちこちに、再び文化的ディナミスムを起こし、テーマ、形式、色調を新たな方向に向けるべく、ときおり大胆な試みが現われる。かかる発作的行為の、直接的で具体的に確かめうる明白な利益はゼロである。しかしその結果を極限まで追求すれば、民族意識の透明化、抑圧の否認、解放闘争への序曲が、準備されつつあることに人は気づくのである。

民族文化は、植民地支配のもとにあっては否認される文化であり、その破壊は系統的に追求される。それはたちまちにして弾劾され、地下活動を余儀なくされた文化となる。この地下活動の概念は、直ちに占領者の反応のうちに認められ、彼らは、伝統に喜びを見出すことは民族精神への忠誠であり、服従の拒否であると解釈する。このように、コロン社会が弾劾する文化的形式に固執すること自体が、すでに民族的意志表示だ。だがこの意志表示は、慣性の法則へと人を送り返す。攻撃は存在しない、もろもろの関係の建て直しも存在しない。少しずつ狭く、生気を失い、空無化してゆく核の上に、痙攣が起こるだけだ。

一世紀ないしは二世紀にわたる搾取のはてに、文字どおり民族の文化的展望《パノラマ》の憔悴が生じる。民族文化は、機械的に人を動かす習慣、衣服の伝統、こま切れにされた制度などの、ストックとなる。そこには〔生き生きとした〕動きがほとんど見出されない。真の創造性はない、沸騰もない。民衆の悲惨、民族的抑圧、そして文化の禁止、これらはたったひとつの同じ事柄だ。一世紀にわたる植民地支配ののちに見出されるのは、極度に硬直した、沈澱した、鉱物化した文化である。民族的現実の衰弱と民族文化の断末魔の苦悶は、相互依存の関係を保っている。だからこそ、解放闘争の過程で、これらの関係の変化を見守ることが何よりも重要だ。文化の否定、動的ないしは情緒的な民族の表明に対する侮蔑、ありとあらゆる特殊組織の非合法化は、原住民の攻撃的言動を生み出すことに寄与する。だがこれらの言動は反射的タイプのものであり、ほとんど未分化であり、アナーキーであり、無効なものだ。植民地的搾取、貧窮、地方的な饑饉が、公然たる組織された闘争へと徐々に原住民を追いつめる。しだいに、またそれと気づかぬうちに、決定的対決の必要性が育まれ、民衆の大多数によって感じとられてゆく。以前には存在しなかった緊張が増大する。さまざまの国際的事件、植民地帝国のあらゆる面からの崩壊、植民地体制に固有の諸矛盾が、戦闘性を養いかつ強化し、民族意識を高め、これに力を与える。

植民地的現実のあらゆる段階に生じるこれら新しい緊張は、文化の領域にも反響を及ぼしてゆく。たとえば文学には、相対的生産過剰が見られる。土着民の仕事は、以前のように支配者の〔仕事の〕

つまらぬひき写しとは異なって、特殊化《パルティキュラリザント》の意欲となる。圧制の時期には本質的に消費的であったインテリゲンチャが今や生産的になる。このような文学は、初めはすすんで詩と悲劇のジャンルに自己を限定する。つづいて長篇小説、短篇小説、評論が手がけられることとなるだろう。そこには一種の内的な組織、ひとつの表現法則が存在するように思われ、それは解放闘争の目標と方法が明確化するにつれて、詩による表明は少なくなるべきだとするもののように見える。テーマは根本的に一新される。じじつ、あの苦渋に満ちた絶望的な抗議や、占領者を結局は安堵させるあのはなばなしい高らかに響く激越な言葉は、徐々に見られなくなる。植民地主義者たちは、以前にはこのような試みをそそのかし、その存在を容易にしたものであった。じっさい、辛辣な告発、悲惨の誇示、情熱の表現は、占領者によって浄化作用《カタルシス》と同一視される。この作用を助長することは、ある意味でドラマを避け、空気を緩和することなのだ。

だがこの状況は、過渡的なものでしかありえない。じっさい民衆における民族意識の前進は、原住民知識人の文学活動を修正し明確化する。民衆のたえざる結合は、知識人にとって叫びを越えて進めという誘いだ。悲嘆は弾劾に、ついで呼びかけに直面する。次の時期には指令が出現する。民族意識の結晶は、文学のジャンルとテーマとを一変し、同時に、完全に新たな読者を創造してゆく。初め原住民知識人は、圧制者を魅惑するためであれ、種族的あるいは主観主義的範疇《カテゴリー》を通してそれを告発するためであれ、ひたすら圧制者を目標にして創作するばかりであったが、今やしだいに、自己の民衆に話しかける習慣を身につけてゆく。

この瞬間から、はじめて人は民族文学を語りうるのだ。文学創造のレベルにおいて、典型的に民族主義的なテーマの奪回と純化とが見られる。これは一民族全体を民族的存立のための闘争に召集するという意味において、本来の意味での闘争の文学だ。これは闘争の文学だ——なぜなら民族意識を形成し、それに形式と輪郭を与え、その前に新たな無限の展望をきり開くからだ。闘争の文学だ——なぜならそれは責任を負うからだ、時間のなかにおかれた意志であるからだ。

別な水準で眺めると、かつて目録に書きこまれ硬直しきっていた口誦文学、物語《コント》、叙事詩、民謡が変化しはじめる。生気のない挿話《エピソード》を語っていた語り手たちは、それを活気づけ、ますます根本的な修正をそこに導入する。葛藤を今日的《アクチュエル》なものにし、過去の闘争の諸形態や主人公の名、武器の型などを、現代風にする試みが行なわれる。暗示的方法がしだいに頻繁になる。「遠い昔のお話だが……」という決まり文句に代わって、より曖昧な言い回しが使われる。たとえば「これからお話しすることは、以前あるところで起こったことだが、ここで、今日、いや明日にでも起こらないとは限らない。」アルジェリアの例はこの点で意味深い。紋切型で聴衆をあきあきさせていた語り手たちは、一九五二—一九五三年以降、その語り口も話の内容もすっかり一新する。かつてはまばらであった聴衆が、ぎっしりつめかけるようになる。叙事詩は、その典型化したカテゴリーとともに再び出現する。これは文化的価値を回復する真正の舞台である。植民地主義はこのことを見誤らなかった。すなわち一九五五年から、植民地主義はこれら語り手を片っぱしから検挙しはじめたのである。

新しい武勲詩との民衆の接触は、新たな呼吸のリズムと忘れられていた筋肉の緊張とを生みだし、想像力を発展させる。語り手が聴衆の前に新作を披露するたびに、まさしく何かを呼び出してくるさまが目撃される。新しいタイプの人間の存在が聴衆に知らされる。現在は、もはや現在のみに閉ざされたものではなく、四方に開かれ引き裂かれる。語り手はその想像力を再び自由奔放なものにし、刷新を行ない、創造的な仕事をする。このような変化にふさわしからぬ人物――盗賊や、多かれ少なかれ反社会的な放浪者など――が、再びとり上げられ、作り変えられることさえある。植民地における歌謡や民衆的叙事物語のなかでの、イマジネーションと創造の噴出は、これを歩一歩と跡づける必要がある。語り手は少しずつ民衆の期待に近づくことによってこれに答え、一見ひとりきりで、だが実は観衆に支持されつつ、新しい典型、民族的典型を求めて進むのだ。喜劇と笑劇は姿を消し、あるいはその魅力を失ってしまう。悲劇について言えば、これはもはや知識人の錯乱した意識のレヴェルに位置づけられるものではない。その絶望と反抗の性格を失うことによって、悲劇は民衆のだれしもに共通の分け前となり、準備されつつある行動の、あるいはすでに進行中の行動の、一部となったのである。

家内工業の分野では、沈澱しきった形態、まるで放心したような形態が、次第に緊張をましてゆく。たとえば木細工は、いくつかの顔やポーズを何千となくくり返していたものが、相互に区別を生じるようになる。無表情な、あるいはうちひしがれた面《マスク》が、生気を帯び、腕は肉体を離れて行動を粗描する傾向を持つ。二人、三人、五人の人物から成る構図が現われる。伝統派は素人《アマチュア》あるいは反対派の雪崩のごとき出現により、創作意欲をかきたてられる。文化の営みのなかで、この部門における新しい活気は見落とされる場合がきわめて多い。にもかかわらずそれが民族闘争に寄与するところは重大である。顔と肉体に生気を与え、また同じ台座に一群の人をすえてこれを創作テーマとすることにより、作者は組織された運動へと人を招いているのだ。

陶器ないしは壺の製造における民族意識の覚醒の反響を検討しても、同じ事実のあることが指摘できる。創作はその形式主義をすてる。壺、瓶、皿は、初めはそれと気づかれぬ仕方で、次には急激に変形される。彩色法は、かつては色数も少なく伝統的な調和の法則に従っていたが、今や多彩になり、また革命的圧力の余波を蒙る。ある文化圏内では大昔から禁じられていたように見えるいくつかの黄《オー》土色《カー》、いくつかの青色《ブルー》が、顰蹙を買うこともなくまかり通る。同様に、社会学者によればはっきり限定された諸地域の特徴であるとされた人間の顔の非具象性が、突如、まったく相対的なものとなる。本国の専門家、民族学者は、こうした変化をすばやく感知する。全体として、これらすべての変化は、植民地の状況内で法典化された芸術様式の名において、そこに発達しつつある文化の名において、断罪される。植民地主義的な専門家たちは、この新しい形式を承認しようとせず、土着社会の伝統を救いにかけつけてくる。植民地主義者が、土着の様式《スタイル》の擁護者となるのだ。われわれは第二次世界大戦後に、ビーバップのような新しい様式が安定した仕方で結晶したときの白人ジャズ専門家たちの反応を、ありありと想起する（この例は、ことが必ずしも全面的に植民地の現実にかかわるものでないだけに、かなりの重要性を帯びている）。それというのもジャズとはほかでもない、五杯のウイスキーに酔った老ニグロのつぶれた絶望的なノスタルジー、彼自身への呪詛、白人に対するその人種憎悪であるはずなのだから。ニグロが自己を把握し、世界を違った目で把握するときから、ニグロが希望を生み出し、人種差別の世界に後退を強いるときから、明らかに彼のトランペットはよく透り、彼のしゃがれ声は澄んでくる。ジャズにおける新しいスタイルは、経済競争のみから生まれるものではない。そこに疑いもなく、合衆国南部世界の、緩慢ではあろうとも避けられぬ敗北のひとつの結果を見なければならない。五〇年もすれば、呪われた哀れなニグロの発するしゃがれた叫びといったジャズのカテゴリーが、白人たち――人間関係の一タイプ、ネグリチュードの一形式の、停止したイメージに固執する白人たち――の手によってのみ擁護されることになると考えるのは、あながちユートピア的発想ではない。

舞踊、歌唱、祭式、伝統的儀式のレヴェルでも、同じ推進力を求め、かつ見出し、同一の変化、同一のいらだちを発見することができよう。したがって、民族闘争の政治的ないしは武力的段階よりもはるか以前に、注意深い読者は、清新な力があらわれ、闘いが迫りつつあることを、かぎつけ理解することができる。耳慣れぬ表現形式、もはや何ものかに訴える力ではなく、結集させる力、何かの「目的で」人を召集する力をそなえた、かつて見られなかった主題。すべてが協力して原住民の感受性を目ざめさせ、観想的態度ないしは挫折の態度を時代遅れな受けいれがたいものにする。原住民は、家内工業の、舞踊と音楽の、文学と口誦叙事詩の意図と力学《ディナミック》を一新するゆえに、自己の知覚に新たな構造を与える。世界はその呪われた特徴を失う。さまざまな条件が結びついて不可避の衝突を準備するのだ。

われわれはさまざまな文化表現における動きの出現を目撃した。われわれはこの動き、この新しい形式が、民族意識の成熟に結びついていることを見た。ところでこの動きはしだいに客観化され、制度化される傾向を持つ。そこから、いかなる代価を払っても民族を存在せしめる必要が生じる。

ひとつの誤謬、それも支持しがたい誤謬は、植民地支配の枠内で文化的創意を発揮しようと試み、土着文化の価値を回復させようとすることだ。それゆえわれわれは、逆説的に思える一命題に到達する。すなわち植民地においては、最も初歩的な、最も粗野な、最も未分化の民主主義が、民族文化擁護の最も熱烈にして最も有効な形式である、ということだ。文化とは何よりもまず、ある民族の表現、その好みや禁忌や典型の表現である。社会全体のあらゆる段階に、別な禁忌《タブー》、別な価値、別な典型が作りあげられる。民族文化とはこれらのあらゆる評価の総計であり、この社会全体の、またこの社会のさまざまな階層の、内的かつ外的な緊張の合力である。植民地状況にあって民族と国家という二重の支えを剝奪された文化は、衰弱し瀕死の状態にある。文化の存在条件とは、したがって民族解放であり、国家の復興《ルネッサンス》である。

民族はただ単に文化の条件、その沸騰、そのたえざる革新、その深化の条件であるのみではない。それはまたきびしい要求でもある。文化の封鎖を解き、文化のために創造の扉を開くのは、まず初めは民族存立のための闘争だ。のちになれば民族が文化に対して、その条件を、表現の枠を、保証するであろう。民族は文化のために、種々の不可欠な要素——しかもそれのみが文化に信憑性を、有効性を、ディナミスムを、創造性を与えうるところの要素——を結集する。また民族的特質こそが、他文化の入りこみうる文化を作り、またこの文化をして他の文化に影響し、そこに浸透することを許すであろう。存在せぬものは、現実の上に働きかけうるはずもなく、またこの現実を左右するはずもない。

まず必要なのは、民族の復興によって、最も生物学的な意味での民族文化に生命が与えられることなのだ。

かくしてわれわれは、古い文化的沈澱物から発してしだいに革新に迫る響きを辿り、また民族解放のための決定的な戦闘の前夜において、表現が蘇り、想像力が纜《もやい》を解かれたことを、把えたのである。

だがここで、いまひとつ根本的な問題が提起されねばならない。闘争、紛争――政治的紛争であれ武装闘争であれ――と、文化とのあいだに存在する関係は、いかなるものであるか？　闘いの期間中に、文化の中断があるのか？　民族闘争は文化の表明であるか？　最後に、解放の戦闘は、それがたとえア・ポステリオリには文化にとって多産なものであろうと、それ自体は文化の否定であると言わねばならないのか？　解放闘争は文化現象であるか否か？

われわれは考える、民族の主権を回復するために植民地の民衆によって企てられる組織的意識的な闘争は、この上もない十全な文化的表現である、と。ただ闘争が成功した暁にのみ文化に有効性と力が与えられるのではない。戦闘の時期にも、文化の冬眠は存在しないのだ。闘争それ自体が、その展開において、その内的過程において、文化の多様な方向を発展させ、その新しい方向を描き出すのだ。解放闘争は民族文化に、その往時の価値と輪郭を復原するものではない。人間関係の根本的な再配分を目指すこの闘争は、その民族の文化的形式ならびに内容をそのままにしておくことはできないのだ。闘争ののちには、植民地主義が消滅するのみではない、植民地原住民もまた消滅するのだ。

この新しい人類は、己れのために、また他の者のために、新しい人間主義《ユマニスム》を定義しないわけにはゆかない。闘争の目標と方法のなかに、この新しい人間主義《ユマニスム》はすでにあらかじめ示される。全階層の人民を動員する闘い、人民の意志と焦燥を表現し、ほとんど排他的と言えるほどにひたすらこの人民に依拠することを怖れぬ闘いは、必ずや勝利を収める。この型の闘いの価値は、それが文化の発展と創造のための最大の条件を実現することにある。この条件のもとにかちとられる民族解放ののちには、新たに独立した一部諸国に見出されるあの悲痛な文化的逡巡は存在しない。それは民族が、その誕生の形式において、その存在の様式において、文化に根本的な影響を及ぼすからだ。民衆の一致した行動から生まれた民族、民衆の真の熱望を体現し、国家を修正するところの民族は、なみはずれて豊饒な文化の形式のもとにしか存在するはずがない。

祖国の文化に気をつかい、それに普遍的な広がりを与えようとする原住民は、それゆえこの課題を実現するために、独立は不可避であるという単なる原則、それも民衆の意識に刻みこまれていない単なる原則を信じてはならない。目標としての民族解放というひとつの問題がある。だが闘いの方法とその民衆的内容は、これと別の問題である。われわれには、文化の未来も、民族文化の豊かさも、解放の闘いにいかなる価値がたえずつきまとっていたかにかかっていると思われる。

さて今や、一部の人々の偽善《パリサイスム》を告発すべきときがきた。民族の復権要求は、あちらこちらで人の言うところによれば、人類によってすでにのり越えられた段階であるそうだ。現代は大連合のときであり、時勢おくれの民族主義者たちは己れの誤謬を訂正すべきであるそうだ。ところがわれわれは考える、重大な結果をはらむ誤謬とは、民族的段階をとび越えようとすることだ、と。もし文化が民族意識の表明であるならば、私はためらうことなく断言するだろう。当面のこの場合、民族意識は文化の最も洗練された形式である、と。

自己意識は、コミュニケーションを閉ざす鎧戸ではない。哲学的考察は、逆に自己意識がコミュニケーションの保証であることを教えている。民族主義《ナショナリスム》ならぬ民族意識は、われわれにインターナショナルな広がりを与える唯一のものだ。民族意識、民族文化のこの問題は、アフリカにおいては特別な広がりを帯びている。アフリカにおける民族意識の誕生は、アフリカの意識と、厳密に同時代的な関係を保っている。自己の民族文化に対するアフリカ人の責任は、またニグロ・アフリカ文化に対する責任でもある。この結合された責任は、ある形而上学的原理のもたらすものではなく、平凡な一法則の意識、すなわち今なお植民地主義にとりつかれたアフリカにあっては、いかなる独立国も、包囲された、虚弱な、不断の危険にさらされた国であるという、平凡な一法則の意識なのだ。

もし人間とは彼が行なうところのものであるならば、そのときわれわれは断言するだろう、今日アフリカ知識人の最も緊急な仕事は民族の建設である、と。もしこの建設が真なるものであるならば、すなわちもしそれが民衆の明白な意志を表現するものであるならば、もしそれがアフリカ諸国の民衆をそのいらだちにおいて表現するものであるならば、そのとき民族建設は必ずや、普遍化的な価値の発見とその促進とを伴うことになる。それゆえ他の諸民族から遠ざかるどころか、民族解放こそが、民族を歴史の舞台に登場させるものである。民族意識の内奥にこそ、インターナショナルな意識が高まりゆき、活気づいてゆくのだ。そしてこの二重の噴出こそ、つまるところはあらゆる文化の源にほかならない。

第二回黒人作家芸術家会議（一九五九年・ローマ）において行なわれた報告。

5　植民地戦争と精神障害

だが戦争は継続する。そしてわれわれは、うち寄せる植民地主義の波をわが諸民族に負わせた多くの傷、ときには消し去ることのできぬ傷を、なお幾年間も手当てしつづけねばならないだろう。今日、人間の真正な解放に逆らって戦っている帝国主義は、あちこちに腐敗の芽をばらまいている。それをわれわれはわが大地から、わが頭脳から、仮借なく検出し、えぐりとらねばならない。

われわれはここで、アルジェリア人民のすすめる民族解放戦争から生じた精神障害の問題をとり扱う。

このような精神医学の覚え書《ノート》をこの種の書物に記載することは、時宜に適さぬことであり、およそ当を得ぬものだと見なされるかもしれない。〔だがそう言われても〕われわれには、まったくどうしようもないのだ。

この戦争において、精神医学的現象、行動や思考の障害が、「平定」の立役者たち、ないしは「平定される」住民たちのあいだで深刻なものになったのは、われわれのせいではない。実を言えば、植民地化はその本質において、すでに精神病院の大いなる供給者としてあらわれていたのだ。一九五四年以後、われわれは、種々の学術論文のなかで、植民地原住民を正しく「治す」こと、すなわち植民地型社会環境に徹底的に同化させることの困難さについて、フランスおよび全世界の精神科医の注意を喚起してきた。

植民地主義は他者の系統立った否定であり、他者に対して人類のいかなる属性も拒絶しようとする狂暴な決意であるゆえに、それは被支配民族を追いつめて、「本当のところおれは何者か」という問いをたえず自分に提起させることになる。

植民地原住民と植民地制度の激しい対決——そこから生み出された防御の姿勢はひとつの構造を作り、それが植民地化された人格をあらわにする。このような「敏感さ」を理解するには、植民地体制内部で過ごされたわずかな一日のうちに、原住民がどれほど多くの、またどれほど深い傷を負わされたか、それを検討し、評価するだけでこと足りる。いずれにしても、植民地の民衆は単なる被支配民族ではないことを想起せねばならない。ドイツの占領下においてフランス人は人間としてとどまった。フランスの占領下において、ドイツ人は人間としてとどまった。アルジェリアに存在するのは単にこのような支配のみではない。結局のところひとつの領域のみを占拠しようとする、文字どおりの決意が存在するのだ。アルジェリア人たち、「被布《アイク》」〔着物の上から全身を包む布〕の女たち、棕櫚の林やラクダ、これらは、そこにいるフランス人という人間存在のパノラマを、自然の背景布を構成しているのだ。

敵意を含んだ自然、根底から反逆的で手に負えない自然、植民地においてはこれが実際に、未開墾地、蚊、現地人、熱病によって示されている。こうした強情な自然全体がついに屈服したとき、植民地化は成功する。未開墾地を横ぎる鉄道、沼地の干拓、現地人の政治的経済的非存在、これらは実のところ同じひとつの事柄だ。

まだ武装闘争による植民地化の否認が行なわれていない時期には、有害な刺激の総量が一定の限界を超えると、植民地原住民の防御陣地は崩壊し、そのときこの人びとの多くが、精神病院に入れられることとなる。したがって、植民地化の成功したかかる平穏な時期には、抑圧から直接生み出された精神病が常に厖大に存在する。

アルジェリア人民が七年来すすめている民族解放戦争は、人民にとって全的なものであるゆえに、今日、精神障害の発現に格好の土壌となった。(原注一)以下にわれわれが治療にあたったアルジェリア人およびフランス人患者の若干の症例、しかもとりわけ示唆的であると思われる症例を述べることにする。言うまでもないことだが、われわれは学術的研究を提出するのではない。症候学、疾病学、あるいは治療などにかかわる議論は、いっさいこれを避けることとする。ここに使用した専門語は単に目印の役目を果たすものにすぎない。しかしながら次の二点は強調しておかねばならない。

原則として臨床精神医学は、患者が呈するさまざまな障害を「反応性精神病」なる項目のもとに整理するものだ。こうすることによって、たとえ土壌の役割（被験者の心理的・感情的・生物学的歴史）や環境の役割があちこちで言及されていようとも、とりわけ発病の直接原因となった体験を重視することになる。ここに提示した症例においては、要因となった体験は主として血ぬられた冷酷無情な雰囲気であり、非人間的行為の一般化であり、文字どおりの黙示録《アポカリプス》に立ち会っているのだという、人びとの強固な印象であるように思われる。

系列Ａ第２例は反応性精神病の典型であるが、系列Ｂ第１・２・４・５例は、はるかに拡散した因果関係を想定させるものであって、要因となった特殊な一体験を真に語ることはできない。この場合、要因となった体験とは戦争である。きわめてしばしば真の人種的大量殺人《ジェノサイド》の様相を呈するあの植民地戦争、つまりは、世界を顚覆させ破壊するあの戦争である。もし既定のレッテルを用いようとするなら、これも反応性精神病であろうが、その全体性ならびに特殊性において捉えた戦争にここで特別な優先権を認めるならば、植民地戦争性精神病と呼ぶべきである。二つの世界大戦ののち、戦闘に加わった軍人たちおよび集団移住や爆撃の犠牲となった民間人たちの精神病理学にかんしては、出版物に事欠かなかった。〔しかし〕ここに報告する若干の精神医学的症状のまったく新たな相貌は、この植民地戦争が、そこから分泌される病理学においてすら独特なものであることを立証している――その立証がなお必要なものであるとするならば――。

もうひとつの強固な既成概念を、いささか和らげる必要があるようにわれわれには思われる。すなわち、これら反応性障害が相対的に軽症であるという観念だ。なるほど、二次的精神病化、換言すれば人格全体が決定的に崩壊する症例の記述されたこともあったが、それは常に例外としてだったのである。ところがこれに反してわれわれには、この場合、病理学的経過のしばしば悪性であることこそ、通則のように思われる。その障害は何ヵ月も続き、重く自我を冒し、たいていの場合は後遺症として、じっさい一目で識別しうるようなもろさをのこす。明らかにこのような患者の未来は抵当に入れられているのだ。一例をあげてわれわれの観点を説明しよう。

数年前に独立したアフリカのある国において、われわれは一人の愛国者、かつての抵抗者《レジスタン》を診察する機会を得た。三十歳ばかりのこの男は、われわれに助言と鎮静を求めに来たのである。というのは、一年のうちのある日が近づくと、不安と自己破壊の固定観念とを伴って不眠症が腰をすえてしまうからであった。その危機の日付とは、彼が地下組織の指示に従い、ある場所に爆弾を仕掛けた日であった。その襲撃のさいに、一〇人が死んだのであった。(原注二)

この活動家は、自分の過去の行動を否認しようと考えたことは一度もなく、彼の人格が民族独立のために払わねばならなかった代価をきわめて明晰に知っていた。このような極限的な例は、革命の場における責任の問題を提起している。

ここに引用する観察は、一九五四年から一九五九年までの期間にわたっている。何人かの患者はアルジェリアの医療センターにおいて、ないしは私的な患者として、診察したものである。その他は〈民族解放軍〉の衛生隊において治療されたものである。

系列　A

ここには五例を集めた。これらは、非常に明確な事実があったのちに、反応性型精神障害を示したアルジェリア人またはヨーロッパ人である。

症例1――妻が強姦された結果生じたアルジェリア人の陰萎

B…は二十六歳の男。頑固な偏頭痛と不眠症のために、〈民族解放戦線衛生部〉から、われわれのもとに差し向けられた。もとタクシー運転手。十八歳の時から民族主義政党で活動。一九五五年以降、FLN細胞員となる。多くの機会に、ビラや政治委員輸送のためにタクシーを使用する。弾圧の激化に直面して、FLNは都市の中心部へ戦争を持ちこむことを決定する。そこでB…は、特別攻撃隊《コマンド》を攻撃地点の近くへ運び、またしばしば彼らのために待機することになる。

しかしある日、ヨーロッパ人街のまっただなかで比較的重要な行動を終えたのち、極度に厳重な包囲網に陥り、彼はタクシーを放棄せざるをえなくなる。特別攻撃隊《コマンド》はばらばらになって解体する。敵の配置を首尾よく逃れたB…は、友人の家に避難し、数日後、自宅には二度と姿をあらわすことなく、責任者たちの指令どおりいちばん近いマキに到着する。

それから彼は、妻と一歳八ヵ月の幼い娘の消息も知らずに、数ヵ月を過ごすことになる。だが逆に、町では何週間もぶっ続けに、警察が彼を捜査したことを知る。マキに住みついて二年後、彼は妻から、自分のことを忘れてほしいとの伝言を受ける。自分は辱められた、もはや、自分との共同生活を回復することを考えてはいけない、と。おそろしい不安にかられて、彼はひそかに自宅へ行く許可を指揮官に願い出る。これは拒絶される。そのかわりに、FLNのあるメンバーが、B…の妻および両親と接触するよう処置がとられる。

二週間のち、詳細な報告がB…の隊長のもとに届く。

遺棄された彼のタクシーを発見するや（そこから自動小銃の挿弾子二個が発見された）、警官たちを従えたフランス軍兵士たちが彼の住居に向かったのであった。彼が不在だったので、彼らはその妻を連行し、一週間以上も留置した。

彼女は夫の交友関係について尋問され、二日にわたってかなり手ひどくビンタをくらわされた。だが三日目になると、フランスの一軍人が他の者を去らせて——それが将校であるか否かを彼女は明らかに述べることができない——、彼女を強姦した。しばらくしてから今度は他の者たちの面前で第二の男に強姦され、こう言われた、「いつか亭主のあん畜生にまた会ったらだな、お前が何をされたか忘れずに言うんだぞ。」さらに一週間彼女は留置されたが、あらためて尋問を受けはしなかった。それから自宅に連れ戻された。その一部始終を母親に語ると、母親はすべてをB…に打ち明けるように説得した。こうして、夫との最初の連絡がつくと同時に、彼女は自分の受けた辱めを夫に告白したのである。

最初の衝撃が消え、それにたえまなく戦闘に加わっていたために、B…は立ち直る。数ヵ月ものあいだ、彼は、強姦されたりあるいは拷問されたりするアルジェリアの女たちの、さまざまな物語を耳にする。妻を強姦された何人かの夫にも会う機会を得る。かくして彼の個人的な不幸、嘲弄された夫の威厳は、背景に退いている。

一九五八年、彼は国外での任務を与えられた。再び隊に復帰しようとしたとき、異常な放心状態と不眠症とが、友人および上官たちに不安を与える。彼の出発は延期され、医師の往診が決定される。われわれが彼に会うのはこのときである。直後の面談は友好的。不安定な、おそらくはいささか不安定にすぎる表情。微笑がやや大げさである。うわべは快活。「調子はいいんだ……調子はいいんだ……もうよくなったんだ。強壮剤とビタミンをくれよ。自然になるまでほっといてくれ。」その言葉の下から、底の不安がのぞいている。即刻入院。

二日目から、見せかけのオプティミスムは瓦解し、われわれの前にいるのは、考えこんでいる、食欲不振の、ベッドを離れぬ、意気銷沈した男であった。この男は政治の議論を避け、民族闘争にかんするすべてのことに著しい無関心を表明する。解放戦争に関係のあるニュースは聞くまいとする。彼のかかえている困難な問題に接近するのは容易なことではないが、数日たつうちに、われわれは彼の体験《イストワール》を再構成しうるようになる。

――外部に滞在中、彼は性的アヴァンチュールを試みて失敗する。これは過労が原因であり、たび重なる強行軍と長期にわたる栄養不良のあとでは当たり前のことであると考えた彼は、二週間後にもう一度試みる。新たな失敗。一人の友人にこの話をすると、ビタミンB12をすすめられる。この錠剤を服用。新たな試み、新たな失敗、そのうえ、行為の直前に、自分の幼い娘の写真をひき裂きたいというどうにもならぬ欲求が起こる。このような象徴的結合は、無意識の近親相姦的衝動の存在を思わせるものであった。しかしながら、数度にわたる対話とひとつの夢とが（患者は、小猫が耐えがたい臭気を発しながら、急速に腐敗してゆくのに立ち会う夢を見た）、われわれをまったく別な方向に導く。「あの娘は」と、ある日彼はわれわれに言った（彼の幼い娘のことである）、「あの娘のうちには何かしら腐ったものがある。」この時期以後、不眠症はきわめて苦痛なものとなり、精神安定剤の相当量の投与にもかかわらず、不安の興奮状態が進行し、〈衛生部〉を少なからず動揺させる。このときはじめて妻のことを笑いながら口にし、われわれにこう言う、「あいつはフランスの男の味を識ったんだ。」われわれが経過《イストワール》の全体を再構成するのはこのときだ。諸事件の横糸は明白である。性的試みの前に、その都度、妻のことを考える、と彼はわれわれに知らせる。彼のあらゆる告白が、われわれにはこの上なく興味深いものに思われる。

「おれはあの娘《こ》と結婚したが、本当は従妹が好きだった。ところが従妹の親たちは、ほかの男と娘の縁談を決めちまった。そこでおれは、親がすすめる最初の女を受けいれた。いい娘《こ》だったが、おれは愛しちゃいなかった。おれはいつも自分にこう言いきかせていた、お前は若いんだ……しばらく待ちな、そのうち当たり籤をみつけたときに、お前はこの女と別れてすばらしい結婚をするんだ。こういうわけでおれは女房にほとんど愛着がなかった。戦争がはじまると、おれはますます彼女《あれ》から遠ざかった。しまいには、家に帰ってもろくすっぽ口もきかずに飯を食い、口もきかずに眠ったものだ。マキで、彼女《あれ》がフランス人に強姦されたと知ったとき、最初おれはこの畜生どもに怒りを感じた。それからこう言った、『なに、大したことじゃない、殺されたわけじゃないんだ。彼女《あれ》は人生をやり直せばいいだろう。』それから数週間経って、おれは理解した。あいつが強姦されたのは、おれがおたずね者であったためだ、ということを。じっさい彼女《あれ》は、ほかでもない、口を割らなかった罰として犯されたんだ。彼女《あれ》は活動家の名前を、少なくともひとつくらい教えることは十分できたろう——その名前から、やつらは組織を発見し、破壊し、そしておそらくはおれを逮捕することだってできたんだ。だからこれはおれが村《ドゥアール》で見たことがあるような、退屈しのぎかサディスムの単純な強姦じゃなかった。これは強情な女に対する強姦だった、その女は、夫を売りわたす代わりにすべてを引き受けたのだ。そしてその夫とは、おれだった。この女はおれの生命を救ったのであり、また組織を守ったのだ。彼女《あれ》が辱められたのは、おれのせいだった。にもかかわらず彼女《あれ》は、『あたしはあんたのためにこんな仕打ちを耐え忍んだ』とは言わなかった。それどころかこう言っていたんだ、『あたしのことは忘れて下さい。人生をやり直して下さい。あたしは辱められたのです。』

　戦争が終わったらまた女房と一緒になろう、そうおれが心に決めたのは、あのときからだ。というのも、実を言えば、農民たちが自分の目の前で強姦された妻の涙をぬぐってやるのを見たからなんだ。そのことがおれを大きくゆさぶった。もうひとつ白状しなきゃいけない、おれは最初、彼らの態度が理解できなかった。しかしおれたちはだんだんと、非戦闘員に説明するために、こうした話に首をつっこむ破目になった。フランスの軍人に強姦されて妊娠した若い娘との結婚を自ら志願した非戦闘員も、おれは何人か見た。こうしたことから、おれは女房の問題を考え直すようになったんだ。

おれは、彼女《あれ》とまた一緒になろうと決意した。だが彼女《あれ》に会ったらおれはどんな反応を示すだろうか、いまだに分からない。それにたびたび娘の写真を見ては、この娘《こ》も辱められているんだと思う。まるで、女房から出てきたものは何もかも腐敗しているかのようだ。やつらが彼女《あれ》を拷問しようが、彼女《あれ》の歯という歯をたたきわり、腕をへし折っていようが、そんなことはおれにはどうでもいいことだったろう。だがこれだけは、いったい忘れることができるのか？　いったい彼女《あれ》は、こんなことを何もかもおれに知らせなきゃならなかったのか？」


そうして彼は私に向かって、彼の心労がその「性的衰弱」の原因だと思うか、とたずねる。

答え――「ありえないことではない。」

すると彼はベッドの上に座って、

「もしこれがあんたの身に起こったのだったら、どうするね？」

「さあ……。」

「女房とまた一緒になるかね？」

「そうすると思う……。」

「そう、ね……あんたも完全に自信があるわけじゃないんだ……。」

頭を両手でかかえこみ、しばらくしてから部屋を出てゆく。

この日から、だんだんと政治の議論を聞くことを承諾し、一方、偏頭痛と食欲不振は大幅に減退する。

二週間後、こう私に言い残して隊に復帰する。

「独立したらまた女房と一緒になるよ。もしうまくいかなかったら、あんたに会いにアルジェに戻ってくるぜ。」

症例2――大量殲滅の生存者に見られる無差別殺人の衝動

S…　三十七歳、自営農民《フェラー》。コンスタンチーヌ地方のある村《ドゥアール》に居住。政治に関与したことは一度もない。戦争当初から、彼の地方はアルジェリア軍とフランス軍の激戦地である。こうしてS…は、死者や負傷者を見る機会を得る。だが彼は依然として〔政治から〕身をひき離しつづける。ときおり、民衆全体がそうであるように、彼の村の農民たちも通りがかりのアルジェリア戦士を助けることがある。ところが一九五八年初頭のある日、村《ドゥアール》からほど遠からぬところで待伏せ攻撃により〔フランス軍に〕死者が出た。たちまち敵軍は行動を開始し、村を、しかも兵士の一人もいない村を包囲する。全村民が集められ尋問される。一人として答えるものはない。数時間後、一人のフランス人士官がヘリコプターで到着し、こう命じる、「ここは悪評の高い村だ。壊しちまえ！」兵隊たちは家々に火をつけはじめる。一方、わずかな衣類をかき集めたり、いくばくかの食糧を持ち出そうとする女たちは、銃尾で押し返される。一部の農民は、混乱に乗じて逃げ出す。士官は残りの男たちを集めろと命令し、かれらをクジ〔たまにしか水の流れない川〕の近くに連行させ、その場で虐殺がはじまる。二九人の男が銃口をつきつけられて射殺される。S…は二発の弾丸により右腿および左腕にそれぞれ貫通銃創を負い、この左腕の傷は上膊骨骨折の誘因となる。

S…は気を失い、ALN〔民族解放軍〕の一部隊にとりかこまれて意識を回復する。彼は衛生部の手当てを受け、動けるようになったときに退去させられる。途中で、だんだんと異常になってゆく彼の振舞いが、護送隊にたえず不安を与える。民間人であり身体の自由もきかないのに、彼は銃をよこせと要求し、相手がだれであろうと他人の前を歩くことを拒絶する。他人が自分の背後にまわることを欲しない。ある夜、彼は一人の戦士の武器を奪い、眠っている兵士たちに向けて不手際に発砲する。手荒に武器をとりあげられる。これ以後彼は両手を縛られることになり、かくして〈医療センター〉に到着する。

彼はまず、自分は死んではいない、他の者たちにいい目を見せてやったのだ、とわれわれに言う。われわれは少しずつ、彼のしくじった暗殺の話を再構成してゆく。S…は不安というよりも、むしろ過度に興奮しており、吼えるような叫びを伴うおそろしい激情の相を呈する。ものを破壊することはほとんどないが、ひっきりなしに喋りまくってみなをうんざりさせる。また彼が「みなごろしにする」意志を公言するので、〈衛生課〉は常時警戒している。入院中、彼は八人ほどの患者を、手近な武器で攻撃しようとする。看護人も医者も彼は容赦しない。ほとんど常に最高の興奮状態にある全面的攻撃性——これを特徴とする癲癇の潜伏発作のひとつを前にしているのではないかと、疑われるくらいである。

睡眠療法が試みられる。三日目から、毎日の対話によって、病理学的経過の力学《ディナミク》を、われわれはよりよく理解しうるようになる。知的混乱は少しずつ和らいでゆく。以下はこの患者が述べたことの一部である。

「神はわしとともにおわします……だが、あのとき死んだ連中とともにはおわさぬ……わしはどえらい幸運をつかんだもんだ……人生では、殺されないためには人を殺さねばならん……わしがあいつらの話をなんにも知らなかったんだと思うとなあ……わしらのあいだにはフランスのやつらがおる。

アラブ人に変装している。あいつらをみんな殺さねばならん。わしに自動小銃をよこせ。アルジェリア人だなどとぬかすこいつらは、みなフランス人なんだ……あいつらはわしをそっとしちゃあおかない。わしが眠ろうとすると、たちまちあいつらが部屋に入ってくる。だが今では、わしはあいつらをよく識っているんだ。だれも彼も、わしを殺そうと思っとる。だがわしは身を守るぞ。わしはあいつらを一人の例外もなく殺してやるぞ。次から次へと、あいつらの首をはねてやるぞ。お前も一緒くただ。お前らはわしを打ち殺そうと思っているが、こんなやり方ではとてもそうはゆくまい。おまえらを殺したところでわしはなんともないわ。小さなやつら、大きなやつら、女ども、子供ら、犬ども、鳥ども、ロバども、みんな死ぬんだ……それからは、わしは静かに眠れるだろうよ……」

こうしたことはすべてきれぎれの言葉のなかで言われ、態度はどこまでも敵対的で、尊大で、軽蔑的である。

三週間のち、興奮は消失する。ただし、黙りがちなことと、一人きりになるのを好む一種の傾向があり、そのためにわれわれは病勢が悪化しはせぬかと危惧する。しかしながら、一ヵ月後になると、不具な自分でもできる職を身につけるために出所したい、と言う。そこで彼は〈FLN社会部〉に預けられる。六ヵ月後再診察。経過良好。

症例3——逆上して婦人を殺害したのちの、離人症型の重症不安精神病

Dj…　もと学生、ALNに属する軍人、十九歳。〈医療センター〉に到着したときは、発病後すでに数ヵ月を経過している。彼の外観は特徴的である。甚だしく衰弱し、唇は乾き、両手はたえず湿っている。間断ない溜息が胸部を持ちあげる。頑固な不眠症。障害があらわれて以来、二度自殺の試み。

会話のあいだ、幻覚聴取の態度をする。時おり視線が空間の一点にしばらく固定する一方、顔は生き生きとし、患者がある光景を目撃しているような印象を観察者に与える。ぼんやりとした思考。精神医学では途絶の名で知られているいくつかの現象――ある身ぶりや言葉をはじめながら、はっきりした理由もなしに突如それを中絶する。だがとりわけひとつの要素が、われわれの注目をひくことになる。すなわち患者は、彼の血が流され、彼の動脈が空っぽになり、彼の心臓がときどき停ると語るのである。どうか出血を止めてほしい、病院まで「吸血」にやってくる者を今後は大目に見ないでほしい、と彼はわれわれに懇願する。ときどき口がきけなくなり、鉛筆を求める。「ぼくはもう声が出ない、ぼくの全生命が死んでゆく」と書く。このような離人体験は、病勢がきわめて重大であることをわれわれに思わせる。

われわれとの会話の途中で、患者は幾度も、夜になると彼を責めさいなみにやってくる一人の女のことを語る。私はあらかじめ知っていた、彼の母親が死んでいること、彼が母をとても愛していたこと、何ものも母を失った彼の心を慰められはしないであろうことを（このとき彼の声は甚だしく弱まり、目には涙があふれてきた）。そこで私は母親のイメージに調査を向ける。彼につきまとい、彼を責めさいなみまでするその女のことを話してほしいと私が頼むので、彼はそれが未知の女ではなく、彼女を殺したのは自分であるから、彼女をとてもよく識っているのだと私に打ち明ける。そこで、フロイトが『哀悼とメランコリー』において示したような、母親の死後に見られる無意識の有罪コンプレックスをわれわれは前にしているのか否か、それを知ることが問題になる。われわれは患者に、彼はとてもよくこの女を識っているのだから、それに彼女を殺したのは彼であるようだから、もっと詳細に話してほしいと言う。かくして、次の事実《イストワール》をわれわれは再構成する。

「ぼくは、自分が学生生活を送っていたその町から、マキに加わった。数ヵ月のち、うちからの便りをもらった。母がフランス軍兵士に銃口をつきつけられて射殺され、妹たちのうち二人は軍に連行されたことを知った。いまだに妹たちがどうなったか、ぼくは知らない。ぼくは母の死に怖ろしい打撃を受けた。父は数年前に死んでいたので、ぼくが一家のただ一人の男だった。だから、ぼくのたったひとつの野心は、いつも、母と妹たちの暮らしを楽にするような何らかの仕事にありつくことだった。ある日、ぼくらはコロンたちの農園に出向いた。そこの管理人は、活動的な植民地主義者で、それまでに二人のアルジェリア民間人を殺していた。ぼくらは夜中に彼の家についた。だが彼はそこにいなかった。家には彼の女房しかいなかった。その女はぼくらを見ると、自分を殺さないでくれと哀願しはじめた。女は言った、『あなたがたが主人のことで来られたのは分かっています。でもここにはおりません……。何度あの人に、政治に手を出さないでちょうだいって言ったかしれないのに。』ぼくらは亭主を待つことに決めた。だがぼくは、その女を見つめていた、そして母のことを考えていた。女は肘掛椅子に座って、放心しているように見えた。なぜこの女は殺されずにいるのだろうか、とぼくは自問していた。このときふと、女はぼくが見つめていることに気がついた。と、女はぼくにとびかかってきた、こう叫びながら、『お願いです……あたしを殺さないで……子供たちがいるんです。』次の瞬間、女は死んでいた。ぼくは自分のナイフで女を殺してしまったのだ。班長はぼくのナイフをとり上げ、立ち去ることを命じた。二、三日経ってから、ぼくは地区指令の尋問を受けた。ぼくは殺されるのだと思ったが、そんなことはどうでもよかった。(原注三) それから、食後に食べたものをもどすようになり、眠れなくなりはじめた。次にあの女が、夜な夜なぼくの血を要求しにやって来た。だがいったい、母の血はどこにあるのか？」

夜が訪れ、患者が就寝するや否や、部屋には「女たちがなだれこむ。」どれもみな同じ女だ。たった一人の女が何度も再現されるのである。彼女らはみな、腹にぽっかり穴があいている。彼女らは貧血し、青ざめ、しかも怖ろしく痩せている。この女たちが青年患者を悩ませ、流された血を返せと要求する。このとき水の流れる音が部屋に充ち、ついには滝の轟きを思わせるまでに大きくなる、そして青年患者は、部屋の床が血を、彼の血を吸うのを見る。それとともに女たちはだんだんとばら色になり、その傷口はふさがりはじめる。びっしょりと汗をかき、怖ろしい苦悶に襲われて、患者は目ざめる。そして夜明けまでまんじりともできない。

青年患者は何週間も手当てを受け、夢幻状態（悪夢）はほぼ消滅した。しかしながら、彼の人格のなかには相変わらず大きな断層が残された。母親のことを考えるが早いか、腹に大穴のあいたあの女が、ぎょっとするような瓜二つの姿で出現するのだ。われわれは、それがいかに非科学的に見えようとも、ただ時間のみが、青年の解体した人格に何らかの改善をもたらしうるであろうと考える。

症例4――憔悴したヨーロッパ人警官が、病院で、自分が手を加えた犠牲者の一人、昏迷状態のアルジェリア人愛国者に出会う

A…　二十八歳、既婚、子供はない。数年来、彼の妻と彼が子供を持つために治療を受け、不幸にして成功していないということをわれわれは聞く。彼は行動障害のために、その上司たちからわれわれのもとにさし向けられたのである。

直ちに行なわれた面談はかなり良好であった。患者は自発的に、支障をわれわれに語る。妻とも義理の両親とも満足すべき理解にある。同僚との仲は良好。そのうえ上司から評価されてもいる。彼を悩ませるのは、夜になると叫び声がきこえて、それが眠りを妨げることである。そしてじじつ彼の教えるところによると、数週間前から就寝前に鎧戸を閉め、窓の隙間を塞ぐのだそうである（それは夏のことだった）。妻は暑さで息がつまって、すっかり打ちひしがれてしまう。おまけに、叫び声の激しさを和らげようとして、彼は両耳に綿をつめる。ときには真夜中に、この夜の喧騒を聞くまいとして、ラジオをつけたり音楽をかけたりすることさえある。そこでA…はわれわれに長々とそのドラマを説明してゆくのである。

数ヵ月前から、彼はFLN対策係に配属された。最初は、若干の施設やカフェを監視する任務であった。ところが二、三週間すると、ほとんど常時、本署で勤務することになる。彼が尋問――これには必ず「痛い目にあわせること」が伴う――を実施する機会を持つのは、このときである。「やつらは何ひとつ白状したがらないからですよ。」

彼は説明する、「ときどきやつらに言ってやりたくなりますよ。ちょっとでもわれわれへの同情があるのなら、やっと一言ずつ情報をひき出すために何時間もつぶさせるようなことをしないで、早く喋ってくれとね。しかしまあやつらに何かを説明してごらんなさい。やつらはあらゆる質問という質問に、『知りません』『知りません』と答えるのです。自分の名前ですらね。どこに住んでいるのかとたずねても、『知りません』と言う。こういうわけだから、もちろん……仕事にかからざるをえません。しかしやつらは喚きすぎるんです。それにははじめ、笑わされましたよ。しかしあとになると、それが私をゆさぶりはじめた。きょう日じゃ、誰かが叫ぶのを聞いただけで、その男がいま尋問のどこらへんにいるか、どんな段階にまですすんでいるのかを言えますよ。拳固を二度と、耳のうしろに警棒を一度見舞われたやつには、おれは無実だという一種の喋り方、喚き方、言い方があります。手首で二時間ぶらさげられたあとでは、別な声が出ます。浴槽につけられたあとでは、また別な声が出る。こんな風に続いてゆきます。しかしそれが我慢ならなくなるのは、特に電気のあとでしてね。たえず、まるで今にも死にそうなんですよ。もちろん声をあげない手合いがいます。猛者ですね。しかしやつらは、今にも殺されると思いこんでいる。われわれには、やつらを殺すなんてことに興味がないんだ。われわれに必要なものは情報ですよ。こういう手合いには、まず声をあげさせようとつとめます。いや、遅かれ早かれ、そうなりますよ。これはすでにひとつの勝利です。あとは、そのまま続けるんです。いいですか、こんなことはやらずにすむように願いたいものですよ。しかしやつらは、われわれの仕事を容易にはしてくれませんのでね。今ではとうとう、うちにいてさえあの叫び声がきこえるようになっちまいましたよ。なかでも署で死んだ幾人かの連中の叫び声がね。先生、私はこんな仕事がいやになりました。治していただけたら、フランスへの転勤を願い出るつもりです。断られたら辞職します。」

　この症状に対して私は病休を命じた。本人が入院を拒むので、私は個人の資格で彼の治療にあたった。ある日、その診療時間の直前に、私は衛生課へ緊急の呼び出しを受ける。妻は、A…[1]が家に来たときに、私が戻るまで待つようにとすすめるが、彼は、いや、ちょっと病院をひと回りして私を迎えに行ってこよう、と言う。しばらくして、自宅に戻る途中、私は道に彼の姿を認める。一本の木によりかかり、明らかにうちひしがれた様子で、震えており、びっしょりと汗をかき、まさに不安の発作のなかにある。私は彼を車にのせて私の家へ連れてゆく。長椅子に腰をかけると、彼は、病院で私の患者の一人――以前警察で尋問され（アルジェリア人愛国者だ）、そして「昏迷型の脳震盪後遺症」の治療を受けている患者――に出会ったと語る。そこで私はこの警官が、あの患者に加えられた拷問に実際に参与したことを知る。A…の不安を静める鎮静薬を飲ませる。彼が出かけたあと、私はあの愛国者が入っている病棟に出向く。職員は何ひとつ気づいていなかった。しかし患者はどうしても見つからない。ついに洗面所で彼を発見する。そこで自殺を試みていたのだ（患者の方でも、警官をそれと認め、この男が再び自分を署へ連れてゆくために捜しにきたのだと思ったのだ）。

その後も、A…は何回となく私の診察を受けにきた。そして回復の徴候がきわめて顕著になったのちに、健康上の理由で本国に帰らせてもらうことに成功した。アルジェリア人愛国者については、職員は長い時間をかけて、あれは幻影にすぎないとか、警官たちが病院に来ることはできない、君は疲労しているのだ、手当てを受けるためにここにいるのだ、などと懸命に彼を納得させようとした。

症例5――ヨーロッパ人刑事が自分の妻と子供たちを拷問にかける

R…　三十歳。自発的にわれわれの診察を受けに来る。刑事で、二、三週間前から「どうもことがうまく運ばない」ことを認めている。既婚、三人の子供。喫煙多量、一日に五箱。食欲もなくなり、睡眠は悪夢によって頻繁に乱される。その悪夢にはとくにこれといった固有の特徴はない。彼を最もひどく悩ませているのは、自分で「狂気の発作」と呼んでいるものだ。まず彼は人に逆らわれることを好まない。「先生、こいつを説明して下さい。私に反対する者にぶつかると、とたんに殴りつけてやりたくなるんです。仕事外のところでさえ、私の邪魔をするやつはひどい目にあわせてやりたくなる。ほんのつまらないことでも。ほら、たとえばこれです。売店へ新聞を買いに行きます。大勢いますよ。当然、待たなくちゃなりません。私は腕をのばして（店を出しているやつは私の友だちなんで）自分の新聞をとります。だれか列のなかにいるのが、ちょっと挑戦的な態度で、『順番を待ちなさい』と私に言います。さあ、私はそいつに平手打ちをくわせたい、それで、こっそりこう言うのです、『おい、お前、もしおれが二、三時間もお前をつかまえておればな、そのあとじゃそれほど面白い面《つら》はしておれないだろうよ。』」彼は音を好まない。ところが家では、始終みなの者を殴りたくて仕方ない。またじじつ子供たち、それも一年八ヵ月の赤ん坊でさえ、稀に見る狂暴さで殴りつける。

だが彼を愕然とさせたのは、ある夜、妻が彼に子供たちをあまり殴りすぎるといってとくに強く批判したときに（彼女は彼にこう言いさえした、「誓ってもいい、あんた気違いになるわ……。」）、彼が彼女にとびかかって殴りつけ、こう言いながら椅子の上に縛りつけたことだ。「この家の主人はおれだってことを、二度と再び忘れんようにしてやるぞ。」

幸いにも子供たちが泣き出し、叫び声をあげはじめた。それで彼は、自分の振舞いの重大さに気づき、妻のいましめを解いた。そして翌日、「神経専門」医に診てもらうことに決める。彼は、「前は、こんなじゃなかった」、子供たちをめったに折檻しなかったし、何はともあれ妻と口論することはけっしてなかった、と明言する。現在の現象は「事変」以来あらわれてきた。「それというのも」、と彼は言う、「私らはいま歩兵のような仕事をしているからです。たとえば先週など、まるで軍隊に所属しているみたいな作戦行動をしましたよ。政府のお偉方はおっしゃる、アルジェリアには戦争はない、秩序の軍隊、つまり警察が、平静を回復することは間違いない、とね。しかし、アルジェリアには現に戦争がある。そして、お偉方たちがそれを悟るときには、もう遅すぎるでしょうよ。何がうんざりさせるって、拷問以上のものはありません。拷問といっても、何も感じられませんか、先生は？ときどき、一〇時間もぶっつづけに拷問することがあるんですよ……。」

「拷問すると、君はどんな風になる？」

「いや、疲れますよ……たしかに交代でやりはします。しかし、いつ友だちに渡すかはなかなか問題でしてね。めいめいが、今にも情報が得られそうだと思うし、お膳立てのできたやつをむざむざ他人にゆずるような真似はしませんよ。むろん、そいつがそこから栄誉をひき出すでしょうからね。それで、手放そうか……手放すまいか……。

しゃべらせるために、そいつに金を、それも自分のポケット・マネーをやることさえあるんですよ。私らにとって問題はこうです。お前はこいつにしゃべらせる腕があるか？　これは個人的成功の問題でしてね。まあ、張り合ってるってわけですな……。しまいには拳骨がへなへなになっちまいました。そんなときは『セネガル人』を使うんです。ところがこいつらときては、あまり強く殴りすぎて相手を半時間でのしちまうか、でなきゃあんまりお手柔らかでききめがない。じっさい、この仕事をうまくやるには頭がよくなくちゃいけません。どんなときに締めあげてどんなときにゆるめるかを知らないといけません。勘の問題ですね。相手が熟れ加減のときはひっぱたきつづけるには及ばない。というたわけで、自分で仕事をしなきゃいけません。その方が、変わり方をよく見張っていられますから。他人《ひと》にお膳立てさせときながら、どこまでいったか、ひっきりなしにのぞきにくる連中には腹が立ちますよ。なにより必要なことは、この手から生きたままでは逃れられっこないって印象を、野郎に与えないことです。そんなときには考えこむでしょうからね、しゃべったところで命が助かるはずもないんなら、何のためにしゃべるのか、とね。こういう場合には、何かを知るチャンスはまったくないでしょう。希望を抱かせねばなりません。口を割らせるのは希望ですよ。もっとも、私がいちばんうんざりしているのは女房との一件です。たしかに、どこか調子が狂ってるにちがいありません。先生、そいつを治していただかねば。」

署は彼に休息を与えることを拒み、それに患者は精神科医の証明書など要らないと言うので、治療は「完全就労」状態で行なわれる。このような処置の無力さは容易に察せられよう。この男は、自分のあらゆる障害が、尋問室にくり拡げられているタイプの活動から直接もたらされることを完全に知っていた。もっとも彼はその責任を、全面的に「事変」に転嫁しようと試みたのではあったが。拷問をやめたら辞職せねばならないだろうし、そんなことを考えるのはナンセンスであろうから、彼は良心の苛責もなく、行動の障害もなく、心静かにアルジェリアの愛国者たちを拷問しうるよう助けてほしいと、あからさまに私に頼んでいたのである。(原注四)

系列　B

ここには、発病の要因となった体験が、第一にアルジェリアにみなぎる全面戦争の雰囲気であるような若干の症例、あるいは症例群を集めた。

症例1——十三歳と十四歳の二人のアルジェリア人少年による、遊び友だちのヨーロッパ人殺害

これは法医学的鑑定にかかわるものだ。十三歳と十四歳の二人のアルジェリア人少年——小学生

——が、ヨーロッパ人の友だちの一人を殺したかどで告発されている。彼らはその行為を行なったことを認めた。犯罪は再構成され、写真が訴訟記録に加えられた。そこには子供の一方が犠牲者を抑えつけ、他方がナイフで突いている光景が見られる。幼い被疑者たちは、その供述を翻していない。われわれは彼らと長い対話を行なった。ここに彼らの特徴的な言葉を掲載する。

（a）十三歳の少年

「ぼくたち、あいつと仲が悪かったんじゃないよ。いつも木曜日には、村の丘の上に行って、一緒にパチンコで狩りをした。いい友だちだった。あいつ、もう学校には出てなかったんだ。おやじのように石屋になろうと思ったからさ。ある日、ぼくたちはあいつを殺すことに決めたんだ。ヨーロッパ人がアラブ人をみんな殺そうと思っているからさ。ぼくたち、『大人』は殺せないよ。だけどあいつみたいに同じくらいの年齢《とし》のやつならやれるさ。どうやって殺すかは分かんなかった。堀に投げこもうと思ったんだ。だけど、それじゃ、けがをしただけですむんじゃないか。それで、うちからナイフを持ち出して殺したのさ。」

「でもなぜ、彼を選んだの、彼を？」

「あいつはぼくたちと一緒に遊ぶからさ。ほかのやつは、ぼくたちと一緒にあそこへ登りっこなかったもん。」

「でも、友だちだったんだろう？」

「それじゃ、なぜあいつらはぼくたちを殺そうと思ってんのさ？　あいつのおやじは民兵だけど、ぼくたちの首をはねなきゃいかんと言ったんだよ。」

「でも彼は君になんにも言わなかったんだろう？」

「あいつ？　言わないよ。」

「彼はもう死んじゃったんだよ、分かるかい？」

「うん。」

「死って何だ？」

「もうおしまいってときのことさ。天国へ行くんだよ。」

「彼を殺したのは君なの？」

「うん。」

「君は、人を殺したってことに何か感じるかい？」

「感じない。あいつらはぼくたちを殺そうとしてるんだもの。だから……。」

「刑務所に入ってるのはいやだろう？」

「いやじゃない。」

（b）十四歳の少年

この少年被疑者はその友と顕著な対照をなしている。その筋力や容貌、口調、返答の内容からして、すでにほぼ一人前の男、一人の大人である。彼もまた殺したことは否定しない。なぜ殺したのか？彼はその問いには答えずに、いったいこれまでに、ヨーロッパ人が刑務所に入っているのを見たことがあるか、と私に質問してくる。アルジェリア人を殺して逮捕されたヨーロッパ人が、かつて刑務所に一人でもいたことがあるか。まったくそのとおり、刑務所にいるヨーロッパ人を見たことはない、と私は答える。

「それなのに、毎日アルジェリア人が殺されているじゃないですか？」

「そのとおり。」

「それじゃなぜ刑務所には、アルジェリア人しか見あたらないんです？　説明していただけますか？」

「いや。しかし、ねえ君、なぜ仲よしだったあの少年を殺したのだ？」

「説明しましょう……リヴェ事件（原注五）のことをお聞きになったでしょう？」

「聞いたよ。」

「ぼくの親戚の者が二人、あの日に殺されました。村じゃ、フランス人がぼくらを次から次へとみな殺しにする誓いをたてたっていう噂でした。あれだけのアルジェリア人が殺されたというのに一人でもフランス人が逮捕されたでしょうか？」

「知らない。」

「実はだれ一人逮捕されなかったのです。ぼくは山に上ってゆき〔マキに加わり〕たいと思いました。でも小さすぎる。それで、ヨーロッパ人を一人殺さなくちゃならないってことを、X…と話したのです。」

「なぜ？」

「あなたのお考えでは、何をしなければならなかったのですか？」

「分からない。しかし君は子供なんだし、起こっているのは、大人の問題だ。」

「でもあいつらは子供たちも殺してる……。」

「でもそれは、君の友だちを殺す理由にはならないんだ。」

「でもぼくは彼を殺したんだ。さあ、好きなようにして下さい。」

「あの友だちは君に何かしたの？」

「いえ、あいつはなんにもしなかった。」

「それじゃ、どうして？……」

「このとおりです……。」

症例2——二十二歳のアルジェリア青年における罪責妄想、および「テロ行為」に擬装した自殺行為

この患者は、フランス司法機関によって病院に送られてきた。アルジェリアで働くフランス人精神科医たちの手で実施された法医学的鑑定ののちに、この処置がとられたのである。

問題の男は、痩せ細り、完全な錯乱状態にある。皮下溢血が全身にひろがり、顎の二ヵ所の骨折によっていかなる食物の摂取も不可能となっている。それゆえ二週間以上にわたり、種々の注射に頼って栄養を供給することになる。

二週間後、思考の空白は和らいでゆく。かくて面談を行なうことができ、漸くわれわれは、この青年のなめた悲劇的な経過を再構成するに至る。

——少年期には、稀に見る熱心さでボーイスカウト運動を行なう、回教徒ボーイスカウト運動の主要責任者の一人になる。だが十九歳になると、ボーイスカウト運動はまったく顧みず、ただ自分の職業のみに専念。オペレーターとして、ねばり強く勉強し、自分の職業で一流の専門家になることを夢見る。一九五四年十一月一日〔アルジェリア戦争勃発の日〕当時は、ひたすら職業上の問題のみに没頭しているのが見られることになる。まだそのさいには、民族闘争に対するいかなる反応も示さない。このときすでに、昔の仲間とは交際していなかった。のちに彼はこの時期の自分を、「専門的能力を窮めんがための召集兵」と自ら定義することになる。

しかし一九五五年のなかごろ、家族の夜の団欒のあいだに、突如、両親が自分を裏切者と見なしているという印象を抱く。二、三日たつと、この束の間の印象は薄れるが、彼にはどうしても理解できぬある不安、ある不快感が残される。

そこで彼は食事を大いそぎでとることにきめ、家族を逃れて自室に閉じこもる。あらゆる接触を避ける。この状態において、破局が襲ってくる。ある日街頭で、十二時半ごろ、自分を卑怯者呼ばわりする声をはっきりと聞く。振り向くが、だれの姿も見えない。彼は足を速め、もう仕事にはゆくまいと決心する。自室を出ず、食事もとらない。夜になると発作が起こる。三時間にわたり、ありとあらゆる侮辱の言葉を聞く。頭のなか、闇のなかにも声がする。「裏切者……卑怯者……お前の兄弟はみな死につつある……裏切者……裏切者……。」

ある名状しがたい不安が彼をとらえる。「ぼくの心臓は一分間に一三〇の速さで一八時間ぶっつづけに搏った。ぼくは死ぬのだと思っていた。」

そのときから、患者はもう何も呑み下せなくなる。見る見るうちに痩せ細り、完全な暗闇のなかに閉じこもり、両親にも部屋の戸を開けようとしない。三日目ごろ、祈りに身を投じる。彼は——私に語るところでは——一日一七、八時間もひざまずいた姿勢をくずさない。四日目、衝動的にまるで「気違いのように」、「これまた自分を気違いだと思わせるにちがいないようなひげづら」で、上衣も着ずネクタイもつけずに町へ出ていく。街頭に出てみると、どこへ行くべきかわからない。しかし彼は歩いてゆく。しばらくして、気がつくとヨーロッパ人街に入っている。彼の容貌（ヨーロッパ人に似ている）が、そのときフランス人パトロールの誰何と取締りから彼を護っていたらしい。

それにひきかえ、かたわらでは、アルジェリア人の男たちと女たちが逮捕され、小づかれ、侮辱され、身体検査をされている……。ところが奇妙なことに、彼はどんな証明書も持っていないのだ。彼に対する敵のパトロールのこのたくまぬ親切が、彼の妄想を固めさせる。「あいつがフランス人についていることはだれもが知っている。兵隊でさえ命令を受けている。だからあいつをそっとしとくんだ。」

そのうえ、逮捕され、両手を首のうしろに上げさせられて、身体検査を待っているアルジェリア人たちの視線が、彼には軽蔑を帯びているように思われる。抑えきれぬ興奮にとらえられて、彼は大股に遠ざかる。このとき、彼はフランス軍司令部の建物の前に行き着く。門のところに自動小銃をにぎった数人の兵士たち。彼は兵士たちに向かって進んでゆき、そのうちの一人にとびかかって、「ぼくはアルジェリア人だ」と叫びながら、その自動小銃を奪いとろうとする。

たちまちとり押えられて、彼は警察署に連行される。そこで、人びとは、責任者たちの名と機関のさまざまなメンバーの名を白状させようと躍起になる。数日後、警官と兵士は、相手が病人であることに気づく。鑑定にまわすことが決定され、精神障害ありとの結論が出て、入院加療を命ぜられる。「ぼくが望んでいたのは」と彼はわれわれに言った、「それは死ぬことだった。警察でも、拷問のあとでやつらはぼくを殺すだろうと思っていたし、そう願っていた。ぼくは殴られることに満足だった。なぜって、それは、やつらがぼくのことも敵と見なしていることを証明していたからだ。ぼくはもう、あの告発をおとなしく聞き過ごすことができなかった。ぼくは卑怯者じゃない。ぼくは女じゃない。

ぼくは裏切者じゃない。(原注六八)」

症例3——若いフランス人女性にあらわれた神経症的傾向。政府高官であったその父は待伏せ攻撃で殺された

二十一歳で学生のこの若い娘は、その勉学および対人関係において彼女を悩ませている、ちょっとした不安型の症状がもとで、私の診察を受けにきた。掌はたえずじとじとし、周期的に非常に不安な時期があって、そのときは汗が「両手から流れ出る。」夜間の偏頭痛を伴う胸郭の圧迫。爪をかむ。しかし注意を惹くのは、何よりも、大きな苦悶が秘められていると感じられるのに、明らかにあまりにも急速に彼女と面談の機会が得られたその容易さである。父親の死は、日付の上では新しいにもかかわらず、患者がこれをあまりに軽く報告するので、われわれはいそいで、彼女と父親との関係に調査を向ける。われわれに与えられた説明、明確な、完全に明晰な、無感覚と紙一重なまでに明晰な説明は、まさにその合理主義によって、この若い娘の障害を、また彼女の葛藤の性質と源とを、明らかにしてゆくことになる。

「父は高官でした。父は広大なある農村地域の責任を負っていました。事変勃発以来、父は怒りに逆上してアルジェリア人狩りにとびこみました。もうなんにも食べなくなり、眠れなくなったくらいに、父は反徒を鎮圧することに興奮しきっていたのです。わたしは、父が少しずつ変貌してゆくのを、何もできずに眺めていました。しまいには、わたしはもう父に会いにゆくまい、自分は町に残っていよう、と決心しました。なぜかといえば、家に帰るたびにわたしは幾晩も眠れなかったからです。というのは、叫び声がたえず階下《した》からわたしのところまで聞こえてきて、わたしをひどく悩ましつづけたからです。地下室で、またそれ用にあてられたいくつかの部屋で、口を割らせるためにアルジェリア人を拷問していたのです。あのように夜通し叫ぶのを聞くのがどれほど怖ろしいことか、とてもお分かりになれないでしょう。ときどきわたしは、どうやって人間は耐えられるのだろうか、と思うのです——拷問するってことにじゃありません——ただ苦痛の叫びを聞くことにです。しかもそれは長く続きました。しまいに、わたしは家に帰らなくなりました。たまに父がわたしに会いに町にくるたびに、わたしはどうしても、おそろしく気づまりなぞっとする思いなしには、父をまともに見ることができませんでした。父を抱擁するのは、ますます辛くなってゆきました。

それはわたしが長いあいだ村に住んでいたからです。わたしは村のほとんどすべての家庭を知っています。同いどしぐらいの若いアルジェリア人たちとわたしとは、幼いころ一緒に遊んだのです。わたしが家に帰るたびに、父は新たに幾人かが検挙されたことを知らせてくれるのでした。しまいには、わたしはもう道を歩く勇気がなくなりました。それほどに、至るところで憎悪に出あうことを確信していたのです。心のなかでは、わたしはあのアルジェリア人たちが正しいと思っていました。わたしがアルジェリア人なら、マキにいるでしょう。」

しかしある日、彼女は、父が重傷を負ったことを知らせる電報を受けとる。彼女が病院に赴くと、父は昏睡状態にある。父親はそれからじきに亡くなる。彼女の父親が負傷したのは、軍の分遣隊に同行して偵察の任にあたっていたときのことである。そのパトロールは、〈アルジェリア民族解放軍〉のしかけた待伏せ攻撃にひっかかったのだ。

彼女は言う、「埋葬はわたしをむかむかさせました。『その気高い徳性によって現地住民を心服させていた』わたしの父の死に、涙しにやってきたあのすべての役人たちは、わたしに胸のむかつく思いをさせました。それが真っ赤な嘘なのは、だれもが知っていたのです。その地域全体の尋問センターを父が牛耳っていたことをだれ一人知らない者はなかったのです。拷問で殺された者の数が日に一〇人に達していることも知られていました。だのに嘘を並べにやってきた、献身だの、自己犠牲だの、祖国愛だの、云々……と。いま、わたしにとって言葉はもう価値がない、ともかくあまり価値がないのだと言わなければなりません。わたしはすぐ町に帰り、あらゆるお偉方から逃れました。わたしに補助金をくれるという申し出もありましたが、ことわりました。あいつらのお金は欲しくありません。それは父によって流された血の代価です。そんなものは受けられません。わたしは働きます。」

症例4——十歳未満のアルジェリア人少年たちに見られる行動の障害

これは難民の例である。フランス人によって殺された戦闘員あるいは民間人の息子たちだ。彼らはチュニジアとモロッコにある種々の施設に分散させられている。この子供たちには学校教育が与えられている。大勢で遊んだり、どこかへ出かけたりする機会が設けられている。子供たちは定期的に医者の検診を受ける。かくしてわれわれはそのうちの若干を診察する機会に恵まれたのである。

（a）これらさまざまな子供たちには、両親の像《イマージュ》に対するきわめて顕著な愛情が存在する。父親あるいは母親に似ているすべてのものを、非常な執拗さをもって求め、またそれをこのうえもなく大切にしまっておく。

（b）一般的に彼らには騒音恐怖症が認められる。この子供たちは叱責されるとただちに大きな打撃をうける。静けさおよび愛情への非常な渇望。

（c）多数の者に不眠症が、夢遊病とともに見られる。

（d）周期的夜尿症。

（e）サディスム的傾向、次のようないたずらがしきりに行なわれる。ぴんと張った一枚の紙に、めったやたらにたくさんの穴をあける。鉛筆を一本残らずかじり、どうにもならぬ執拗さでいつまでも爪を嚙む。互いに深い愛情を抱いているにもかかわらず、彼らのあいだでは頻々と喧嘩がおこる。

症例5——難民に見られる産褥精神病

女性が母となるさいに起こる精神障害は、産褥精神病と呼ばれる。この障害は、出産の直前にあらわれることもあるが、また数週間後にあらわれる場合もある。この疾患の決定因はきわめて複雑だ。しかし二つの主因は内分泌腺機能の混乱と「感情的衝撃」の存在であると考えられている。この後者の項目は、漠然たるものではあるが、世間で「激しい動揺」と呼ばれているものに相当する。

チュニジアとモロッコの国境一帯には、フランス政府が数百キロにわたって土手を築き焦土化の政策を実施するという決定〔チュニジアからの解放軍侵入を防ぐため〕を行なって以来、約三〇万の難民が存在している。彼らの暮らしがどんなに窮迫した状態にあるかは、よく知られている。国際赤十字の委員会は幾度も現地に赴き、生活条件の極度の悲惨と不安定とを確認したのちに、国際的な諸機関にこれら難民に対する救援を強化するよう勧告した。したがって、これらの収容所《キャンプ》に蔓延した栄養失調を考慮すれば、妊婦たちがとりわけ産褥精神病の発生しやすい傾向を示すということは、はっきり予測しえたところであった。

「追及権と追跡権」の適用による頻々たるフランス軍隊の侵入、空襲、機銃掃射——知られるごとく、フランス軍によるモロッコおよびチュニジア領の爆撃は数知れず、チュニジアの殉教村サキエト＝シディ＝ユーセフは、その最も血なまぐさい一例である——大量避難という条件の結果である家庭の解体は、これらの難民たちのあいだに、常に明日への不安をかもし出している。あえて言おう、産後の難民アルジェリア人女性のうち、精神障害を来たさなかったものはほとんどいないのだ。

この障害はさまざまな型をとる。ときおり狂気じみた挙動を示す興奮であったり、くり返し自殺を試みる重症の無動性《イモビル》の鬱状態であったり、涙、悲嘆、慈悲の訴えなどを伴う不安状態であったりする。同様に、妄想の内容もさまざまだ。あるいは誰彼かまわずおぼえる漠然とした被害妄想、あるいは胎児や新生児を殺そうとするフランス人に対する妄想的攻撃性、あるいは死の切迫した印象、などが認められ、このとき患者は見えない死刑執行人に向かって、子供は助けてくれと必死に懇願するのである。

〔妄想の〕基本となる内容は、障害の鎮静と後退によっても一掃されはしないことを、ここでなお指摘しておかねばならない。患者は回復しても、患者のおかれた状況は、これら病気の核心を養い育てているのである。

系列C　拷問後の感情的・知的変化、および精神的障害

この系列にわれわれは、拷問の直後ないしは拷問中に障害を来たした多少とも重症の患者を集める。われわれは、これをさらに細かく分類記述する。それというのも、ひとつの拷問方法には、人格の表面的な毀損、ないしは深い毀損と別個に、それぞれ特徴的な病型が照応していることを理解したからである。

第一類――いわゆる予防的な無差別拷問ののち

ここに示すのは、拷問そのものよりは口を割らせることが問題であるような凶暴な方法にかんしてである。一定の限界を越えると苦痛は耐えられなくなるという原理が、ここでは奇妙な重要性を帯びている。したがって目標は、できるだけ急速にこの限界に達することである。緻密なやり方は用いられない。大勢で、また多様な形で、攻撃が加えられる。たとえば数人の警官が同時に殴ることがある。またたとえば、四人の警官が立ったまま囚人をとりまいて、拳固でなぶりものにする一方、一人の警官は煙草の火で囚人の胸をやき、他の一人は棍棒で足の裏を殴りつける。アルジェリアにおいて用いられた拷問の方法のあるものは――すべて拷問された者の打ち明け話によるのであるが――われわれには特に残忍きわまるものに思われた。すなわち、

(a) 口から水を注入し、これに石けん水の高圧灌腸を併用する。(原注七)
(b) びんを肛門に挿入。
「不動の姿勢」と呼ばれる拷問の二形式――
(c) 囚人はひざまずかされ、両腕は地面に平行に、掌は上に向け、上半身と頭を直立させられる。微動だにすることも許されない。囚人のうしろでは、椅子に腰をおろした一人の警官が、警棒を使って彼を不動の姿勢にひき戻す。
(d) 囚人は立ったまま、顔を壁に向け、両腕をあげて両手を壁に密着させる。この場合にも、ほんの微かな動き、ほんの僅かな弛緩のきざしにも、警棒の雨が降りそそぐ。

ここで、二種類の被拷問者があることを明確にしておこう。
(1) 何ごとかを知っている人びと。
(2) 何も知らない人びと。

(1) 何ごとかを知っている人びとは、衛生部隊のなかではめったに見られない。たしかに、これの愛国者がフランスの刑務所で拷問されたということは、知られていないわけではない。が、患者としての彼に出会うことはないのだ。(原注八)
(2) これにひきかえ、何ごとも知らない人びとは、きわめて頻繁にわれわれの診察を受けにくる。一斉掃討《ラティサージュ》あるいは包囲のあいだに痛めつけられたアルジェリア人のことは、ここでは述べない。その人びともまた、患者としてわれわれのところにやってくることはないのである。われわれははっきりと、組織に属さぬアルジェリア人たち、逮捕され、警察署、あるいは尋問場所にあてられた農家へと連行され、そこで拷問にかけられたアルジェリア人のことを述べているのだ。

見受けられる精神医学的症状

（a）激越性鬱病——四例

この患者たちは本当に不安があるわけではないが、悲しげで、意気銷沈しており、多くの場合ベッドを離れようとせず、他人との接触を避けている。しかもだしぬけにきわめて強い興奮を示すことがあるが、その意味を理解することは常に困難である。

（b）心因性不食症——五例

この患者は重大な問題を提起している。この心因性食欲不振は、他人とのいっさいの肉体的接触に対する恐怖症を併発するからである。たとえば看護人が患者に近づき、彼に触れようとしたり手をとろうとしたりすると、たちまち厳しくはねつけられる。人工的栄養補給を行なうこと、あるいは医薬を服用させることは不可能である。(原注九)

（c）運動性不穏症——一一例

ここにあげるのは、ひとところにじっとしていない患者である。彼らはたえずひとりきりになっており、医者と診察室に閉じこもることもなかなか承諾しない。

この第一類の拷問を受けた者には、しばしば二つの感情が見られた。

まず不正の感情。何昼夜にもわたって理由もなく拷問されたのちに、これらの人びとのなかで何かしらがこわれてしまったように見える。これら受難者の一人は、とくに痛ましい経験を持っていた。すなわち数日間空しく拷問を加えたのちに、警官は、相手がＦＬＮのいかなる組織とも完全に無縁な、おとなしい男なのだという確信を得たのである。この確信にもかかわらず、一人の刑事はこう言ったらしい、「そんな風に放免するなよ。もう少し締めあげろ。そうすりゃ外に出たとき、おとなしくしているさ。」(原注一〇)

次に、いっさいの道徳的議論に対する無関心。この患者たちにとっては、正当な根拠のある事情など存在していない。拷問を受けたのは、力が弱かったからだ。それゆえ、何にもまして意を用いるべきは自分の力を強めることであって、あることが根拠あるものか否かといった問題を自らに提起することではない。ただ力のみが問題である。

第二類――電気拷問ののち

この項目には、主として電気で拷問されたアルジェリア人愛国者たちを含めた。じじつ、以前には電気は拷問の手順全体の一部であったが、一九五六年九月以降は、若干の尋問はもっぱら電気のみで行なわれたようである。

見受けられる精神医学的症状

（ａ）局部的あるいは全身的体感異常症――三例

この患者たちは、身体に蟻がはいまわるような感じを覚える。手がひきぬかれ、頭が割れ、舌が他人に食いとられるという印象を抱くのである。

（b）無感情、無為、無関心——七例

この患者たちは、無気力で、計画もなく、活気もなく、その日その日を生きている。

（c）電気恐怖症

スイッチに近づくことへの恐怖、ラジオをつけることへの恐怖、電話への恐怖。医者は、電気ショック療法をやるかもしれぬとほのめかすことさえ、絶対に不可能である。

第三類——「自白注射」ののち

この治療の原則はよく知られている。対話によっては引き出すことのできない無意識の内的葛藤に苦しんでいると思われる患者に対して、化学的探診法に頼るのである。ペントタールの静脈注射は、適応可能限度を越えていると思われる葛藤から患者を解放すべく、最も一般的に用いられる物質だ。医者はこの「異物」から患者を解放するために、処置を試みるのである。(原注一二) ただし〔その副作用として〕、精神的能力の漸進的解体を抑制することが困難であるのに人は気づいた。いちじるしい悪化、あるいはまったく説明できない新しい症状の出現を目撃することも稀ではなかった。このため一般的に言えば、この方法は一応放棄されたのである。

アルジェリアにおいて、軍医と精神科医とは、営倉のなかに実験の大きな可能性を見出した。もし神経症において、ペントタールが内的葛藤を明るみに出すことを妨げる障壁を一掃するとすれば、アルジェリアの愛国者たちにおいても、それは、政治的障壁をうち砕き、電気拷問に頼る必要もなく、囚人の自白を容易に獲得できるはずである（医学の伝統は、苦痛が軽減されることを命じているのだ）。これが「破壊戦争」の医学的形態である。

筋書きは次のとおりだ。まず、「私は医者です。警官じゃありません、君を助けに来たんですよ。」そう言って、数日後には囚人の信頼を得てしまう。[原注一二]次に、「君に二、三本注射しよう。ひどくまいっているようだから。」数日のあいだ、治療にとりかかる——ビタミン、強心剤、ブドウ糖など、何でもかまわない。四日目か、五日目にペントタールの静脈注射。尋問が開始される。

見受けられる精神医学的症状

（a）言語常同症

患者はたえず次のタイプの言い回しをくり返す、「私は何も言いませんでしたよ。信じて下さらなくちゃ。私は口を割りませんでしたよ。」この常同症は永続的な苦悶を伴っている。じじつ、患者はきわめてしばしば、自分から情報を引き出すことができたかどうか知らないのだ。人びとが守っている運動、彼がその名と住所とを漏らしたかもしれない同志、これらに対する罪責感が、ここでは悲劇的にのしかかってくるのだ。いかにそうでないと断言しても、この損なわれた意識のうちに平安を回復することはできない。

（b）混濁した知的あるいは感性的知覚

患者は、ある知覚された対象の実在を確認することができない。ひとつの考えをとり入れる、だが無差別的にだ。真実と虚偽が、まったく識別不可能になる。すべてが、同時に真実であり虚偽である。

（c）差し向かいになることすべてへの病的恐怖

この恐怖は、いつまた尋問されるか分からないという強い印象に由来する。

（d）制止

患者は用心している。出された質問を一語一語記録し、これから口にしようとする回答を一語一語ねり上げる。そこから準制止の印象が生じ、それは精神的弛緩、文章の中断、回顧……などを伴う。これらの患者が、いっさいの静脈注射を執拗に拒絶することは明らかだ。

第四類――洗脳ののち

最近、アルジェリアにおける「心理作戦行動」について多くが語られた。われわれはこれらの方法の批判的研究にとりかかろうとするものではない。われわれはここでその精神医学上の結果を喚起することだけにとどめたい。アルジェリアには、二種類の、洗脳による拷問機関《センター》が存在する。

Ⅰ　知識人のためのもの

ここの原則は、囚人をしてひとつの役割を演じさせることである。それが社会精神医学のいかなる学派を思わせるかは、明らかに見てとれる。(原注一三)

（a）〔対仏〕協力活動を推進すること。

〔対仏〕協力を入念に正当化することによって、知識人は〔フランス〕に協力するよう促される。つまり彼は二重の生活を送ることを強いられるのだ。彼はよく知られた愛国者で、通行中に予防検束されたのである。計画された行動の目的は、民族意識を構成する諸要素に、内部から攻撃を加えることだ。彼は〔フランスに〕協力せねばならないというだけではない。〔対仏〕反対者もしくは態度保留者と「自由に」議論し、彼らを説得するという使命が与えられるのだ。これこそ彼を用いて愛国者たちの上に注意を惹きつけさせ、したがって彼を密告者として役立たせる優雅な方法である。もしたまたま反対者が見つからぬと彼が主張するなら、反対者を彼に指定するか、あるいはあたかも反対者を相手にしているかのように振舞うことを彼に求めるのである。

（b）フランスの事業の価値について、また植民地の正当性について報告を行なうこと。

この課題を十分に遂行するために、大勢の「政治顧問団」がまわりをとりまく。たとえば〈現地人科〉の担当者たちだ。いや、さらにそれ以上に、心理学者、社会心理学者、社会学者……たちである。

（c）〈アルジェリア革命〉の論拠をとりあげ、それらを次々と攻撃すること。

アルジェリアは民族《ナシオン》〔国家〕ではない。いまだかつて〈民族〉であったことはない。将来ともけっして〈民族〉ではありえぬだろう。

「アルジェリア人民」は存在しない。

アルジェリア人の愛国主義とはナンセンスである。

「反徒《フェラガ》」は野心家、罪人、思い違いをしたあわれなやつらだ。

知識人の一人一人が、こうしたテーマでかわるがわる報告をせねばならず、またその報告は説得力のあるものでなければならない。成績（例の「褒賞」）が与えられ、毎月末に総計される。それらは、その知識人の釈放を決定するか否かの評定資料に用いられることとなる。

（d）完全に病理学的な集団生活を送ること。

孤独であることは反逆行為である。だから常にだれかと一緒にいさせる。沈黙もまた禁止される。大声で考えねばならぬ。

証言

これは、監禁され、幾月にもわたって洗脳を受けたある教授の場合である。収容所の責任者たちは、ある日、教授がたいへんよくなったとほめ、その釈放の間近いことを予告した。

敵の策略を知っている教授は、この通知を真に受けぬよう警戒する。じじつ彼らの手管は、囚人たちに釈放を予告しておいて、指定された日の数日前に集団の批判会を組織することなのである。囚人が決定的に矯正されたというすべての徴候を示していると思われない場合、その会の終わりにしばしば釈放延期の決定がとられる。そこに出席した心理学者たちの言によれば、集団の批判会が、民族主義的病菌が頑固に残っていることを暴露したためである。

今度はしかし、ごまかしではなかった。囚人はきっぱりと釈放される。ひとたび外に出るや、町でも家庭でも、もと囚人は、自己の役割をかくもみごとに演じたことを得意がる。彼は民族闘争のなかでの自己の場をとり戻すことができるのを喜び、早くもその責任者たちとの接触をはじめようと試みる。そのとき刺すような、怖ろしい想念が、心をつらぬくのだ。おそらく自分は、だれ一人だますことができなかったのだろう、看守も、同囚も、とりわけ自分自身も。

勝負はどこで終わることになるのか？

ここでもまた彼を安心させ、罪責感という障害物をとり除くことが必要なのだ。

見受けられる精神医学的症状

（a）いっさいの集団的議論に対する恐怖症。三、四人が出会うことがあると、たちまち抑制が再びあらわれ、異常な激しさで、猜疑心、沈黙がのしかかってくる。

（b）一定の立場を説明しまた擁護することの不可能性。思考が一対の反対命題によって展開される。肯定されるものはすべて同じ瞬間に、同じ力で否認されうる。これはたしかに、われわれがこの戦争において出会った最もいたましい後遺症だ。強迫的人格は、アルジェリアにおいて植民地主義のために実施された「心理作戦」の所産である。

Ⅱ　知識人以外のためのもの

ベルアギアのような機関《センター》では、もはや、主観性から出発して個人の態度を変えようとはしない。それどころか、肉体を抛りどころにし、これを破壊して民族意識をうち砕こうと期待するのである。これこそ正真正銘の調教というものだ。褒賞として与えられるのは、拷問の停止、あるいは食物が与えられる可能性である。

(a)FLNでないことを認めねばならぬ。グループでそれを叫ばねばならぬ。何時間もぶっ通しでそれをくり返さねばならぬ。

(b)次に、自分はFLNであったが、それは悪いことだと分かった、と認めねばならない。したがって「FLNを倒せ。」

この段階ののち、もうひとつの段階に到達する。すなわち、「アルジェリアの未来はフランスのものだ、フランスのものでしかありえない。」「フランスなくしては、アルジェリアは中世にかえってしまう。」

最後に、「われわれはフランス人だ。フランス万歳。」

この場合に見られる障害は重大でない。休息と鎮静を求めているのは、苦痛に悩む肉体なのである。

系列D　心身症

アルジェリアの植民地戦争は、単に精神障害を増加させ、特殊な病的現象の発現を助長するという結果を伴っただけではない。拷問の病理学、拷問された者の病理学、そして拷問者のそれ以外に、アルジェリアには、ここを包む雰囲気の病理学、すなわち、一般に臨床医たちをして、彼らがついに理解しえない患者を前に、「こうしたことはこのひどい戦争が終わるとともに終わるだろう」と言わしめる病理学が瀰漫している。

われわれがこの第四の系列に入れることを提案するのは、アルジェリア人に見られる疾患であり、彼らの一部は強制収容所に監禁された人たちである。これらの疾患の特徴は心身症型であることだ。

葛藤の状況のおかげで出現する器質的障害の全体は、精神身体病理学と名づけられている。(原注一四) 精神身体的という――なぜならその決定因が精神的なものに由来するからである。この病理学とは、人体が、己れの対決させられている葛藤にこたえる仕方、つまり適応する仕方であると見なされる――障害は症候であると同時に治癒なのだから。より正確に言えば、人体は（もう一度くり返すが、問題は皮質内臓的統一性、昔の人たちのいわゆる精神身体的統一性である）、まずい方法ではあるが結局は経済的な方法によって葛藤をのり越えるのだということに、みなの意見が一致している。人体が破局を避けるために選択するのは、最小悪なのである。

これに対して提起されているさまざまな治療法（弛緩、暗示）は、われわれにはきわめて危険なものと思われるが、しかし全体として見れば、この病理学は今日よく知られているものだ。第二次世界大戦中、空爆下の英国で、またソヴィエト連邦ではとくにスターリングラードの包囲された住民のあいだで、急性障害の記述が増加した。現在、人は完全に知っている――その頭脳で苦しむと同様に肉体でも戦争の存在に苦しむためには、弾丸によって負傷する必要もないということを。いかなる戦争もそうであるように、アルジェリア戦争もそれにふさわしい皮質内臓的疾患を生み出した。下記のg

項を除けば、アルジェリアにおいて見られるあらゆる障害は、「古典的」戦争のさいに記述されてきたものだ。〔しかし〕g項は、アルジェリア植民地戦争特有のもののようにわれわれには思われた。この特殊な型の病理学（全身の筋肉攣縮《れんしゅく》）は、革命勃発前にすでに注目をひいていたものである。しかしそれを記述した医者たちは、これを現地人の先天的烙印として、彼らの神経系統の特異性《オリジナリテ》（？）として扱い、そこにも植民地原住民における錐体外路系《エクストラ・ピラミダル》の〔障害の〕はっきりとした検査結果が見出されると主張していた。(原注一五) この攣縮は、じっさいはまったく単純に彼らの体位に伴って起こるものであり、植民地権力に直面した原住民の筋肉の硬直、躊躇、拒絶の存在なのだ。

見受けられる精神医学的症状

（a）胃潰瘍

きわめて多い。痛みは夜間に最も激しく、ひどい嘔吐があり、体は痩せ、気分は悲しく陰気になり、例外的には怒りやすくなる。特筆すべきは、これらの患者の大多数がきわめて若く、十八歳から二十五歳であるということだ。原則として、われわれはけっして外科手術をすすめない。二度、胃切除が実施された。この二例では、同じ年に再手術を行なわねばならなかった。

（b）腎疝痛

この場合もまた、苦痛は、夜間に頂点に達する。明らかに、結石はほとんど存在したためしがない。これらの疝痛は、稀には十四歳ないし十六歳の患者に突発することがある。

（c）女性における月経障害
この病理学はよく知られているので、われわれはこれにあまり手間どらぬこととする。無月経が三、四ヵ月も続くか、あるいは、月経に伴って甚だしい苦痛があり、それが性格と行動に影響を及ぼす。

（d）特発性振顫による不眠症
これは若年の成人に見られるもので、全身性のパーキンソン症状を想起させるような、体中の小刻みな振顫が原因となって、いかなる休息も得られないようなものである。これについてまたかずかずの「科学的精神」は、錐体外路系《エクストラ・ピラミダル》の決定因を持ち出すかもしれない。

（e）早発性白髪
尋問機関《センター》の生還者たちにあっては、毛髪が、斑点状に、部分的に、あるいは全体にわたって、突然白髪になる。きわめてしばしばこれらの障害は、無関心を伴う深刻な無力症（asthénie）および性的不能を併発する。

（f）発作性心悸症
心臓の鼓動が突然速くなる。毎分一二〇、一三〇、一四〇。この心悸症は苦悶、切迫した死の印象を伴い、発作の終わるときには大量の発汗がある。

（g）全身の攣縮、筋硬直

階段を上る。急いで歩く、走る、といったある種の運動を実行することが、しだいに（二例においては症状の出現は突発的だが）困難になるのを感じる男性患者である。この障害の原因は特有の硬直であって、それは脳のある部分（中央部の灰色の核）が冒されていることを否応なく想起させる。それは伸展硬直であり、歩行はよちよちと行なわれる。下肢を屈曲させることはほとんど不可能である。いかなる緊張の緩和も得ることはできない。突発的に攣縮し、ほんの僅かの随意的弛緩も不可能になったこの患者は、まるで一個のかたまりでできているように見える。表情は固定しているが、極度の見当識消失《デゾリアンタシオン》を表わしている。

患者は「その神経の動員を解除」しうるようには見えない。彼はたえず、待機のうちに、生と死のあいだで緊張している。彼らのうちの一人が語ってくれたように――「ごらんのように、私はもう死人のように硬直しているのです。」（原注一六）

民族解放戦争における北アフリカ人の犯罪衝動性

ただ自己の民衆の自由のために戦うだけであってはならない。戦闘の続くあいだは、たえまなくこの民衆に、また何よりも自分自身に、人間の大きさを教え直さなければならない。歴史――人間どもによって劫罰に処せられた人間の歴史――への道をさかのぼり、自己の民衆と他の人間たちとの邂逅を促し、これを可能にせねばならない。

現実に武装戦争・民族戦争に加わっている活動家は、植民地の抑圧によって人間が蒙ったありとあらゆる堕落の大きさを、その日その日にはかってゆこうと考えているのだ。ときおり活動家は、自己の民衆全体を自分の力で連れ戻してこなければならぬ、彼らを井戸から洞穴からひき上げねばならぬという、精も根も尽きるような印象を抱く。非常にしばしば活動家は、単に敵軍を追撃するだけではなく、原住民の肉体のうちに結晶した絶望の核をも追撃せねばならぬことに気づく。圧制の時代は苦しい、だが闘いは、虐げられた人間を復権させながら、きわめて実り豊かで決定的な権利回復の過程を展開させる。一民族の勝利した闘いはただ単にその民族の諸権利の輝かしい勝利を確立するだけではない。それはこの民族に、密度、まとまり、等質性を獲得させる。それというのも植民地主義は、〔個々の〕原住民の人格を解体させただけではないからだ。かかる人格喪失は、集団的に社会構造のレヴェルにおいても同様に感知される。そのとき植民地の民衆は、植民者の存在からのみ自己の根拠を得る個々人の総体に還元されていたのだ。

一民族が自己の解放のために行なう闘いは、その民族をして、植民地の民政・軍事占領・経済的搾取がその意識に植えつけたいわゆる真実を、場合に応じてあるいは投げ棄てさせ、あるいは粉砕させる。ただ闘いのみが、人間にかんするこれらの虚偽――われわれのうちの最も意識的な人びとを劣等視し、文字どおりずたずたにしているあの虚偽――を祓うことができるのである。

パリあるいはエクスで、アルジェあるいは、バス゠テールで、幾度われわれは見たことか、黒人の怠惰と言われ、アルジェリア人の、ヴェトナム人の怠惰と言われるものに、植民地原住民が激しく抗議する姿を。にもかかわらず、植民地体制のもとで仕事熱心な自営農民《フェラー》、休息を拒むニグロこそ、まさしく病理学的個性にすぎないということは、まるで真実に反しているのだろうか。植民地原住民の怠惰とは、植民地機構に対する意識的サボタージュだ。それは、生物学的にみればみごとな自己防衛の一方式であり、また所詮は、国全体に及ぶ占領者の支配に、一定の遅延をもたらすものなのだ。

異邦人の浸透に対する森や沼地の抵抗は、植民地原住民の自然な同盟軍である。そのことを理解し、ニグロがたいへんな働き者であり、ビコは稀にみる開墾者であるなどと唱えたり、言いはったりするのを、やめることが必要だった。植民地体制のもとでは、ビコの真実、ニグロの真実とは、小指一本動かさぬこと、抑圧者が己れの餌食に深くくらいついてゆくのを助けぬことだ。自己の政治的意識をまだ熟させていない原住民、抑圧を斥ける決意をまだ固めていない植民地原住民の義務は、文字どおり、ほんの僅かな身ぶりしかやつらに奪いとらせぬことだ。それこそが非協力の、いずれにせよ最低協力の、きわめて具体的な表明なのだ。

植民地原住民と労働との関係に適用される以上の考察は、原住民による抑圧者の法の尊重、種々の税金の規則正しい支払い、原住民と植民地制度との諸関係にも、同様に適用することができよう。植民地体制のもとでは、感謝、真摯、名誉などは空虚なことばだ。この数年のあいだに、私はきわめて古典的な基本事実を確認する機会を得た。すなわち名誉、尊厳、信義は、民族的また国際的な等質性の枠内でしかあらわれることができないということだ。君たちが、また君たちの同胞が、犬のように殺されるそのときから、君たちにはもはや、自己の人間としての重みをとり戻すために、ありとあらゆる手段を用いることしか残されていないのだ。それゆえ君たちは、君たちの拷問者の肉体の上にできる限りの重さでのしかかり、どこかにさ迷っている彼の精神にいつかは普遍的次元を回復させてやらねばならない。この数年の間に、私は戦うアルジェリアにおいて、名誉が、自己犠牲が、生への愛が、死の無視が、驚くべき形をとるのを見ることができた。いや、戦士をほめたたえることが問題ではない。ここで問題なのは、およそ気違いじみた植民地主義者たちさえ、必ず認めてきたところの月並みな確認である。すなわちアルジェリアの戦士が異常な闘いかた、死にかたをすること、イスラム教を、あるいは約束された天国を、いかに引合いに出そうとも、民衆を護り、同胞を掩護するときのこのような自己放棄は説明できないということだ。それにしても圧倒的なこの沈黙——むろん肉体は叫んでいるのだ——、また拷問者を圧するこの沈黙。われわれはここに——われわれに言わせれば——きわめて古くからある法則を認める。民族が歩みはじめるときに、人間が自己の無限の人間性を要求し、また同時に主張するときに、生きているいかなる分子に対してもじっとしていることを禁ずるあの法則を認めるのだ。

植民地主義がでっち上げたアルジェリア民族の特徴のなかから、われわれはその凄まじい犯罪性なるものをとり上げよう。一九五四年以前には、司法官、警察官、弁護士、ジャーナリスト、法医学者たちが一致して、アルジェリア人の犯罪性は問題だと考えていた。アルジェリア人は生まれながらの犯罪者であると、人は断言していたのだ。ひとつの学説が念入りに練り上げられ、種々の科学的証拠が寄せられた。この学説は二〇年以上にわたって大学で教えられてきたのであった。アルジェリア人医学生たちはこの教育を受け、そしてそのエリートたちは、少しずつ、それと気づかぬうちに、植民地主義を受け入れたのち、アルジェリア民族が有する先天的欠陥なるものを受け入れたのである。つまり生まれながらののらくら者、生まれながらの嘘つき、生まれながらの泥棒、生まれながらの犯罪者というわけだ。

ここにその公認学説を提示し、その具体的基盤と科学的論議を思い出していただこうと思う。そののちに、事実を再びとりあげて、それらに別な解釈を加えてみたい。

アルジェリア人は頻々と殺す。司法官はあなたがたに言うだろう、予審事件の五分の四は傷害と関係がある、これはひとつの事実だ、と。アルジェリアにおける犯罪発生率は世界でも有数の大きさ、高さに達している、と彼らは主張する。軽犯罪者は存在しない。アルジェリア人が——これはあらゆる北アフリカ人にあてはまる——法の外に身をおくときは、常に最大限にそうするのだ。

アルジェリア人は野蛮な殺し方をする。何よりもまず、選ばれる武器はナイフである。「この国を識る」司法官たちは、この問題についてちょっとした哲学を作りあげた。たとえばカビリアの者はピストルか銃を好む。平原のアラブ人はとりわけナイフを愛する、といったように。アルジェリア人には血を見たいという強い欲求があるのではないか、と考える司法官たちもいる。アルジェリア人は——と彼らは言うだろう——熱い血を感じ、犠牲者の血のなかに浸ることが必要なのだ、と。このような司法官たち、警官たち、医者たちは、回教徒の魂と血との関係について大真面目で論じている。(原注一七) 幾人かの司法官は、アルジェリア人にとって人を殺すとは、まず、そして何よりも、首をはねることだとさえ断言する。アルジェリア人の野蛮さは、何よりも傷の数が多いこと、そのうち若干のものは死後に加えられた不必要な傷であること、にあらわれている。死体解剖はこのことを議論の余地なく確証している。すなわち、死体に与えられた傷が等しく重傷であることによって、殺人者は彼が数えきれぬほどに何度も相手を殺そうとしたのだという印象を与えるのだ。

アルジェリア人は理由もなく殺す。非常にしばしば司法官や警官は、殺人動機を前にして、まったく途方にくれてしまう。〔その動機とは〕ある身振りであり、あるあてこすりであり、どちらにもとれることば、共有のオリーヴの木をめぐる口論、〔他人の〕家畜が八分の一ヘクタール〔自分の土地に〕入りこんだこと……なのだ。このような殺人——ときには、二重、三重の殺人——を前にして、その原因として求められるもの、これらの殺人を正当化しそれに根拠を与えると思われた動機は、実は絶望的なまでにつまらぬものだったことが判明する。そこからしばしば、その社会集団が真の動機を隠しているという印象が生ずる。

最後に、アルジェリア人の行なう盗みは、決まって押込強盗である。それは殺人を伴う場合も、伴わない場合もあるが、いずれにしても常に所有者に対する攻撃を伴っている。

ひと束にまとめられたこれらアルジェリア人の犯罪性をめぐるすべての要素は、ここからひとつの体系をうちたてようと試みることができるくらいに事態を十分特徴的に示していると思われたのである。

これほどの含みはなかったにせよ、似たような考察がチュニジアとモロッコでも行なわれた結果、北アフリカ人の犯罪性はますます話題になった。三〇年以上にわたって、アルジェ大学精神医学教授であるポロ教授の不断の指導のもとに、多数のグループがこの犯罪性のあらわれ方を明らかにしようとし、またその社会学的、機能的、解剖学的解釈を提起しようとしている。

ここでは、アルジェ大学に拠る精神科医たちの手で行なわれた、この問題にかんする主な仕事を利用する。二〇年以上にわたって続けられたこの研究の結論が、実に精神医学講座の大教室で行なわれた講義の内容になったことを想起しよう。

かくして、アルジェ大学出身のアルジェリア人医師たちは、アルジェリア人が生まれながらの犯罪者であるということを耳にし、またそれを学ばねばならなかった。それにもまして思い出されるのは、われわれのうちのある男が、こうして教えこまれた学説を大真面目で開陳していたことだ。しかも彼はこうつけ加えたのである、「これを呑み下すのは容易じゃないが、でもこれは科学的に確立されているんだ。」

北アフリカ人は犯罪者である、その掠奪本能は周知のところだ、そのずっしりとした攻撃性はひと目でそれと知れる。北アフリカ人は両極端を好むがゆえに、けっして彼を全面的に信頼することはできない。今日最高の友が、明日は最大の敵である。微妙なニュアンスは受けつけず、デカルト哲学とは根本的に無縁であり、平衡感覚、均斉の感覚、中庸の感覚は、彼の最も内奥の素質と衝突する、北アフリカ人は乱暴者〔暴力的な者〕、遺伝的に乱暴者である。彼にあっては、規律に服すること、己れの衝動を一定の方向に導くことは、不可能である。しかり、アルジェリア人は生まれつき衝動的人間である。

しかも——と彼らは明確にする——この衝動性は甚だしく攻撃的で、概して殺人への衝動である。かくしてアルジェリア人鬱病患者の定説に合わない振舞いも説明されることになる。アルジェリアのフランス人精神科医たちは、難問に直面したのであった。鬱病に冒された患者に対して、彼らは普通、自殺を恐れるのだった。ところがアルジェリア人の鬱病患者は、人を殺すのである。常に自責と自己破壊の傾向を伴うこの道徳意識の疾患は、アルジェリア人にあっては他人を破壊する形態をとる。鬱病のアルジェリア人は自殺しない。彼は人を殺すのだ。これこそポロ教授によって十分に研究され、その弟子モンセラの学位論文のなかに生かされた殺人性鬱病である。

アルジェ学派はこの異常さをいかに説明するのか？　第一に、アルジェ学派によれば、自殺するとは自己に戻ること、自己を凝視すること、内省を行なうことである。だがアルジェリア人は内面生活に反抗する。北アフリカ人に内面生活は存在しない。それどころか北アフリカ人は、周囲の人びとにとびかかることによって自己の心労を追っ払う。彼は分析しない。鬱病とは道徳意識の疾患と定義される以上、アルジェリア人が偽の鬱病をしか生み出せないことは明らかだ。なぜなら彼らの意識の不安定さとその道徳的感覚のもろさとは、知れわたっているのだから。アルジェリア人が状況を分析したり、心的パノラマを作りあげたりする能力を欠いていることは、フランス人筆者たちの提唱する二種の因果関係に照らして、完全に理解される。

まず第一は、知的能力にかんしてである。アルジェリア人は重症の精神薄弱だ。この事実をよく理解したいと思うなら、アルジェ学派によって確立された症候学を想起せねばならない。その言うところによれば、現地人は次のような特徴を示している。

——情動性は存在しないか、あるいはほとんど存在しない。
——極度に信じやすく、暗示にかかりやすい。
——後へひかぬ強情さ。
——精神的小児症、ただし西欧の子供の持つ好奇心はない。
——事故を起こしやすく、また暗示症的反応を容易に示す。(原注一八)

アルジェリア人は全体を知覚しない。彼らが自らに発する問いは、常に細部にかんするもので、いかなる綜合《サンテーズ》をも排除してしまう。彼は点描派であり、〔個々の〕対象にすがりつき、細部に埋没し、観念には無感覚であり、概念に反逆する。言葉による表現は極度に縮小されている。動機は常に衝動的であり攻撃的だ。アルジェリア人は細部を全体から解釈する能力がなく、各分子を絶対化し、部分を全体と取りちがえる。それゆえ彼は、きわめて小さな刺激、一本のいちじくの樹、ひとつの動作、自分の土地に入りこんだ一匹の羊といったとるに足りぬことに直面しても、全面的に反応するであろう。先天的攻撃性はそのはけ口を求め、およそ些細な口実でたちまち発揮される。これは純粋状態の攻撃性である。(原注一九)

アルジェ学派は記述の段階を放棄し、説明の段階に近づいてゆく。ポロ教授が自己の学説の科学的根拠を明示することになったのは、一九三五年、ブリュッセルで開催されたフランス語圏の精神神経学会においてである。ヒステリーにかんするバリュック(3)の報告を論ずるにあたって、彼は指摘した、「その大脳皮質性の高等な活動がほとんど進化していない北アフリカの現地人は、一個の原始的存在であります。その生活は本質的に植物的、本能的であり、何よりも、その間脳によって規正されているのであります。」

このポロ教授の発見の重要性を正しく評価するためには、人類の特色が、他の脊椎動物と比較するとき、大脳皮質化であることを想起せねばならない。間脳は、脳の最も原始的な一部分であって、人間とはまず大脳皮質が支配している脊椎動物である。

ポロ教授にとっては、北アフリカ現地人の生活は間脳の要求によって支配されている。それは結局、北アフリカ現地人がある仕方で大脳皮質を奪われているということになる。ポロ教授はこの矛盾を回避することなく、やがて一九三九年四月、『南部医学外科』誌において、現在アルジェの精神医学教授であるその弟子シュテルと協同で次のことを明確にする、「原始性とは円熟を欠くことではない。知的精神生活の発展にあらわれたいちじるしい停止ではない。それは、その進展の終期に達したひとつの社会的条件であり、それは論理的に、われわれの生活とは異なる生活に適応している。」ついに教授たちはその学説の根拠そのものに近づく。すなわち、「この原始性は、特殊な教育に基因するあり方ではまったくなく、はるかに深い基盤を有している。われわれは、それが構造の、少なくとも神経中枢のダイナミックな階層構造の、特殊な配列のなかにその基体を有するにちがいないとさえ考える。見られるごとく、アルジェリア人の衝動性、彼らの殺人の頻度とその特徴、その恒久的な非行傾向、その原始性は、偶然のものではない。われわれは首尾一貫した行動、首尾一貫した生活、科学的に説明可能な生活を前にしている。アルジェリア人は大脳皮質を有さない、あるいはより正確に言うならば、下等脊椎動物におけると同様に間脳の支配下にある。大脳皮質の機能は、それが存在するとしてもきわめてもろいものであり、実際には存在の力学《ディナミク》に統合されていないのである。それゆえ、神秘も逆説も存在しない。植民者が現地人に責任を委ねることをためらうのは、人種主義もしくは温情主義からくるものではなく、まったく単純に、植民地原住民の生物学的に制限された可能性を科学的に評価したものなのである。」

世界保健機構の専門家カロザーズ博士に、全アフリカ的規模での結論を求めることによって、この検討を終えることにしよう。この国際的な専門家は、一九五四年に出版された著書(原注二〇)のなかに、その考察の要点を集めている。

カロザーズ博士は中央アフリカと東アフリカで診療を行なっていたのであるが、彼の結論は北アフリカ派のやき直しである。この国際的な専門家の見るところでは、たしかに「アフリカ人は自己の前頭葉をほとんど使用しない。アフリカ精神医学のあらゆる特殊性は、前頭部の機能低下に帰することができる。(原注二一)」

その言うところをよく理解させるために、カロザーズ博士はきわめて生き生きとした比較を行なっている。かくて彼は、正常なアフリカ人は前頭葉を切除したヨーロッパ人であると主張する。かつてアングロ・サクソン派が、脳の重要部分の切除を行なうことにより若干の重症型精神病の根本的治療法を見出したと信じていたことは、人の知るところだ。甚だしい人格の荒廃が確認されたため、その後この方法は放棄された。カロザーズ博士によれば、正常なアフリカ現地人と前頭葉を切除されたヨーロッパ人とのあいだに存在する類似は、驚くべきものだというのである。

カロザーズ博士は、アフリカで診療を行なういろいろな筆者の労作を検討したのちに、アフリカ人の統一概念の根拠となる結論を提示している。彼は書いている、「以上は、ヨーロッパ人の範疇《カテゴリー》に無関係な症例のデータである。それらは東アフリカ、西アフリカ、南アフリカのさまざまな地域において収集されたものであり、全体として各筆者は他の筆者の仕事を、ほとんど、あるいはまったく知っていなかった。これらの仕事の本質的類似性は、したがってまったく注目すべきものである。(原注二二)」

最後に指摘しておこう、カロザーズ博士はマウ＝マウ団の反乱を、欲求不満の無意識的複合《コンプレクス》の表現と定義していたのであり、目ざましい心理的順応をはかることによって、科学的にその再発を避けることができると考えていたのである。

このように、異常な行動——アルジェリア人による犯罪行為の頻発、動機と認められたものの平凡さ、彼らの乱闘の性格が人命を奪うものであり、常におびただしい血を流すものであること——は、観察者たちにひとつの問題を提起していた。与えられた説明——これはのちに教材となったものだが——は、つまるところ次のようなものであると思われる。すなわち、北アフリカ人の大脳構造のあり方が、現地人の怠惰さ、知的社会的無能さ、その動物に近い衝動性を、同時に説明する。北アフリカ人の犯罪衝動性は、神経系統のある種の配列が行動の秩序に転写されたものである。これは事物本来の性質、いや、生物学的に組織されているものの性質のなかに記された、神経学的に理解できるひとつの反応である。大脳の力学に前頭葉の仕組まれていないことが、怠惰、犯罪、盗み、強姦、嘘を、説明する。そして結論、それを私に与えてくれたのは、ある郡長――現在は知事――である。彼はこう述べた、「自分たちの自然〔本性〕の掟に盲目的に従うこれら自然存在には、厳格な仮借なき指導層を対置せねばなりません。自然を飼い馴らさねばなりません。説得するのではないのです。」訓練する、仕込む、やっつける、そして今日では平定する、これらの占領地において植民地主義者たちの最もよく使用する言葉である。

われわれが植民地主義の科学者によって提出された学説を詳細にとりあげたのは、それらの貧弱さと馬鹿馬鹿しさを示すためであるよりは、きわめて重要な理論的実践的課題にとりくむためであった。実のところ、〈革命〉に提起された問題、政治的説明や神話の打破《デミスティフィカシオン》といったことについて論議された主題のなかで、アルジェリア人の犯罪性はごく一小部分を示しているにすぎなかった。だがまさしくこのテーマをめぐって行なわれた対話は、非常に豊かなものであったから、それによってわれわれは自己を掘り下げ、また個人的かつ社会的な解放の概念の及ぶ範囲をより明確にできたのであった。革命的実践のなかで、幹部や活動家の前でアルジェリア人の犯罪性の問題がとりあげられるとき、〈革命〉に先立つ時期の犯罪・不法行為・窃盗の平均的数字が示されるとき、犯罪の様相や不法行為の頻度が、男女のあいだ、個人と国家のあいだに存在する関係、しかも各人が内包する諸関係の函数であると説明されるとき、犯罪者たるべく使命を負わされたアルジェリア人もしくは北アフリカ人という観念（これがアルジェリア人の意識にもひとしくたたきこまれていることは、所詮「おれたちは怒りっぽいし、喧嘩っ早いし、悪い人間だ……そうなんだ……」という態度にあらわれているが）、この観念が見る見る解体するのを目撃するとき、そのときこそ人は言うことができる、〈革命〉は前進している、と。

重要な理論的問題は、いかなるときにも、またいかなるところでも、それ自体として存在する人間への侮辱を明らかにし、その欺瞞をうち破り、それを追及せねばならぬということだ。民族が新しい人間を作り出すのを、手をこまねいて待っていてはならない。たえざる革命的革新のなかで人間がいつとはなしに変化するのを、手をこまねいて待っていてはならない。なるほどこの二つの過程は、まさしく重要だ。だが、意識に力をかさねばならないのだ。革命的実践は、もしそれが全面的解放をもたらすもの、稀にみる豊饒なものであろうとするならば、異様なものは何ひとつ残存せぬことを要求する。人は特別な力で感じるのだ、〔個々の〕出来事を全体化する必要性を、自分がすべてをもたらし、すべてを規正し、すべてに責任を負わねばならぬということを。このとき意識は、必要とあらば後退し、足踏みをすることも渋らない。だからこそ、戦場における戦闘部隊の前進にあたってひとつの待伏せ攻撃の終了は休息を意味するものではなく、まさしく意識が多少なりとも前進する契機を意味するのだ。それというのも、すべては肩を並べて同時に進むべきであるからだ。

そうだ、アルジェリア人はごく自発的に司法官と警官に理ありとしていた(原注二三)。だからこそ、このアルジェリア人の犯罪性——自己陶酔的《ナルシシスム》に、これこそ真正の男らしさの表現として生きられた犯罪性——をとりあげ、その問題を植民地の歴史の次元にすえ直さねばならなかったのだ。たとえば、フランスにおけるアルジェリア人の犯罪行為が、直接に植民地搾取のもとにあるアルジェリア人の犯罪行為と根本的に異なるものであることを、指摘する必要があったのだ。

〔しかし〕もうひとつのことがわれわれの注意をひかずにはいなかった。すなわちアルジェリアにおいては、アルジェリア人の犯罪が実際上、閉ざされた範囲内で展開するということだ。アルジェリア人同士が盗みあい、ひき裂きあい、殺しあっていたのだ。アルジェリアでは、アルジェリア人はめったにフランス人を攻撃せず、フランス人との乱闘は避けていた。フランスではこれに反して、移民が、異なった社会相互間の、集団相互間の犯罪を創りだすことになる。

フランスでは、アルジェリア人の犯罪は減少している。それはとりわけフランス人に向けられており、その動機は根本的に新しい。ひとつの逆説が、活動家たちの迷いを覚ますうえで、われわれには大いに役立った。すなわち一九五四年以来、普通法の犯罪〔政治犯に対する一般犯罪〕がほとんど姿を消したことが確認されているのだ。もはや喧嘩はなくなった、もはやとるに足らぬ些事によって人の死を惹き起こすことはなくなった。私の妻の額や左の肩が隣人に見られたからといって、怒りが爆発することはもはやなくなった。民族闘争はあらゆる怒りを一定の方向に向け、感情あるいは情動のあらゆる動きを民族化したように思われる。このことは、フランス人裁判官や弁護士もすでに確認していたところだが、活動家はそれを意識せねばならず、活動家にその理由を知らせねばならなかった。

残るはその説明である。

戦争——ようやくにして社会化された攻撃性を表現する絶好の場である戦争——が、先天的殺人者の行動を占領者の方に向けると言うべきであったか？　社会的大変動が非行および精神障害の頻度を低下させるというのは、ごく月並みな確認だ。だからアルジェリア人による犯罪行為のこの後退を、アルジェリアを真っ二つにした戦争、法機構・行政機構を敵にまわしている戦争の存在によって説明することも、完全に可能ではあった。

ところがすでに解放されたマグレブ諸国でも、解放闘争中に指摘されたこの同じ現象が持続し、独立とともにいっそう明確になっているのだ。つまり植民地の状況は独特であり、犯罪性の解釈を改めさせるに足るものであるように思われる。われわれが戦士たちのために行なったのはこの犯罪性の新たな解釈である。今日ではわれわれのうちのだれもが、犯罪性はアルジェリア人の先天的性格の結果でもなければ、その神経系組織の結果でもないことを知っている。アルジェリア戦争、民族解放の諸戦争は、真の張本人を浮かびあがらせる。植民地状況においては、すでに指摘したように、現地人は仲間うちの世界を出ることがない。彼らは相互に衝立の役割を果たす傾向がある。各人が他人の眼に民族の敵を隠しているのだ。一六時間労働の苛酷な一日を終え、疲れきって自分のむしろの上に倒れるとき、しかも天幕の仕切りの向こうでは子供が泣き叫び、睡眠を妨害するとき、まるで偶然のようにそれはアルジェリア人の子供なのだ。これまですでに何百フランかの借りがある食料品店に、小麦粉か油を少々ねだりにゆくとき、しかもこの恩恵が拒まれるとき、大いなる憎しみと、殺人の強い欲望とが不意に彼をのみこみ、しかもその食料品店はアルジェリア人なのだ。何週間も逃げまわったのちに、たまたまある日首長《カイド》につかまり、「租税」を払えと要求されるとき、その男にはヨーロッパ人行政官を憎むゆとりさえ与えられていない。首長はそこにいてこの憎悪をかきたてる。しかもその首長とはアルジェリア人なのだ。

飢え、間代不払いの部屋からの追立て、母親のひからびた乳房、骸骨のような子供たち、仕事場の閉鎖、烏のように管理人のまわりをうろつく失業者たち――こうしたことから日々に殺人の試みにさらされて、現地人はついに自分の同類を不倶戴天の敵と見なすに至る。もし道の真中の大きな石につまずいて、はだしの足をすりむいたとしたら、そこに石をおいたのは現地人にちがいなかろうし、また摘みとろうと思っていたオリーヴの実を幾粒か、そら、X……の子供たちが夜陰に乗じて食べてしまったではないか。そう、植民地時代には、アルジェリアでも他のところでも、一キロの小麦粉のために人は多くのことをなしうるものだ。多数の人間を殺すこともできる。これらのことがらを理解するには想像力が必要だ。もしくは記憶が必要だ。強制収容所のなかで、人びとは一片のパンのために殺し合いをした。私は怖ろしい光景をおぼえている。一九四四年のオランでのことであった。われわれはキャンプのなかで乗船待機中であったが、そのキャンプから軍人たちがパンきれをアルジェリア人の子供たちに投げ、子供たちは怒りと憎悪をもってそれを奪いあっていたのだ。獣医たちならば家畜小屋で認められるあの「ペック・オーダー」〔嘴によるつつきの秩序〕を思い浮かべることによって、これらの現象を説明することもできよう。分配されたトウモロコシは、まさしく仮借なき競争の対象になる。何羽かの最も強い鳥が、粒を残らず喰いつくすのに対して、それほど攻撃的でない他の鳥は見る見る痩せてゆくのである。植民地全体が巨大な鳥小屋に、巨大な強制収容所になりつつあり、そこでの唯一の掟とは、ナイフの掟なのだ。

　アルジェリアでは、民族解放戦争勃発以来、すべてが変化した。一家族あるいは一村全体の貯えが、ただひと晩のうちに、たち寄った一中隊にそっくり提供されることもある。家族のただ一頭のロバが、一人の負傷者の運搬を確保するために用立てられることもある。しかも数日後、飛行機の機銃掃射でロバの死んだことを知っても、持ち主はたけり立って呪詛と脅迫をばらまきはしないだろう。自分のロバの死を疑うのではない。そうではなくて、彼は負傷者が無事であるかどうかと、心配してたずねるだろう。

植民地体制のもとでは、一キロのパンあるいは一匹のあわれな羊などのために、人はどんな行為にでることもできる……。人間の物質に対する、世界に対する、歴史に対する関係は、植民地時代には、食料に対する関係である。一原住民にとって、アルジェリアのごとき抑圧の状況においては、生きるとはけっして価値を体現することではなく、世界の緊密で豊かな発展のうちに加わることでもない。生きるとは、死なないことだ。存在するとは、生命を維持することだ。一個一個のナツメヤシの実はひとつの勝利だ。なるほど勤労の成果ではない。が、生命の謳歌のごとくに感じられるひとつの勝利なのだ。だからナツメヤシの実を盗むこと、自分の羊に隣人の草を喰べさせることは、他人の所有権の否定でもなく、法律の違反あるいは無視でもない。これは殺人の企てなのだ。カビリアで、男たち女たちが何週間もかかって谷底に土を探しにゆき、小さな籠でそれを運びあげるのを見よ。それを目にしたとき、はじめて盗みが殺人の企てであって、友情に反した行為あるいは法に反した行為ではないことが理解されるだろう。それというのも、唯一の展望は、しだいに小さくなるこの胃袋、たしかに少しずつ要求を減じてはゆくが、それにしても満足させてやらねばならぬこの胃袋であるからだ。だれを非難すべきか？　フランス人は警官、軍隊、戦車を擁して平原にいる。山の上にいるのはアルジェリア人ばかりだ。上には墓のかなたを約束する天がある。下には非常に具体的に、牢獄、警棒、死刑執行を約束するフランス人がいる。やむを得ず、人は自分自身をねらうのだ。ここにはあの自分自身への憎悪の核が、見出される。それが隔離社会における人種的葛藤を特徴づけているのだ。

アルジェリア人の犯罪性、その衝動性、その殺人の激しさは、したがって神経系組織の結果でも、性格的特異性の結果でもなく、植民地状況の直接の所産である。アルジェリアの戦士たちがこの問題を論議し、植民地主義によって彼らのうちに植えつけられた信条を怖れることなく疑問に付したこと、各人が他人の衝立であり、現実には各人が他人に飛びかかることによって自殺しているのだという事実を理解したこと――これは革命的意識〔の形成〕において本源的重要性を持つべきことであった。いま一度言おう、戦う原住民の目標は、支配の終焉をひきおこすことだ。しかし彼はまた同様に、抑圧によってその肉体のうちにたたきこまれたあらゆる真実に反することを一掃すべく心を配らねばならない。アルジェリアに存在していたような植民地体制のもとでは、植民地主義によって公言された思想は、単に少数のヨーロッパ人のみならず、アルジェリア人にもまた影響を及ぼしていた。全的解放とは人格のあらゆる部門にかんする解放である。待伏せ攻撃ないしは奇襲、拷問あるいは同胞の大量虐殺は、勝利への決意を深く植えつけ、無意識を革新し、想像力を養うものだ。民族が全体として動きだすとき、新たな人間はこの民族のア・ポステリオリな所産ではなく、民族と共存し、民族とともに発展し、民族とともに勝利する。この弁証法的な要求が、適当に辻褄をあわせた植民地化や見かけの改革に対する、留保の態度を説明する。独立は魔よけの言葉ではなく、真に解放された男たちと女たち――つまり社会の徹底的変革を可能とするあらゆる物質的手段の支配者たち――の存在に、必要不可欠な条件なのだ。

結論

さあ、同志たちよ、いま直ちに船を乗りかえる方が賢明だ。われわれが陥った巨大な夜の闇をゆり動かし、そこから出てゆかねばならない。すでに上りつつある新たな日の光に、確固たるわれわれ、慎重で、かつ固い決意を秘めたわれわれの姿を、見せてやらねばならない。

われわれの夢と訣別することが必要だ。古い信仰や、生命が開始される以前の友情を、放棄することが必要だ。不毛なくり言やヘドの出るような猿真似に空しく時を費やすまい。ヨーロッパのあらゆる街角で、世界のいたるところで、人間に出会うたびごとにヨーロッパは人間を殺戮しながら、しかも人間について語ることをやめようとしない。このヨーロッパに訣別しよう。

ここ数世紀ものあいだ、ヨーロッパは他の人間の前進を阻み、これを己れの目的と己れの栄光とに隷従させた。数世紀来、いわゆる「精神の冒険」の名において、ヨーロッパは人類の大半を窒息させてきたのだ。見たまえ、そのヨーロッパは今日、核による崩壊と精神の崩壊のあいだにゆれ動いているではないか。

にもかかわらずヨーロッパは、その実現したものを考えるとき、すべてに成功したと言うことができるのだ。

ヨーロッパは熱心に、破廉恥に、暴力的に、世界を指導してきた。そして見たまえ、ヨーロッパの築いた記念碑がどれほど広く、どれほど多様にその影をおとしていることか。ヨーロッパのひとつひとつの動きは、空間の限界と思考の限界をぐらつかせた。ヨーロッパはいっさいの卑下、いっさいの謙譲を自らに拒否した。またいっさいの心づかいを、いっさいの愛情を。

ヨーロッパはただ人間に対するときのみ、ひたすらけちけちしていた、ただ人間に対してのみひたすらさもしく、人食いの姿を示したのであった。

さあ、同胞よ、なぜ理解しないのか、われわれにはこのヨーロッパに追随する以上になすべきことがあるということを。

たえず人間を語ってやまなかったヨーロッパ、たえず人間に心をつかうと公言してやまなかったヨーロッパ――その精神の獲得した勝利のひとつひとつに、人類はどれほどの苦悩を支払ってきたか、今日われわれはそのことを知っている。

さあ、同志たちよ、ヨーロッパの芝居は決定的に終わった、別のものを見出さなければならない。われわれには今日すべてのことが可能なのだ。ただしヨーロッパの猿真似をしないという条件で、またヨーロッパに追いつこうとする執念にとりつかれないという条件で。

ヨーロッパはあまりのスピードを、気違いじみた滅茶滅茶なスピードを獲得した結果、今ではいっさいの案内者、いっさいの理性の手を逃れ、怖ろしい眩暈にかられつつ奈落に向かって進んでいる。遠ざかる方が賢明だ。

しかしながら、われわれが手本、図式、範例を必要としているというのは、いかにもそのとおりだ。われわれのなかの多くの者にとっては、ヨーロッパという手本こそ最も刺激的なものでもある。ところがこの模倣がどれほど深い失望にわれわれを導いてゆくか、それは本書で見たところである。ヨーロッパのなしとげたもの、ヨーロッパの技術、ヨーロッパの様式、それらに心惹かれ平衡を失するのはもうたくさんだ。

ヨーロッパの技術と様式に人間を求めるとき、私は人間否定の連続を、雪崩のような殺人を見る。人間の条件、人間の企図、人間の全体性を増大する仕事のための人間同士の協力、これらは新たな問題であり、文字どおりの創造を要求している。

ヨーロッパの真似はしまいと心を決めようではないか、われわれの筋肉と頭脳とを、新たな方向に向かって緊張させようではないか。全的人間を作り出すべくつとめようではないか——ヨーロッパは、その全的人間を勝利させることがついにできなかったのだ。

今から二世紀前、あるヨーロッパの元植民地が、ヨーロッパに追いつこうと考えた。その植民地はこれにすばらしい成功を収めたために、アメリカ合衆国は、ヨーロッパの欠陥、疾患、非人間性を、怖るべき次元にまで高めた怪物と化した。

同志たちよ、われわれには第三のヨーロッパを作るほかになすべきことがないのか。〈西欧〉は〈精神〉のひとつの冒険たらんとした。〈精神〉の名において——西欧精神という意味だ——ヨーロッパはその罪業を正当化し、人類の五分の四を隷属化したのも正しいことにしてしまった。

そうだ、ヨーロッパ精神は奇妙な基盤を持っていたのだ。ヨーロッパのいっさいの思考は、ますます人気のなくなってゆく土地、ますます切立ってゆく土地の上で展開した。かくて、そこで人間に出会うことは、ますます少なくなる習わしだった。

たえざる自分自身との対話、ますます猥褻化してゆくナルシシスムは、ほとんど錯乱ともいえるものの温床を常に準備しつづけてきた――そこにあっては、現実がもはや、生き、働き、自らを作り上げる人間の現実ではまるでなく、言葉、言葉のさまざまな集合であり、緊張は言葉に含まれた意味から生まれるものであるゆえに、頭脳労働はひとつの苦痛となる。しかしながらヨーロッパには、このナルシシスムをうち破り、この非現実化と訣別すべく、ヨーロッパの労働者に呼びかけている者もある。

一般に、ヨーロッパの労働者は、この呼びかけにこたえてはこなかった。それというのも労働者たちもまた、ヨーロッパ〈精神〉の驚くべき冒険に自らかかわっていると考えていたからだ。

人類の大問題に対する解決のあらゆる要素が、さまざまな時期に幾度か、ヨーロッパの思想のうちに存在した。ところがヨーロッパ人の行動は、彼らに与えられた使命――これらの要素について激しく思考し、その配列、その存在をねり直し、それを変更し、そしてずば抜けて高度な水準において人間の問題を提起するという使命――を実現しなかった。

今日われわれはヨーロッパの停滞に立ち会っている。逃れよう、同志たちよ、この停止してしまった動きを――そこでは弁証法が少しずつ、均衡の論理に変貌した――。人間の問題を再びとり上げよう。脳髄の現実の問題、全人類の脳髄全体の問題を、再びとり上げよう――その結合を増し、その網の目を多様にし、その伝える言葉を再び人間化することが必要だ。

さあ、同胞よ、われわれは、後衛のゲームでたわむれているわけにはゆかない。あまりに多くの仕事がありすぎるからだ。ヨーロッパは、ヨーロッパのなすべきことを行なった。それも結局のところ、なかなかよくやってのけた。ヨーロッパを告発することはもうやめにしよう。そしてヨーロッパにはっきりと、いつまでもそんなに騒ぎたてるべきではないことを告げようではないか。われわれはもうヨーロッパを怖れるには及ばない。だからヨーロッパを羨望するのはやめようではないか。

〈第三世界〉は今日、巨大なかたまりのごとくにヨーロッパの面前にあり、その計画は、あのヨーロッパが解決をもたらしえなかった問題を解決しようと試みることであるはずだ。

だがこの場合に、能率を語らぬこと、〔仕事の〕強化を語らぬこと、〔その〕速度《リズム》を語らぬことが重要だ。否、〈自然〉への復帰が問題ではない。問題は非常に具体的に、人間を片輪にする方向へ引きずってゆかぬこと、頭脳を磨滅し混乱させるリズムを押しつけぬことだ。追いつけという口実のもとに人間をせきたててはならない、人間を自分自身から、自分の内心から引きはなし、人間を破壊し、これを殺してはならない。

否、われわれは何者にも追いつこうとは思わない。だがわれわれはたえず歩きつづけたい、夜となく昼となく、人間とともに、すべての人間とともに。これはキャラヴァンをやたらに引きのばさないということだ。というのも、これを引きのばした場合には、ひとつひとつの列の者は前列の者がほとんど見えなくなるであろうし、もう互いに相手を認めえぬ人びとは、ますます出会うことも少なく、話すことも稀になるであろうから。

〈第三世界〉にとっては、人間の歴史を再びはじめることが問題だ――その歴史は、ヨーロッパによって提出されたテーゼ、ときには目ざましくもあったテーゼを考慮するとともに、またヨーロッパの犯罪をも考慮するだろう。その最もいまわしい犯罪は、人間の内部においてはその機能を病的に分裂させたことであり、またその統一を粉々にしたことであろう。共同体〔社会〕の枠内においては、裂け目を、層を、階級によって養われた血なまぐさい緊張を、作り出したことであろう。また人類という巨大な次元においては、人種的憎悪、奴隷制度、搾取、そしてとりわけ一五億の人びとを排除することによって形成される血を流させるジェノサイドであろう。

だから同志たちよ、ヨーロッパから想を得た国家・制度・社会を作り上げて、ヨーロッパに貢ぐことはやめようではないか。

人類がわれわれに期待するのは、このカリカチュア的な——そして全体としてみだらな——猿真似とは別のものだ。

われわれがもしアフリカ大陸を新たなヨーロッパに、アメリカ大陸を新たなヨーロッパにと、変えたいならば、そのときは、われわれの国の運命をヨーロッパ人の手に委ねよう。彼らはわれわれのなかの最も能力のある者よりも、さらに巧みにこれをやってのけるだろう。

だがもし人類の少しでも前進することを望むなら、もしヨーロッパの表明した人類の水準とは異なった水準に人類を押し上げようと望むなら、そのときは創造せねばならぬ、発見せねばならぬ。

もしわれわれが自己の民衆の期待にこたえたいと望むなら、ヨーロッパ以外のところに探求を行なわねばならぬ。

さらに、もしわれわれが、ヨーロッパ人の期待にこたえたいと望むなら、彼らの社会や思想のイメージを——たとえ理想的なイメージであれ——映し出して彼らに送り返してはならない。彼らはこれら社会や思想に、ときたまひどい嘔吐を感じているのだ。

ヨーロッパのため、われわれのため、人類のために、同志たちよ、われわれの脱皮が必要だ、新たな思想を発展させ、新たな人間を立ち上がらせようと試みることが必要だ。

注

序

〔訳注〕

(1)　アテネの神殿パルテノン、フランス大革命の所産である「自由、平等、友愛」は、いずれも西欧文明の象徴として記されている。

(2)　ヘーゲル著『精神現象学』の「自己意識」の章参照。自己のうちにおいて分裂した意識。

(3)　完全なフランス人となり、平等の権利を与えられることを指す。

(4)　ルネ・マラン（一八八七―一九六〇）を指す。マルチニック生まれの黒人作家。一九二一年にゴンクール賞を受けた。

(5)　いずれも植民地フランス軍の大量虐殺で名高い。セティフはアルジェリアのコンスタンチーヌ県にあり、一九四五年五月八日の対独戦勝記念日にこの町で行なわれたデモに警官隊が発砲、大混乱に陥り、その後徹底的な弾圧が一週間つづけられた。最初の政府発表では、ヨーロッパ人死者一〇二名、アラブ側死者一五〇〇名とされたが、その後の政府調査で、アラブ人死者は二万と見積もられた。非公式には、四万人以上の犠牲者があったと推定されている。

ヴェトナムのハノイでは、一九四六年十二月十九日から二十日の夜にかけて、フランス軍とヴェトナム軍が全面的に衝突し、八年にわたるヴェトナム戦争が切って落とされた。これはそのひと月前に起こったハイフォン事件（フランス巡洋艦の砲撃により六〇〇〇名の死者が出たという）と一連の関係を持つ。

マダガスカルにおいては、一九四七年に〈マルガシュ革新民主運動〉の反乱事件があり、推定約八万といわれる犠牲者を出している。

(6)　旧ベルギー領コンゴ（現ザイール）のカタンガ（現シャバ州）は、豊富な鉱物資源を有する一州。その指導者モイーズ・チョンベはベルギー資本に操られ、カタンガの分離をくり返し主張。

(7)　原住民の独立運動と本国政府との間に立つ中立的原住民。実は本国の傀儡である。ド・ゴールは、一九五八年に政権について以来、アルジェリア戦争解決のためにもっぱら〈第三勢力〉の発見に力を注いだが、完全に失敗した。むろん本論文執筆当時、〈第三勢力〉と言えば直ちにド・ゴールの新植民地主義の野心を指すものと受けとられていた。

(8)　ビゼルトはチュニジアにフランスの保有する軍港。チュニジアのブルギバ大統領は何度かこの返還を迫り、一九六一年七月十九日にビゼルトを包囲。戦闘が開始され、二十三日停戦。チュニジア側に六七〇名、フランス側に三〇名の死者が出た。

エリザベートヴィルは旧ベルギー領コンゴのカタンガ州首都。カタンガ分離を狙うチョンベを中心に、常にコンゴの動揺の震源地となっていた。現在はルブンバシと改称されている。

(9) ジョルジュ・ソレル(一八四七—一九二二)。フランスの哲学者、社会主義者。反議会主義と行動主義を提唱。晩年は反民主主義的立場をとる。ムッソリーニは彼をファシズムの父として高く評価した。主著『暴力論』。

(10) エチオピアの信仰にある、人間にのりうつる一種の霊。

(11) マーシャル群島の住民の信仰にある一種の創造神。

(12) サルトルはここで、第二次大戦中のレジスタンスを想起しているのであろう。

(13) 解放戦争の進展とともに、アルジェリア各地に地下の政治行政機構が生まれ、解放軍と密接な関係を持ちながら一般住民を組織し、戦争遂行の組織として税金を徴収し、小人数のゲリラ兵を擁していたことをサルトルは考えているのであろう。

(14) 「かれらは風をまきて狂風《はやて》をかりとらん」(『旧約聖書』「ホセア書」第八章)。悪事をなす者はそれに倍する罰を受けるの意。

(15) 一九六〇年以後、フランシス・ジャンソンらによるFLN援助の地下組織の存在が明るみに出、これを支持する知識人による「一二一人宣言」が発表された。これは作家のブランショとナドーが執筆したもので、サルトルも賛同署名している。これに対して、植民地戦争には反対するが、FLNの暴力も、またFLN支持のような祖国を裏切る行為も、いずれも肯定できないとする人びとが「非暴力」運動を起こした。彼らの主な戦術は「座りこみ」であり、無抵抗に排除されるに任せながらくり返して「座りこみ」を行なった。ここでサルトルは第一にその運動の推進者を想起しているのであろう。

(16) アジア・アフリカ・南米などを指す。

(17) アルジェリアのコロンたちは、原住民を〈ねずみ〉と呼んで蔑視した。

(18) 前出。注(5)参照。

(19) 原住民に一見リベラルな性格の地位を与えること。ここにもド・ゴールの家父長的政策の暗示が含まれている。

(20) ビュジョー(一七八四—一八四九)は、フランスによるアルジェリア植民支配の基礎を固めた将軍。「剣と鋤」でアルジェリアを手に入れたと言われるように、軍による侵略後は兵士を農民に変え、自分は総督としてこれを統治した。

(21) アルジェリアの欧州系住民による原住民への暴行。

(22) 「フランスのアルジェリア」は、アルジェリアの本国統合を主張する右翼団体のスローガン。現地では、一九六〇年一月の極右派の反乱(バリケード事件)が失敗して以来、OASと呼ばれる秘密軍事組織ができあがり、急速に勢力を拡大し、欧州系住民の幅広い支持を受けていた。とくにデモや「ねずみ狩り」の際には、自家用車やタクシーの運転手たちが、OAS支持を示すべく、「フランスのアルジェリア」のシュプレヒコールに合わせて警笛を一斉に鳴らす習慣があった。

(23)　一九六一年頃から、ＯＡＳは仏本国にも進出。最初はプジャード派、元仏印戦争従軍者、アルジェリアから引き揚げたパラシュート部隊が中心となり、プラスチック爆弾を用いたテロによって、報道機関、ド・ゴールを始めとする閣僚や左右の政治家、知識人、ＯＡＳへのカンパを拒否した商人たちに攻撃を加え、アパルトマン、事務所、商店、自動車などを次々と破壊した。サルトル自身も何回か襲われている。この文章を執筆した一九六一年九月には、サルトルはファシズムの到来と内戦の危機を強く感じていたのである。

(24)　アルジェリアにおける一連の「ねずみ狩り」を指す。

(25)　いずれも当時、ＯＡＳやパラシュート部隊のテロ・暴行のあった場所。

(26)　ツァールおよびロアについては、訳注(10)(11)参照。

(27)　政府が、アルジェリア臨時政府との連帯を表明した人びとを弾圧し、国民の士気を維持しようとしたことを指す。

(28)　ギリシャ神話中の一挿話。アキレウスの槍に誤って傷つけられたテウトラーニアの王テーレポスは、デルポイの神託により、「傷をつけたものが癒やすべし」と言われる。オデュッセウスが、傷をつけたのはアキレウスの槍だから槍の錆を削りとって創口につけたらよいと主張し、そのとおり試みると、傷はすっかり癒えたという。

1　暴　力

〔原注〕

(一)　『黒い皮膚・白い仮面』(エディシオン・デュ・スイユ刊)のなかで、私はこのマニ教的世界のメカニズムを示しておいた。

(二)　第5章「植民地戦争と精神傷害」。

(三)　フリードリヒ・エンゲルス『反デューリング論』第二部、第三章「暴力の理論」。エディシオン・ソシアル刊、一九九ページ。

(四)　逮捕された指導者《リーダー》が、原住民大衆の意志をまぎれもなく表現していることも起こりうる。その場合、植民地主義はこの男の監禁を利用して、新たな指導者《リーダー》を世に出そうとするものだ。

(五)　この真空掃除法が、救済したいと考えていたものも破壊してしまうことは明らかだ。サルトルが以下の文で指摘するのもまさにそのことである。

「結局、それらの観念(人種主義的観念を指す)がくり返されるというその事実によって、現地人に対抗するすべての人の同時的同盟が実現不可能であること、それは悪循環にすぎないこと、それにまたこのような同盟は、原住民の虐殺というコロンが不断に抱く馬鹿げた誘惑のための行動的集団としてのみ作られることができるであろうが、しかしそのような同盟がたとえ実現可能としたところで、それはたちまち植

民化そのものを抹殺することになってしまうこと、が明らかにされるだろう。」(『弁証法的理性批判』三四六ページ)

(六) エメ・セゼール『奇蹟の武器』(そして犬どもは黙っていた)、一三三―一三七ページ、ガリマール社刊。

(七) 在アルジェリア・フランス権力によるこの決定の重大さを知るために、再びこの時期についてふれねばならない。これが重大であればこそ、『アルジェリア・レジスタンス』紙一九五七年三月二十八日付第四号には、次の言葉が見られるのである。

「国連総会の要請にこたえ、フランス政府は最近アルジェリアにおいて都市民兵の創設を決定した。『血を流すのはもうたくさんだ』と国連は言ったのである。するとラコスト(1)は答える、『民兵を創設しよう』と。『停戦せよ』と国連は忠告した。するとラコストはわめく、『民間人を武装させよう』と。『対峙する両当事者は民主的平和的な解決について合意に達するために、接触を持つよう求められる』と国連はすすめた。するとラコストは布告を発する、『今後すべての欧州人は武器を持ち、あやしい者と見たら射撃せねばならぬ』と。『獰猛で、不正な、大殺戮《ジェノシド》にも等しい弾圧は、当局により何よりも先に攻撃せねばならぬであろう』という判断が下された。ラコストは答える、『弾圧を体系化しよう、アルジェリア人狩りを組織しよう』と。そして象徴的に、彼は軍人に文官の権力を、民間人に軍の権力を賦与する。円は一巡して閉ざされる。その円に囲まれたアルジェリア人は、武器もなく、腹を空かせ、追いつめられ、こづかれ、殴られ、やがて殺されるだろう――あやしい者だからだ。今日アルジェリアでは、武器の使用が許可され、勧告されていないフランス人は、一人もいはしない。国連による紛争停止の訴えのひと月後に、アルジェリアにおいては、あやしい者を見つけ出し、けしかけ、追跡する許可と義務とを持たぬフランス人はただの一人もいはしないのである。

国連総会の最終動議投票からひと月たって、アルジェリアの欧州人のだれ一人として、現代の最も戦慄的な皆殺しの試みと無関係な者はない。『民主的な解決だと? よろしい(とラコストは譲歩する)。まずアルジェリア人抹殺から手をつけよう。そのために民間人に武装させてやらせてみよう。』パリの新聞は全体として控え目に、この武装集団創設の報を受けとった。『ファシスト民兵だ』と言った者もある。そのとおりだ。だが、個人の水準、人びとの権利という水準からすれば、ファシズムとは伝統的植民地主義国内部における植民地主義でなくてなんであろうか? 『暗殺を体系的に合法化し、勧告することだ』と主張する者もいた。しかしながら、アルジェリアの肉体が一三〇年前から身に負うてきた傷は、いよいよ口をあけ、いよいよ数を増し、いよいよ深くなっているのではあるまいか? 『待ちたまえ(と、人民共和派(2)の国会議員ケンヌ＝ヴィーニュ氏は指摘する)、この民兵創設によって、やがてアルジェリアの二つの共同体間に深淵がうがたれることになりはしないのか?』なるほど。だがそもそも植民地法規こそ、アルジェリア人全体の組織的隷属化ではあるまいか? アルジェリア革命とは、まさにこの隷属化、この深淵に対する、断乎たる異議申し立てである。アルジェリア革命は占領国に向かってこう言っているのだ、『いためつけられ傷つけられたアルジェリアの肉体から、おまえらの牙を抜け！　アルジェリア人民をして語らしめよ！』

人は言う、『この民兵創設によって軍の仕事が軽減されるであろう、そのために自由になった部隊は、チュニジアならびにモロッコ国境の防衛を任務とすることになろう』と。六〇万の陸軍。海軍と空軍のほぼ全体。厖大で機敏な警察——その途方もない叙勲者名簿は、なんとチュニジア・モロッコ民衆の旧拷問者をみな吸引している——。また一〇万の国防軍。軍の仕事を軽減してやる必要がある、だから都市民兵を創設しよう、というわけだ。それほどに、ヒステリックで犯罪的なラコストの熱狂は、聡明なフランス人にさえ畏敬の念を呼びおこすのである。だが真実は、この民兵創設の正当化のなかにこそ、その固有の矛盾が含まれているということだ。フランス軍の役割は無限である。ところがアルジェリア人の口に猿ぐつわをはめることが軍の目的とされて以来、未来に向かう戸口は永遠に閉ざされてしまったのだ。とりわけ〈アルジェリア革命〉の深さと密度——郡の頭《かしら》、一区画の長、通りの長、各建物、各階の長……といったような——を分析し、理解し、測定することを、自らに禁じてしまったのだ。しかも今日では、平面的な包囲作戦に立体的な包囲作戦が加わるのである。

四八時間のうちに、二〇〇〇人が応募したことが記録された。アルジェリアの欧州人は、ラコストの殺戮への呼びかけに直ちに応じたのである。爾来、欧州人のめいめいが自分の地域で、生き残りアルジェリア人の調査をすることになるだろう。情報提供、テロリズムへの『迅速な反応』、あやしい者の拘禁、『逃亡者』の清算、警察力の増強。たしかに軍の仕事を軽減する必要がある。平面的な掃討に、今日では立体的掃討が加わった。家内工業的な殺戮に、今日では計画経済的な殺戮が加わった。『血を流すのをやめよ』と国連は忠告した。ラコストは反駁する、『そこに到達する最良の手段は、流す血をなくしてしまうことだ。』マシュ[3]麾下の部隊に引き渡されたのち、アルジェリア人民は都市民兵のお世話にゆだねられる。ラコストがこれらの民兵創設を決めたことは、明らかに彼の戦争に指一本ふれさせないということを意味している。それは無限の腐敗が存在することを証明している。なるほど今や彼はがんじがらめだが、すべてを自分とともに失うのは何という喜びであるだろう！

これらの決定が下されるたびごとに、アルジェリア人民は身をひきしめ、闘争を強化している。アルジェリア人民は、そそのかされた暗殺、組織的な暗殺がなされるたびごとに、ますます自覚を築きあげ、抵抗をかためている。しかり、フランス軍の仕事は無限である。なぜならアルジェリア人民の統一は、じつにじつに、無限のものであるからだ!!」

訳注（1）　ラコスト（一八九八―　？）フランスの社会党員で、第二次大戦中はレジスタンスにも参加した。一九五六年から五八年四月までは、社会党のギ・モレ首相に任命されて、アルジェリア駐在相

の地位にあった。

（2）カトリック系保守政党。

（3）マシュ（一九〇八―　）。一九五六年以来、アルジェリアの解放軍弾圧に勇名をはせたフランスの将軍。

（八）紛争の当初に捕虜がいなかったのはそのためである。幹部を政治化することによって、はじめて指導者は大衆に次のことを認めさせるようになるのだ。㈠本国から来た者が必ずしも志願兵ではなく、ときにはこの戦争に胸を痛めている者もあること。㈡現段階における闘争の利害は、この運動がある種の国際協定の尊重を行動において示すよう求めていること。㈢敵を捕虜にする軍隊は正規の軍隊であって、もはや追剥ぎの集団とは見なされぬこと。㈣いずれにしても捕虜を所有することは、敵の手におちた味方の活動家を保護するために無視できぬ圧力の手段を構成すること。

国際状況における暴力

（一）現在の国際的状況において、資本主義はただ単にアフリカないしアジアの植民地にのみ経済封鎖を行なうものではない。合衆国の反カストロ作戦によって、アメリカの半球においては、困難をきわめる人間解放の歴史の新たな一章がはじまった。国連に席をおき貨幣を鋳造している独立諸国家によって形成されたラテン・アメリカは、アフリカにとってひとつの教訓となるべきものであるだろう。これら旧植民地国は、独立後も恐怖と窮乏のうちにあって、西側資本主義の苛酷な法を蒙りつづけているのだ。

アフリカの解放と人びとの自覚の発展とは、ラテン・アメリカ人民をして、似かよった体制が次々とあらわれる独裁政治の古くさいひょっとこ踊りと手を切ることを可能にした。カストロはキューバにおいて権力を奪い、それを人民に与えた。ヤンキーにとってこの異端は国家的災禍と感じられ、合衆国は反革命軍隊を組織し、臨時政府をでっち上げ、砂糖きびの収穫に火を放ち、ついには情け容赦もなくキューバ人民の息の根を止めようと心を決める。だがことは容易ではあるまい。キューバ人民は苦難をなめるだろう。が、勝利をおさめることだろう。ブラジル大統領ハニオ・クワドロス[1]は、歴史的に重要なある声明のなかで、ブラジルはあらゆる手段を尽くしてキューバ革命を擁護するだろうと言明したばかりである。合衆国もまた、人民の意志の前で、ひょっとすると後退してゆくかもしれない。その日が来たらわれわれは旗をかかげて祝うことだろう。なぜならそれは世界中の男女にとって、決定的な日であろうから。結局のところ、現在ドルを保証しているのは地球上に分散した奴隷たちであり、中東の石油井戸であり、ペルーやコンゴの鉱山であり、ユナイテッド・フルーツやファイア・ストーン[2]のプランテーションであるが、その日になれば、ドルを築きあげた奴隷たち、今なお頭も腹も空っぽのまま己れの養分でドルを養いつづけている奴隷たちも、ドルに支配されることをやめるであろう。

訳注（1）ハニオ・クワドロス（一九一七―九二）。一九六〇年、対ソ復交、キューバ支持を公約して大統

領になったが、本書が書かれた直後、六一年八月に軍部の圧力で大統領を辞任した。

(2)　ユナイテッド・フルーツは、キューバなど中米に進出した大果実会社。ファイア・ストーンは、リベリアなどに進出したゴム会社。

(二)　厖大なヨーロッパ人の植民に恵まれた国々は、家々や並木道を備えて独立に到達し、貧しく飢えた後背地を忘れ去る傾向がある。運命の皮肉だが、一種の共犯的沈黙によって、彼らは自分たちの町々があたかも独立と同時にできたもののようにふるまうのである。

(三)　そしてドイツが完全に戦争犯罪を償っていないのは事実である。敗戦国ドイツに課された賠償金は全額が請求されはしなかった。なぜなら被害を受けた国々が、ドイツを反共防衛体制のなかに組み入れたからである。植民地主義国が旧植民地を西側の体制に組み入れる代わりに、軍事基地と奴隷を獲得せんと試みるとき、彼らを動かしているのは同じ不断の関心である。彼らは一致してNATO(北大西洋条約機構)の名の下に、自由世界の名の下に、ドイツへの要求を忘れてしまうことにした。しかもドイツが次から次へとドルや武器の供与を受けるのが見られる始末であった。復興し強大国となったドイツ、それは西側陣営にとって必要なものだった。自由ヨーロッパと言われるもののよく知られている利益は、繁栄し再建されたドイツ、起こりうべき赤軍の侵略に対する第一の砦となりうるドイツを、欲していた。ドイツはヨーロッパの危機をみごとに利用したのである。だから合衆国や他のヨーロッパ諸国は、昨日はひざまずいていたドイツが今日ではヨーロッパ市場に仮借なき競争をくり広げるのを見て、当然の悔恨を味わっているのである。

(四)　「ヨーロッパにおける社会主義建設と『〈第三世界〉との関係』をはっきり区別すること(あたかもわれわれが〈第三世界〉と外面の関係しか持っていないように)は、意識的であろうとなかろうと、後進国の解放よりも植民地の遺産配分を優先せしめることになる。それは帝国主義的掠奪の成果の上にデラックスな社会主義を建設しようとすることである——あたかもギャングの仲間うちで、獲物を貧乏人から盗みとったことを忘れはて、慈善事業として多少貧乏人に分けてやるのはやむを得ないという申し合わせで、それをほぼ公平に自分たちのあいだで分配してしまうように。」マルセル・ペジュ「ド・ゴールのために生命を捧げるのか?」『レ・タン・モデルヌ』一七五・六合併号、一九六〇年十一月。

〔訳注〕

(1)　statuaire を statutaire と解する。

(2)　マニ教。古代ペルシャのゾロアスター教より派生した宗教。三世紀にマニによって創始された。単純明快な善悪二元論の別名として、今日広く用いられている。

(3)　ルネ・メイエル(一八九五—一九七二)。フランスの急進社会党の代議士。首相、蔵相などを歴任した。第四共和国時代の著名な政治家の一人である。

(4)　原文には décolonisation とある。colonisation の誤植であ

ろう。
(5) ここのところの文意は曖昧だが、「抽象的」とは、独立後にアルジェリア国籍の者とフランス国籍の者が共存することを指していると思われる。だが実際上、コロンは独立後の旧植民地に用がなく、そのような空論を拒否する、という意味であろう。
(6) レオポルド・セダル・サンゴール(一九〇六―　)。セネガルの詩人として知られ、後にセネガル独立後は大統領となる。アフリカ型社会主義を標榜するが、実質的には旧本国のフランスときわめて協調型である。
(7) ダモクレス。紀元前四世紀の人。シラクーザの僭主ディオニシオスは、自分の幸福をたたえるダモクレスの頭上に、馬の尾の一本の毛で剣をつるして、支配者の幸福のはかなさを教えたという。
(8) 一九五六年に政権をとった社会党のギ・モレは、アルジェリア駐在相にカトルーを任命したが、コロンの反対に遭遇してこれをラコストに代えた。
(9) 第二次大戦後、とくに一九五二年以後ケニアに起こった、激しい直接行動にはしる秘密結社。
(10) ベルリン会議。一八七八年ベルリンにおいて、ドイツのビスマルクの主催により開かれた国際会議。
(11) ギニアはフランス共同体内にとどまることを承知せず、一九六〇年に分離独立し、社会主義国への接近を強めた。このとき以来、有形無形の圧力がギニアに加えられた。
(12) モサディク(一八八二―一九六七)はイランの政治家で、一九五〇年に結成された国民戦線派の総帥。石油の国有化をはかる。一九五三年八月のクーデタで首相の地位を追われた。
(13) ガボン共和国は一九五八年にフランス共同体内における自治共和国となり、六〇年に独立を得た。ムバ(一九〇二―六七)は初代大統領。
(14) ベアンザン(一八四四―一九〇〇)。ダホメの王。フランスに抵抗し、捕えられて、マルチニックに、ついでアルジェに送られた。
スンディアタは、十三世紀西アフリカのケイタ王朝の英雄。ソッソの皇帝と戦って勝利を収めた。その武勲はグリオ(語り部)によって伝誦されている。

サモリ(一八三七?―一九〇〇)。スーダンの王。一八八〇年ごろからフランス軍と衝突し、一八九八年捕えられた。

アブデル・カデル(一八〇八―八三)。アルジェリア生まれのアラブ人首長。一八三二年から四七年まで、執拗にフランス軍に抵抗したことで名高い。
(15) 基本法。一九五六年に実施された仏領アフリカの基本法、一九五八年のアルジェリア基本法などを念頭においているのであろう。一見したところ植民地に多少の自治を与えるが、他方、それを本国のコントロール下におこうとする妥協策。
(16) 海外植民地を含むフランス共同体は、この当時第五共和国憲法の規定に従って植民地に独立を認め、その独立国をフランス共同体のなかにつなぎとめておくという、妥協的な形をとった。そのことの暗示であろう。いわゆる「フランス型コモンウェルス」がこれである。

(17)　ウーフエ＝ボワニー（一九〇五―九三）。コートディヴォアールの親仏的な政治家。基本法の立案にも参画した。彼の共同体構想は、アフリカ各国に地方自治を認めつつ、パリ政府と議会に広大な中央集権的権限を残そうというものであった。

(18)　いずれもフランスによる原住民大量虐殺のあった地。セティフおよびマダガスカルについては、本書に収録されているサルトルの序文に付した訳注（5）を参照されたい。キャリエール・サントラルは、モロッコのカサブランカにある貧民街である。一九五二年十二月、ここに起こったストライキは、フランス警察の挑発で暴動となり、数百名（人によっては一二〇〇名ともいわれる）のモロッコ人が弾圧の犠牲となった。

(19)　シャープヴィルは南アフリカのヨハネスブルグに近い町。アフリカ人へのパスの常時携帯を強制する「パス法」に反対して集まった人びとに警官隊が無警告で発砲し、二五三名が死傷したといわれる（一九六〇年）。

(20)　このときの国連総会には米ソ以下の各国首脳、とくにAA各国の首脳が出席して、「アフリカ総会」と呼ばれた。

(21)　以下の記述は、一九六〇年秋の国連総会における挿話。

(22)　一九五六年に起こったハンガリー動乱とスエズ戦争を指す。前者はブダペストを中心とする市民蜂起をソ連軍が弾圧した事件。後者はエジプトのスエズ運河国有化宣言に端を発して、同国と、英・仏・イスラエルとのあいだに起こった軍事紛争。

(23)　アメリカのウィリアムズ国務次官補（アフリカ担当）が、一九六一年二月十五日から約ひと月にわたり、コンゴなどアフリカ一三ヵ国を歴訪したことを指す。

(24)　プーマ（一九〇一―八四）は何度もラオス首相になった人物で反共中立派の民衆党党首。パウミ・ノサヴァンはラオス右派の軍人。パトリス・ルムンバ（一九二五―六一）はコンゴ民族運動の指導者。一九六〇年にコンゴがベルギーから独立したときに初代首相に選ばれたが、その直後の動乱のなかで虐殺された。チョンベ（一九一九―六九）はコンゴのカタンガ州首相。同大統領、のちにコンゴ首相となった。ルムンバの宿敵である。またアヒジョ（一九二四―八九）はカメルーン大統領で親仏派。これに対しムミエ（一九三〇―六〇）は、カメルーン人民同盟党首で、民族運動の指導者だが、一九六〇年十一月ジュネーヴで暗殺された。ケニヤッタ（一八九三―一九七八）はケニア大統領。

(25)　フェデルブ（一八一六―八九）。フランスの軍人。アルジェリア、グァドゥループ、セネガルなどで仏軍を指揮。のちにセネガル総督などをつとめる。

リヨテ（一八五四―一九三四）。フランスの軍人。アルジェリア、トンキン、マダガスカルなどに勤務。のちモロッコ総督。

ビュジョー（一七八四―一八四九）。ナポレオン時代からの著名な軍人。アルジェリア総督。本書、サルトルの序文訳注（20）を参照。

ブランダン（一八一九―四二）。アルジェリアで原住民の抵抗軍と戦い、勇名をとどろかせた軍人。

(26) エメ・セゼール（一九一三― ）。マルチニック生まれの詩人、政治家。「ネグリチュード」運動の推進者の一人。ファノンに大きな影響を与えた人物。

(27) アルジェリア戦争末期に、フランス政府とアルジェリア臨時政府の代表が、エヴィアンで停戦のための予備会談を開いたが、会談に先立ち、アルジェリア放棄に反対し戦争継続を叫ぶフランス極右派によって、エヴィアン市長が暗殺されるという事件が起こった。

(28) アリ・ブーメンジェルは、アルジェの弁護士。一九五七年二月、アルジェリア駐在フランス軍は、原住民弁護士ないしは「リベラル」な欧州系弁護士に圧力を加え、ブーメンジェルは逮捕されて四三日目に「自殺」したと発表された。実際は苛酷な拷問を受け、最後に虐殺されたと信じられる。

(29) ヴェルレーヌ作「詩法」の最後の一句。

(30) 一九五五年八月二十日、解放軍のフィリップヴィル攻撃に対し、フランス側は大々的な報復手段に訴え、多数のアラブ人が殺害された。ただし一万二〇〇〇という数字は疑問である。

(31) 三一九ページ訳注（1）参照。

(32) ガガーリン（一九三四―六八）。ソ連の宇宙飛行士。一九六一年に人工衛星ヴォストーク一号で初めて宇宙を飛んだ人物。後に事故死した。

2　自然発生の偉大と弱点

〔訳注〕

(1) カロンジ（一九二九― ）は、ルムンバの指導する「コンゴ民族運動」の穏健分子だったが、バルバ部族の部族主義と結んでルムンバに対立し、のちにカサイ鉱山州大統領になった。

(2) エンクルマ（一九〇九―七二）。ガーナの政治家で大統領。汎アフリカ主義の鼓吹者。一九六六年に軍のクーデタで失脚し、ギニアに亡命。後にブカレストで客死した。

(3) 原文では masses urbaines（都市大衆）とある。masses rurales の書きちがいであろう。

(4) 一九二三年生まれ。一九五八年にアンゴラ人民同盟を作って独立運動に参加し、六一年の武装闘争を経たのちに、レオポルドヴィルに亡命アンゴラ革命政府を作る。六二年にアンゴラ民族解放戦線を結成。バコンゴ部族主義と反共主義を掲げる。七五年十一月の独立に向けて、熾烈な内戦の末、敗れて亡命した。

(5) ハルキはフランス軍隊に加わってアルジェリア人弾圧に当たったアラブ人を指す。メッサリ派は、古い民族運動の指導者メッサリ・ハジに従い、アルジェリア〈民族解放戦線〉と対立した。フランス政府はメッサリ派に援助を与えて、アルジェリア民族独立運動の分裂を策したのである。

(6) ホヴァは、マダガスカル島中央高原部に居住する人種を指し、転じてマダガスカル人全体を指しても用いられるようである。この語の起源および用法にかんしては、諸説があって定かでない。

3　民族意識の悲運

〔原注〕

（一）　ママドゥ・ディア『アフリカ諸民族と世界の連帯』Ｐ・Ｕ・Ｆ、一四〇ページ。

（二）　ママドゥ・ディア、前掲書。

〔訳注〕

（1）　アカプルコ（メキシコ）、コパカバーナ（ブラジル）は、いずれも有名な海水浴場。

（2）　ママドゥ・ディア（一九一〇―　）。サンゴールと共にセネガルの代表的な政治家。一九五七年から首相。一九六〇年にセネガルとスーダンの合併によって一時マリ連邦が生まれたさいには、連邦大統領となったが、この連邦は程なく分裂した。後にセネガル大統領サンゴールに反対してクーデタを企て、一九六二年から七四年まで投獄された。

（3）　ウォロフ族。セネガルのダカール北方に住む黒人の種族。

（4）　フールベ人、プル人。セネガル、スーダン、チャドなどの遊牧民。

（5）　バルバ族、ルルア族は、いずれもコンゴの部族名。政党や組織もこれらの部族を基盤とするものが多い。カタンガ州（現シャバ州）は周知のごとく、世界屈指の鉱業地帯であり、しばしばコンゴからの分離独立を宣言した。また。カロンジについては第2章訳注（1）参照。

（6）　ユールー（一九一七―七二）。コンゴ共和国（旧フランス領コンゴ）の初代大統領。アフリカの反共的な諸国の指導者。六三年に単一政党法案を提出して強力な反対に遭い、失脚した。

（7）　ベルーニ。ＦＬＮと激しく対立したＭＮＡ（アルジェリア民族運動）、すなわちいわゆるメッサリ派の指導者で、マキに参加。一九五八年七月十四日、ＦＬＮによって粛清された。

（8）　セク・トゥーレ（一九二二―八四）。ギニアの政治家で、一九五八年の独立後は大統領。中ソ寄りの社会主義路線をしいた。

（9）　「全体」(totalité) という語は、ファノンの引用においては「全体化」(totalisation) となっている。『プレザンス・アフリケーヌ』誌一九五九年二―五月号（第二回黒人作家会議特集号）所収のテクストに従って訂正。

4　民族文化について

〔原注〕

（一）　「文化の代表と見なされる政治指導者」。一九五九年第二回黒人作家芸術家ローマ会議における報告。

（二）　ルネ・デペストル、「夜に向かって」。

(三) ルネ・デペストル、「夜に向かって」。
(四) ルネ・シャール、「絶対的分与(形態分割)」。
(五) ダカールにおける最近の賞品授与式において、セネガル共和国大統領レオポルド・サンゴールは、ネグリチュードの概念の研究を教育課程に加えることを決定した。セネガル共和国大統領によって表明されたこの配慮が歴史的範疇のものであるとすれば、人はこれに同意せざるをえない。これに反して、もし黒人意識を作り出そうというのであれば、それはただ単に、ニグロの大多数が消滅したこと〔自己を疎外されたニグロと見なす意識が消滅しつつあること、の意〕をすでに公けに認めさせている歴史に対して、背を向けることである。

〔訳注〕

(1) カルティエ(一九〇四—七五)はフランスのジャーナリストで、『パリ・マッチ』などの編集長をつとめた。後進国援助の不要をとなえたことで知られる。
(2) アステカ文明は十四、五世紀にメキシコ高原で栄えた。ソンガイ文明は、西アフリカ内陸のニジェール川流域で、十五世紀に頂点に達した。
(3) ブシアは一九一四年生まれのガーナの知識人。エンクルマの反対党の指導者に推され、一九六九年の選挙に大勝して首相となったが、七二年のクーデタで失脚し亡命。ビラゴ・ディオップはセネガルの詩人。一九三〇年代からすでにパリで黒人の運動に参加、『黒い学生』という新聞の創始者の一人となる。アンパテ・バは、スーダン地方プル族の哲学者。セント・クレア・ドレイクはシカゴの大学教授で、シカゴの黒人を社会学的に分析したその『ブラック・メトロポリス』は名著として知られる。
(4) ダル・エル・イスラムは、イスラムの家ないしは、センターといったほどの意味。当時スペインをはじめとしてイスラム文化圏に設立され、科学・哲学・医学など学問文化の中心をなした。
(5) ディアスポラは、ユダヤ民族がバビロン捕囚後、異邦人の間に分裂したことを指していうが、ここではそれを黒人にあてはめたのである。
(6) 一九五七年十二月八日、モントゴメリーで開始されたアメリカのバス乗車のさいの人種差別を撤廃する運動。
(7) Contradiction を Contraction と解する。
(8) ケイタ・フォデバ(一九二一—六九)。パリ大学で法律を修めるかたわら、短篇や詩を書く。アフリカ・バレエを組織して世界各地をめぐる。ギニア独立と同時に内相、ついで国防相となる。一九六九年に反政府陰謀を企てたとして逮捕され、処刑されたらしい。
(9) グリオ。西アフリカの地方の黒人のなかで、選ばれて詩人、音楽家、歌手などを兼ねる者をいう。口誦伝説のにない手でもある。
(10) ジャック・ラブマナンジャラ(一九一三—)。マダガスカルの有名な作家でもあれば、「マルガシュ革新民主運動」の指導者の一人でもある。投獄と亡命生活の後、マダガスカル独立後は、閣僚ポストを歴任。七二年のクーデタ後は、ふたたび亡命を余儀なくされた。

5　植民地戦争と精神障害

〔原注〕

（一）『アルジェリア革命第五年』の最初の二つの版には付けられていなかった序文のなかで、精神・感情的諸結果をもたらす根拠のない集団殺人のなかに浸けられたアルジェリア人の一世代全体が、アルジェリアにおけるフランスの人間的遺産となるであろうことを、私はすでに指摘しておいた。アルジェリアでの拷問を断罪するフランスの人びとは、常にとことんまでフランス的な観点に立っている。私はそれを非難するのではなく、確認しているのだ。彼らは現実の拷問者および潜在的拷問者の意識を保護しようとし、またフランスの青年たちの道徳的腐敗を回避しようと試みる。われわれの方では、このような態度に同意しないわけにはゆかない。ここに集められた若干の考察、とりわけ系列Aの症例4と5は、いたましくも、フランスの民主主義者たちのかかる強迫観念を明らかにし、かつ正当化している。いずれにせよわれわれの意図は、拷問を受けた者の人格が、おそらく人の予想するとおりに、きわめて深いところから解体するのを示すことである。

（二）これら障害の出現状況は、種々の理由で興味深い。独立後数ヵ月して、彼は旧占領国の人びとと知り合い、これに好感を持った。この人びとは、独立のかちとられたことを祝福し、民族解放闘争における愛国者たちの勇気に惜しみなく讃辞をささげた。そのとき、この活動家は一種の眩暈におそわれたのである。彼は悶々として自らに問うた——あの爆弾の犠牲者たちのなかに、いま彼の話相手になっているような人たちがいたのではないか、と。なるほど狙われたカフェは札つきの人種主義者の巣窟だった。が、だれか通りがかりの者がそこに入り、そこで何か飲むことを禁じるものは何もなかった。この最初の眩暈におそわれた日から、男はつとめて昔の出来事を考えまいとした。だがそれにもかかわらず、あの決定的な日付の数日前になると、最初の障害が現われたのである。それ以来、障害はきわめて規則正しくくり返されている。

言いかえれば、われわれの行為はたえずわれわれのあとを追って来るのだ。行為の配列、整理、動機づけなどが、完全にア・ポステリオリに、根底から修正されるかもしれないのだ。これは、〈歴史〉とそのさまざまな決定とがわれわれに対してはりめぐらしている罠のなかでも、けっして無視できるようなものではない。いったいわれわれは眩暈を逃れうるのか。眩暈がすべての者につきまとうわけでないと、だれがあえて主張できようか。

（三）法医学的鑑定が、行為の病理学的性格を明らかにしたのちに、〈ALN参謀部〉の決定した司法上の追及は終了した。

（四）以上の観察によって、何ものをもそのままにしてはおかぬ首尾一貫した体系に直面していることが分かる。小鳥を愛し、あるいは静かにシンフォニーかソナタを楽しむ残忍な男とは、単にひとつの段階にすぎない。ゆくゆくは、徹底的かつ絶対的なサディスムの登録簿に名を連ねる人間が、まちがいなく生まれるのである。

（五）　リヴェは、一九五六年のあるときから、アルジェロワ地方で一躍有名になった村である。というのは、ある夜この村にフランスの民兵が侵入し、四〇名の者をその寝床からひき立てたのち、これを殺戮したのだ。

（六）　一九五五年には、この種の症例がアルジェリアにおいてたいへんに多かった。不幸にして、すべての患者が病院に行く機会に恵まれたわけではない。

（七）　この型の拷問の結果、きわめて多数の死者が出た。じじつこの高圧灌腸を行なうと、腸粘膜には無数の傷害が起こり、それが腸内にいくつも微小な穴をあける。このときガス性の栓塞症と腹膜炎とを多発する。

（八）　むろんいま問題にしているのは、何ごとかを知りながら、拷問を受けても自白しなかったアルジェリア人のことだ。よく知られているように、自白したアルジェリア人は直ぐさま殺されてしまうのだから。

（九）　医師団は夜昼となく交代で患者につき添い、説明の仕事を行なわねばならない。「患者を少々手荒に扱おう」といった処方の使用が、この場合有効でないのは理解できよう。

（一〇）　かかる予防的拷問は、一部地域においては「予防弾圧」となる。かくてリヴェでは、すべてが平穏だったにもかかわらず、不意をうたれるのを警戒したコロンたちが（隣接地域が不穏な形勢を見せはじめていたのである）、将来FLNのメンバーになるかもしれぬ者たちを、ばっさりと抹殺することにしたのだ。四〇人以上のアルジェリア人が、たった一日で殺された。

（一一）　実際は、異物ではまったくない。葛藤は、人格のダイナミックな進展の結果にすぎず、そこに「異物」は存在しないだろう。むしろ、これは十分に吸収されていないものだとでも言っておこう。

（一二）　われわれはまた「プレザンス・フランセーズ」[1]の諸団体を鼓舞している精神科医たちの例を挙げよう。囚人の鑑定を行なうことを命ぜられた彼らは、最初の面談にさいして、被告側弁護士と非常に親しくしていると公言し、彼ら二人（弁護士と彼）でその囚人を出所させてやろうと断言するのが常であった。このような状態で鑑定された囚人は、みなギロチンにかけられた。これらの精神科医たちは、「抵抗」を征服するこの優雅な方法を、われわれの前で自慢していた。

訳注（1）　フランスがアルジェリアにとどまることを意味する右翼団体のスローガン。

（一三）　アメリカ合衆国において、社会精神医学的な或る潮流が発達したことは周知のとおりである。この派の擁護者たちは考える――現代人のドラマは、個人がもはや何の役割も持っておらず、社会のメカニズムに追いつめられて単なる一歯車に化してしまうという事実のなかに含まれる、と。ここから提唱されたのが、文字どおり子供の遊びのような活動のなかで、大の男にいろいろな役割を演じさせる治療法だ。人はいかなる役をも演じ、同じ一日のうちに役を変えもし、形の上ではだれの地位にもとって代わることができる、というわけだ。合衆国の工場精神科医は、労働者のグループの精神療法において、奇蹟を行なったのだそうだ。じっさい労働者は、英雄と一体化することが許される。雇主‐労働者の関係の緊張は、これによって少なからず緩和されたのであった。

（一四） 観念論的概念の表現であるこの名称は、しだいに放棄されてきている。じじつソヴィエト人の学者たち——とくにパヴロフ——の仕事から継承された皮質内臓にかんする専門用語には、少なくとも脳を本来の場所に戻すという利点がある。すなわち脳を、まさにそこで精神作用が創り上げられるところの母胎と見なす、という利点がある。

（一五） 神経学的に見て高度であればあるほど、錐体外路系的ではなくなるという。見られるごとく、すべては符合していると思われていたのだ。

（一六） この場合、ヒステリー性攣縮でないことは付記するまでもない。

（一七） じじつイスラム教で、動物の血が空っぽになったことを確かめた後でなければ肉を食べてはならぬとしていることは、よく知られている。このゆえに、動物は喉を切って殺されるのだ。

（一八） A・ポロ教授、『医学・心理学紀要』、一九一八年。

（一九） アルジェ裁判所首席判事の言によると、アルジェリア人のこのような攻撃性は、彼らの「騎芸《ファンタジア》」好きによって表現される。彼は一九五五年にこう述べた。「このような反抗を、どれも政治的なものと考えるのはまちがっている。ときどきやつらの喧嘩好きの気持を発散させねばならないのだ！」民族学者にとっては、現地人の全面的攻撃本能を転化させうる一連の投擲テスト、投擲遊戯を確立しておれば、一九五五—六年のオーレス山脈における革命を停止させえたろう、ということになる。

（二〇） カロザーズ、「アフリカ人の正常・異常心理学」、『人種・精神医学研究』、マッソン版。

（二一） 前掲書、一七六ページ。

（二二） 前掲書、一七八ページ。

（二三） もっとも、ヨーロッパ人によって作られたイメージへのこの同一化が、きわめて両面的であるのは明らかだ。じっさいヨーロッパ人は、些細なことやひとつの言葉などといったものに生命を賭けるアルジェリア人、激しく、情熱的で、粗暴で、嫉妬深く、誇り高く、傲慢なアルジェリア人に対して、ある敬意——同じく両面的な——を払っているように思われた。ついでに指摘しておくなら、フランスにいるフランス人と対決するに当たって、アルジェリアに住むヨーロッパ人たちは、フランス人に相対するアルジェリア人のイメージに、しだいに同化してゆく傾向を有している(1)。

訳注（1）アルジェリアに住むコロンが、フランス本国の態度を非難し、植民地維持を主張して実力行動に出たことを指す。

〔訳注〕

（1）à mon arrivée を à son arrivée と解する。

（2）サキエト＝シディ＝ユーセフは、アルジェリア国境に近いチュニジアの村。ここにフランス軍が攻撃を加え、多数の死傷者が出た。

（3）アンリ・バリュック（一八九七―　）は精神科医で、一九六〇―七〇年代には、ドレー、ラカン、エーなどと並ぶフランス精神医学界の重鎮と見なされていた。シャラントン国立病院医長時代の「道徳療法」は有名。

解説

一

ここに再刊される『地に呪われたる者』は、最初『フランツ・ファノン集』の標題のもとに、同じ著者の『黒い皮膚・白い仮面』と併せて、みすず書房の「現代史・戦後篇」シリーズの一冊として出版された。一九六八年十二月のことである。その翌年、みすず書房はファノンの他の著作、すなわち『革命の社会学』と『アフリカ革命に向けて』をも加えて、全四巻から成る「フランツ・ファノン著作集」を編集し、本書はその第三巻として、単独で刊行されている。おそらく日本でファノンの著書に親しんだ人たちの多くは、この著作集の出版された一九六〇年代末から七〇年代初めにかけての読者であろう。

その当時の日本では、直接的にはヴェトナム戦争や中国の文化大革命の影響で、また間接的にはフランスの「五月革命」やアメリカのブラック・パワーの運動に刺激されて、第三世界への関心が異常なほどの高まりを示していた。少なくとも現象的にはそうだった。そしてファノンは、その第三世界に底知れない影響力を持つイデオローグと見なされていたのである。しかし日本でファノンが話題になったのは、この六〇年代から七〇年代初めにかけてのごく限られた時期だけだったのではないか。たしかにその後、講談社の「人類の知的遺産」シリーズで、海老坂武の『フランツ・ファノン』が出版されるという例外的な事件（一九八一年）はあったけれども、八〇年代も後半になるとファノンの名前はジャーナリズムからほぼ完全に消えてゆき、彼の著書は新刊はもとより、古書店でも容易に見かけられないものになった。こうしてファノンの存在は、すっかり忘れ去られたかに思われたのである。

ところが実はそのあいだに、彼の思想は深く潜行しながら、一部の人に注目されつづけていたらしい。私の許へもこの一〇年ほどのあいだに何回か、ファノンを読みたいのに入手できないという苦情が寄せられ、ときにはまったく未知の読者からとつぜん手紙が舞いこんで、何とかして本を買いたいので便宜をはかってくれないかという相談まで持ちかけられるありさまだった。みすず書房にも多くの読者から再刊の要望が寄せられたときく。その一方で、昨年（一九九五年）五月に朝日新聞社から出版された「二十世紀の千人」の第四巻『多様化する〈知〉の探究者』では、徐京植氏がファノンをとり上げ、また同年十月二十四日付けの「朝日新聞」では作家の船戸与一氏が、二十三歳のときにマダガスカル島の電気もない宿で、ランプの光を頼りに、日本から持ちこんだ『地に呪われたる者』を読んだ思い出にふれて、この書物のことを「死ぬまで忘れないだろう」と書いていたのである。さらに海外では、エドワード・W・サイードが、その『文化と帝国主義』や『知識人とは何か』でたびたびファノンにふれたのをはじめとして、彼の名前は他の著者の多くの書物にも引用され、その思想と行動が今世紀の歴史のなかで、世界的な規模で無視できないものになっていることを立証していた。

今回みすず書房が『地に呪われたる者』の再刊にふみきったのは、こうした隠れた声や見落とされがちな評価に応えるもので、まことに喜ばしい。だがそれにしても、最初に私たちがこの翻訳を出版した一九六〇年代から見ると、すでに三〇年近い歳月が流れ、日本や世界の情勢もまったく異なったものになっている。ファノンが職も国籍もなげうち、ある意味では命までちぢめて参加したアルジェリア独立戦争も、すでに人びとの記憶から遠くなったばかりか、大部分の読者にとっては自分が生まれる以前の世界史の一隅をかすめた小さな挿話のように見なされているかもしれない。そうだとすると、かつては時代の熱気のなかで、読者の強い共感や反撥をかきたてたように見えたファノンも、おそらくこれからは若い新たな読者によって、かなり違った読まれ方をするのではないかと思われる。

以下に私ははじめてファノンに接する読者のために、ごくかいつまんで彼の生涯と行動の軌跡を紹介しておきたい。それというのもファノンの波瀾に富んだ歩みは、彼の思想と一体をなしており、本書の理解のために欠かせない手がかりを与えるものと考えられるからである。なお、私はかつて一九六〇年代にファノンを日本の読者に紹介翻訳するにあたって、すでに何篇かのファノン論を書いており、以下の文章には旧稿の趣旨と重なる部分があることを、あらかじめお断りしておきたい。

二

フランツ・ファノンは一九二五年、カリブ海に浮かぶ西インド諸島（アンティル諸島）の南端に近いフランス領マルチニック島で生まれた黒人である。

この出発点はきわめて重要で、その後の彼の生き方を条件づける基本的な問題を含んでいる。というのも、後年（一九五五年）彼が「アンティル人とアフリカ人」という文章で書いているように、西インド諸島の黒人は、自分たちがアフリカにいる黒人よりも「開化した」（évolué）人間であるという確信のなかに生きていたからだ。「開化した」とはこの場合、西欧文化すなわち白人の文化に近いという意味である。とりわけマルチニック島の黒人は、アンティル人のなかでもエリートと見なされており、いわば黒人のなかの白人であったし、さらにファノンのように高い教育を受けられる者は当時マルチニック島でもわずか数パーセントにすぎず、エリート中のエリートと目されていた。ファノンの少年期はこうして、自分を白人と錯覚するくらいの、無邪気な優越感に包まれたものであったらしい。

しかしこの「黒い白人」とも言える意識は、むろん後にさまざまな出来事に遭遇して崩れ去ってゆかねばならない。なぜなら彼の皮膚は紛れもなく黒いからだ。ファノンは、その処女作『黒い皮膚・白い仮面』において、白人社会に生きる黒人の意識を、情け容赦もなくえぐり出しているが、とくに彼のように自分を白人ととりちがえていた黒人は、ある日、不意に白人の口からこぼれてくる言葉にたじろがないわけにいかない。「ほら、ニグロがいるよ！」と。その言葉によって、それまで彼を支えていた優越意識は無残に打ち砕かれる。こうして彼は自分が黒人であり、にせの白人にすぎなかったことを、否応なく認めなければならない。

ファノンはこの屈辱的な認識が、「黒い白人」を深く傷つけずにはいないことを指摘している。そしてそこから脱するためには、たったひとつの道しか残されていないように見える。白と黒の価値を逆転させることだ。そのためにファノンは、同じマルチニック島出身の詩人エメ・セゼールらによって唱えられた「ネグリチュード」という考え方に飛びつき、ひたすらこれにすがりつこうとする。その考え方は、こう主張するのである、黒い皮膚こそ尊いのだ、ニグロであるというのは、美しく、すぐれたことだ、と。もっとも、ファノンがこうした発想を手放しで百パーセント信じたかどうかは疑わしい。しかし彼が一時期に、「ネグリチュード」を全面的に受け入れようと懸命につとめていたことは確実である。それを彼は、「私はわが身を非合理性に投じていった」と表現している。

だが非合理性という言葉は、意味深長である。それは「ネグリチュード」が、白人の合理的文化に対するアンチテーゼであることを示しているからだ。言いかえれば、これはファノンにとって肯定的な価値というよりも、「黒い白人」だった彼の自己否定にすぎなかったのだろう。だからこそ彼は、「絶対的にネグリチュードのうちに自己を失うことが必要だった」と書いているのである。つまりファノンの「自己」は、ネグリチュードに身を投ずれば失われてしまうものであり、これよりもはるかに合理的な白人文化に近いものなのであった。

「こうして白人は、私の非合理には合理を、私の合理には『真の合理』を持ち出してきた。どうやっても私の負けだった。（……）私は典型的なニグロでありたいと思った、――もはやそれは不可能だった。私は白人になりたいと思った、――とても真面目な話とは思えなかった。」

（『黒い皮膚・白い仮面』）

かくてファノンは次々と、自分を否定し、さらに否定する自分を否定して、そのたびにつらい選択を強いられることになる。それも、けっして観念の遊戯などではなく、黒人という肉体的条件にもとづいた、血の出るような、あるいは生皮をはがれるような、苛酷な体験を重ねてゆくのであって、そのいちいちをここに挙げることはとうてい紙幅が許さない。いずれにしても、後述するようなファノンの激しい生き方や強烈な思想の根底には、白人の文化に内面をとことんまで冒された黒人のみの知る容易に越えることのできない葛藤があったことは、疑いを容れる余地がない。

さてファノンは第二次大戦中に、自ら志願してド・ゴールの「自由フランス」に参加し、各地で戦った。そして戦後はいち早くマルチニック島を離れてフランスに渡り、とくにリヨンで精神医学を専攻する一方、一九五二年には『黒い皮膚・白い仮面』をスイユ社から刊行して、上記「黒い白人」の経験する避けようのない疎外を、容赦なくあばき出している。その後の彼の活動の基盤ともいうべき皮膚の色を越えて普遍的な「人間」を求める姿勢は、すでにこの著作のなかにもはっきりと見てとることができる。そのころ彼の結婚した相手が白人女性ジョジー・デュブレであったことも見逃せない。

一九五三年十一月に、ファノンはアルジェリアのブリダ・ジョアンヴィルにある精神病院に職を得て赴任したが、これが彼の決定的な転機になった。その一年後の一九五四年に、彼の運命を左右する独立戦争が勃発したからである。

そのころのアルジェリアは、一八三〇年以来一世紀以上にわたってつづいたフランスの植民地で、暴力的な土地収奪と、経済・社会・文化のすべての面における徹底した差別により、アラブ・ベルベール人の回教徒原住民は惨憺たる状態に追いこまれていた。十九世紀以後のアルジェリアの歴史は、このフランスの支配に対する根づよい抵抗の歴史だったのである。

一九五四年十一月一日未明に突如としてアルジェリア各地で起こった武装反乱は、フランス政府やアルジェリア総督府から「少数のテロリスト」またはひとにぎりの「暴徒」の仕業と決めつけられたけれども、これも一世紀以上の抵抗の伝統を引きつぐものだった。そしてやがてこの「テロリスト」ないし「暴徒」は、民族解放戦線（ＦＬＮ）という政治組織と、軍事組織（ＡＬＮ）を持ち、広汎な住民の支持を得ていることが、徐々に判明していったのである。

武装ゲリラたちは、人民の大海にかくまわれ守られて、フランスに抵抗した。これに対してフランスは現地の軍隊を増強して徹底的な弾圧を行ない、不審な者と見れば片っ端からとらえて拷問を加え、自白を強要した。このすさまじい原住民狩りと、原住民に同情的な欧州系住民に対する徹底した弾圧の一端は、アンリ・アレッグの『尋問』（長谷川四郎訳、みすず書房）によって、当時の日本にも紹介されている。しかしフランスはどうしても、圧倒的多数の住民の抵抗を制圧することができず、結局は七年半に及ぶ泥沼のような戦闘行為の末に、一九六二年七月にアルジェリアの独立が達成されることになる。

ファノンは、ブリダの病院への就任一年後に勃発したこのアルジェリア戦争に、強く心を動かされた。彼の病院には、戦争とフランス軍の拷問によって身体も心もずたずたにされた患者が、次々と運びこまれてきたからである。それればかりか、自ら拷問に手を下したために精神を病んで廃人のようになったフランス人も送りこまれてきた。本書の第五章には、医師としてそれら植民地戦争の犠牲者に接したファノンの経験が、そのままあらわれている。こうした患者がファノンの言うように、まさに植民地の状況によって作り出されたとするならば、なすべきことはその患者たちを治療してふたたびもとの環境に送り返すことではなく、状況そのものを変えることだろう。ファノンは一九五六年、当時のアルジェリア駐在相ラコストに辞表を叩きつけて病院を去ったといわれており、後にその辞任の手紙も発表されている。もっともこれに関連しては、むしろフランス当局がファノンの行動を警戒して、彼の追放を決定したという証言もあり、真相はかならずしも明確でない。いずれにしてもブリダを去ったファノンは、いったんパリに立ち寄った後にスイス経由でチュニスに赴き、ここで自分も「暴徒」たちの仲間に加わってアルジェリア解放のためにフランスと戦う決意をするのである。

それ以後のファノンは、FLNの最も活動的なメンバーであった。とりわけ彼の果たした仕事として重要なのは、FLNの機関紙『エル・ムジャヒド』への寄稿である。彼は一九五七年末から、同紙に矢つぎ早に文章を発表し、激しい言葉で闘いを訴えた。一方、一九五八年にアルジェリア臨時政府が設立された後には、いくつかの国際会議に代表として出席し、さらにギニア、ガーナ、その他で大使をもつとめている。しかもその間に『アルジェリア革命第五年』(後に『革命の社会学』と改題)を書き、さらに本書をも短時間で書き上げているのは、驚異的な力業というほかはない。彼にとって書くとは闘うことであり、闘いはまた文化でもあった。そしてこれらの発言を通して、解放のイデオローグとしての彼の名前はたちまち知れわたったのである。

これは植民地主義者たちの目から見て、恐るべき敵の出現であった。FLNのなかにあってファノンは、だれよりも激しい言葉で闘いを主張するイデオローグであるとともに、FLNの民族主義を越えて、革命をアフリカ全土に広げようと呼びかける人物でもあったからである。「アフリカの男よ！　アフリカの女よ！　武器を持て！　フランス植民地主義に死を！」と、彼は『エル・ムジャヒド』の五八年八月二十二日号に書いている。このような危険人物は、いっそのこと抹殺してしまうにしくはない。こうして何度かファノンの暗殺が企てられ、そのたびに彼は、偶然にも恵まれて、危ういところで命拾いをしている。彼の乗るはずだった車が爆破され、彼の寝るはずだったベッドに自動機関銃がうちこまれる、といった事件が相ついで起こったのはこのころである。しかもその一方で彼の肉体は、内部から白血病におかされていた。一九六〇年十二月から翌年二月まで、モスクワの病院で治療を受けた後に、容体は一時小康を保ったらしいが、それから残された短い生存期間も、彼は依然として活動をやめなかった。わずか一〇週間で『地に呪われたる者』を書き上げたのは、そのような時期である。また本書の序文を依頼するためにローマでサルトルとボーヴォワールに会ったのも、この一九六一年春だった。そのとき暁方までに及ぶ長時間の議論でクタクタになったサルトルの身を案じて、ボーヴォワールが、もう休んでは、と言ったのに対し、ファノンが、「おれは生をけちけちするやつが嫌いだ」と言い放ったのはよく知られている。

しかし一九六一年十月、病状はいよいよ悪化した。彼は医師たちのすすめもあって、今度はワシントンの病院に再入院することになる。そして、彼がアルジェリア独立の日も待たずにその病院で息を引きとったのは、『地に呪われたる者』が刊行されてからわずか数日後の、同年十二月六日のことだった。そのとき、彼はまだ三十六歳の若さだったのである。

三

こうして短い生涯をすさまじい速さでかけぬけた彼のあとには、四冊の著作が残された。そのうちの『アフリカ革命に向けて』は、「エル・ムジャヒド」その他に書かれた文章を死後にまとめたものだから、生前に刊行されたのは三冊である。なかでも死の直前に活字になった本書は、闘争の生涯を貫いた彼の思想の総決算とも言えるものであった。

本書の冒頭で彼はいきなり、植民地の解放は暴力的なものである、と明言している。これはあまりに唐突な断定に見えるかもしれない。また暴力は最終的に人間否定を含んでいるものであるから、かならずそこに挫折の契機をはらむことも考慮しておく必要があるだろう。それでもファノンがあえて非植民地化を暴力的なものと言いきるのは、もともと植民地の秩序そのものが、マニ教的な善悪二元論の支配するむき出しの暴力の世界であったからだ。これはブリダの病院勤務の時代から、彼がいやというほど見せつけられた事実であり、本書の基盤を形作るものである。

ファノンによると、そうした植民地の暴力は、まず原住民の内面に蓄えられ、そこに沈澱する。そしてはじめは原住民同士の喧嘩や、部族間闘争といった、まったく不毛な形をとり、同胞への攻撃や、神話・魔術の世界となって発散されるが、やがてそれは「最もおくれた者」すなわち農民に浸透し、そこに都市を逃れた知識層や、都市周辺のルンペン・プロレタリアートが合流して、徐々に革命的な暴力、解放の暴力へと、形成されてゆく、というのである。

むろんこうした暴力を、ファノンは自ら望んで招き寄せたわけではない。むしろ彼は、闘うアルジェリア人に出会ったように、暴力に出会い、それを確認したのであろう。だから彼は、一方でコロンの暴力によって作り出された原住民の暴力を語りながら、他方では非暴力主義を貫いたコンゴの指導者ルムンバに深い共感を示しており、彼が殺害された一九六一年二月には、『アフリカ・アクション』誌に感動的な文章を寄せて、心からその死を悼んでいるのである（「ルムンバの死」『アフリカ革命に向けて』所収）。また、原住民が自らの解放のためにやむをえず行使する暴力といえども、それが暴力である以上、ときには植民地主義者のそれと同質のものに堕してゆくことを見抜き、そうした危険に対して強い警告を発したのも彼だった。事実、ファノンはたとえば『革命の社会学』の序文で次のように言っているが、ここには暴力の危険に対する強い警戒心が見てとれるであろう。

「植民地化された人民（peuple colonisé）は勝たねばならない。しかも《蛮行》なしに、きれいに勝たなければならない。拷問するヨーロッパ人民は堕落した人民であり、その歴史を裏切っている。拷問する後進国人民は、〔後進性という〕自己の本性を肯定し、後進国人民としての仕事を行なっていることになる。後進国人民は、もし《西洋諸国民》から道徳的に非難されたくないとすれば、フェア・プレーを行なわねばならない、敵が平然として新しいテロ手段の無限な開発へと進んでいくその間にも。」

ところでファノンがこうした暴力に出会ったのは、上にも述べたようにアルジェリア独立戦争においてであった。そして事実アルジェリアの民族独立は何よりもまず暴力的にかちとられたのだから、ここでは暴力と民族が直結していると言わねばならない。しかし忘れてならないことは、ファノンがけっして民族主義者ではなかったことだろう。なるほど彼はしばしば「民族《ナシオン》」について肯定的な言葉で語っているが、それは一方で、民族を部族主義と対置するためであり、他方では、民族を経過することなく一足とびに全アフリカといった概念や、抽象的理念的な「人間」に移行することが、けっして有効でもなければ生産的でもなかったからであろう。つまり彼の参加した局面では、民族＝人民こそが闘いの主体だったのである。だからこそ彼は、民族主義的スローガンにもとづいて闘う必要を一応は認めているが、同時に民族主義の限界は百も承知しており、これにははっきりと「民族意識」を対置したのである。彼は言う。

「民族主義ならぬ民族意識は、われわれにインターナショナルな広がりを与える唯一のものだ。」

もっともこのインターナショナルなものの内容まで、ファノンが十分に定義したとは言いきれない。なるほど彼はあちらこちらで、全アフリカという視点や、アフリカ統一といった展望を記してはいるが、その実態はかならずしも明確でない。おそらく彼はこうした問題を、理論的に完成するだけの余裕などありはしなかったのだろう。しかしその半面で、彼の残した一生の軌跡は、そのままひとつのインターナショナルな人間像を描いていると言えないだろうか。

すでに『黒い皮膚・白い仮面』にふれて述べたように、もともとファノンの思想は処女作の時点から、皮膚の色、人種、民族といったものに閉じこもってひたすら自分のアイデンティティを主張するのではなく、したがって一時彼の心をとらえた「ネグリチュード」といった考えにも安住することなく、無理にもそれを越えて普遍的なものを目指すところに成立していた。「黒い白人」としてのさまざまな試練や、西欧文化と「ニグロ」との作り出す苛酷な葛藤が、この処女作のなかに重苦しく語られていることは上述したとおりだが、それらは最終的に同書の結論部分の次のような言葉に至る過程であった。

「私は黒人である権利を持たない。」
「ニグロは存在しない。白人も同様に存在しない。」

マルチニック島の黒人として生まれたファノンが、故郷を遠く離れ、皮膚の色から言えばむしろ白人に近いアルジェリア人たちにまじって、その独立運動に献身したのは、このような姿勢の実践にほかならない。またそう考えれば、民族を主体とするＦＬＮの闘争のなかに身をおきながら、彼の思想がとうてい民族の枠のなかにおさまらなかったことも、十分に納得がゆくはずである。また独立後のアルジェリアが、どれほど彼の理想から遠くへだたっているかも、今さらいうまでもないことであろう。

アルジェリアだけではない。ソ連と東欧諸国が崩壊した後の一九九〇年代の世界には、ボスニア・ヘルツェゴヴィナなどに典型的にあらわれているように、民族を基盤にした暴力が荒れ狂っている。だが、これほどファノンの考える暴力と縁遠いものはないだろう。むしろ彼はこうしたものを自分の内と外とで打ち破り、克服するために、一生を闘いつづけたと考えるべきである。

闘争のさなかで睡眠を犠牲にして書かれたファノンの著作は、どれ一つをとり上げても荒削りなものだ。したがって、そのなかに細かな欠点や矛盾をほじくり出すのは、容易なことである。それでも彼の全著作を通じて、一貫して変わることのない太い信念が流れていることは、だれの目にも見てとれよう。彼はそれを、ときには「人間を解き放つ」と表現し、ときには「全的人間の勝利」と名づけ、ときにはエメ・セゼールにならって「魂を作り出す」ことなどと呼んでいるが、本書のなかでは次のような美しくも力強い一節によってそれを表現している。

「ひとつの橋の建設がもしそこに働く人びとの意識を豊かにしないものならば、橋は建設されぬがよい、市民は従前どおり、泳ぐか渡し船に乗るかして、川を渡っていればよい。橋は、空から降って湧くものであってはならない、社会の全景《パノラマ》にデウス・エクス・マキーナ〔救いの神〕によって押しつけられるものであってはならない。そうではなくて、市民の筋肉と頭脳とから生まれるべきものだ。（……）市民は橋をわがものにせねばならない。このときはじめて、いっさいが可能となるのである。」

このような姿勢は、ファノンの全著作を通じて、彼の思想の根幹をなしている。私がかつて彼の特徴を、「橋をわがものにする思想」という言葉で形容したのはそのためだ。

右の引用は、建設途上にある民族において、一人ひとりの市民が民族全体に結びつくことを意識するという自覚の問題、ファノンのいわゆる「知性化」の問題として述べられたものだが、私たちのように高度に発達した技術社会の人間にとってもことは基本的に同様だろう。いや、問題はこれよりはるかに複雑で深刻になったと言わねばならない。パソコンやインターネットがこれだけ普及した社会で、私たちははたしてそれをわがものにし、意識を豊かにしているのであろうか。もしそうでないならば、私たちにはいったいどのような選択が残されているのであろう。ファノンのように、便利さや能率を語らないという決断が、私たちにも可能であろうか。あるいはまたこうした機械文明の上にも、「人間」はなお生き残りうるのだろうか。今日、ファノンを読むというのは、そうした基本的な問題にもあらためて向きあう覚悟を迫られるということにほかならないであろう。

一九九六年六月

鈴　木　道　彦

付記一――本書の翻訳は浦野衣子と鈴木道彦が分担して行ない、最終的に鈴木の判断において訳文を決定した。ただしサルトルの序文は、海老坂武と鈴木道彦による翻訳（「中央公論」一九六二年六月号所収）に、鈴木が若干の訂正をほどこしたものである。今回の再版にあたっては、注を含めて多少の字句の訂正を行なったが、訳文そのものに大きな変更はない。

付記二――一九六〇年代に私が発表したファノンにかんする数篇の文章のうち、とくに本稿と関係が深いのは、一九六八年三月号の雑誌『展望』に発表した「黒い知識人と暴力」と、一九六八年十二月刊行の『フランツ・ファノン集』につけた「解説――橋をわがものにする思想――」である。これはそれぞれ拙著『アンガージュマンの思想』（一九六九年五月、晶文社刊）と、『政治暴力と想像力』（一九七〇年二月、現代評論社刊）に、いくらか題を変えて収録されている。今回は解説という性質上、これらの文章といっさい無縁の形で本稿を執筆するのは不可能であったから、重複を恐れずに、ただしまったく新たに書き下ろしたことをお断りしておく。

付記三――この解説に引用したファノンの文章は、すべて「フランツ・ファノン著作集」全四巻の訳文をそのまま使用させていただいた。

本書は、一九九六年に「みすずライブラリー」の一冊として小社より刊行された。なお、A5判の判型で小社より刊行していた「現代史・戦後篇16」の『フランツ・ファノン集――黒い皮膚・白い仮面、地に呪われたる者』（一九六八年）および「フランツ・ファノン著作集3」の『地に呪われたる者』（一九六九年）については、本書「解説」三三一頁を参照。

著者略歴

(Frantz Fanon, 1925–1961)

1925年，カリブ海に浮かぶ西インド諸島（アンティル諸島）の南端近くのフランス領マルチニック島で黒い皮膚をしたマルチニック人として生まれる．第二次大戦中，ドイツならびにこれと協力するフランスのヴィシー政権支配下の島から出て，ド・ゴールの「自由フランス」に志願して参加し，各地で戦った．戦後はフランス本国に学び，リヨン大学で精神医学を専攻して学位を取得，この頃白い皮膚のフランス人と結婚した．1952年に『黒い皮膚・白い仮面』をスイユ社から刊行．1953年11月，フランス領アルジェリアのブリダ・ジョアンヴィルにある精神病院に赴任．翌年，アルジェリア独立戦争が勃発し，ファノンの人生は決定的な転機をむかえる．戦争初期は民族解放戦線（FLN）の活動を密かに助けていたが，1957年以来病院の職を辞し全面的にFLNに身を投じるようになる．FLNの機関紙『エル・ムジャヒド』に精力的に寄稿するなど，アルジェリア革命のスポークスマン的役割を果たした．1958年には『アルジェリア革命第五年』（後に『革命の社会学』と改題）を発表，そして1961年には，白血病に冒されつつも本書『地に呪われたる者』をわずか10週間で執筆．闘争の生涯を貫いたその思想の総決算である本書が刊行されてからわずか数日後の1961年12月6日，ファノンは息を引き取った．36歳の若さであった．死後，『エル・ムジャヒド』その他に書かれた文章を集めた『アフリカ革命に向けて』が出版された．

訳者略歴

鈴木道彦〈すずき・みちひこ〉 1929年東京に生まれる．1953年東京大学文学部卒業．仏文学専攻．2024年歿．著書『サルトルの文学』（紀伊國屋書店，1963）『アンガージュマンの思想』（晶文社，1969）『政治暴力と想像力――鈴木道彦評論集』（現代評論社，1970）『異郷の季節』（みすず書房，2007）『越境の時――一九六〇年代と在日』（集英社，2007）『マルセル・プルーストの誕生［新編プルースト論考］』（藤原書店，2013）『余白の声 文学・サルトル・在日――鈴木道彦講演集』（閏月社，2018）『私の1968年』（閏月社，2018）．訳書 ロワ『アルジェリア戦争』（岩波書店，1961）ニザン『陰謀』（晶文社，1971）サルトル『家の馬鹿息子』全5巻（共訳，人文書院，1982–2021）プルースト『失われた時を求めて』全13巻（集英社，1996–2001）サルトル『［新訳］嘔吐』（人文書院，2010）ほか．

浦野衣子〈うらの・きぬこ〉 1934年大阪に生まれる．1960年早稲田大学文学部卒業．仏文学専攻．2005年歿．著書『サルトルとその時代』（共著，人文書院，1971）．訳書 ドブレ『国境』（晶文社，1968）ニザン『トロイの木馬』（晶文社，1970）ライナー他『今日のポール・ニザン』（晶文社，1975）ほか．白井愛の筆名で小説『あらゆる愚者は亜人間である』（罌粟書房，1979）『狼の死』（れんが書房新社，1996）『タジキスタン狂詩曲』（れんが書房新社，2002），詩集『悪魔のララバイ』（径書房，1991）ほか．

フランツ・ファノン
地に呪われたる者
鈴木道彦
浦野衣子
共 訳

1996年 9月20日 初 版第1刷発行
2015年11月25日 新装版第1刷発行
2025年 3月21日 新装版第4刷発行

発行所 株式会社 みすず書房
〒113-0033 東京都文京区本郷2丁目20-7
電話 03-3814-0131(営業) 03-3815-9181(編集)
www.msz.co.jp

本文印刷所 理想社
扉・表紙・カバー印刷所 リヒトプランニング
製本所 松岳社
装丁 安藤剛史

ISBN 978-4-622-07968-2
[ちにのろわれたるもの]